KB260235

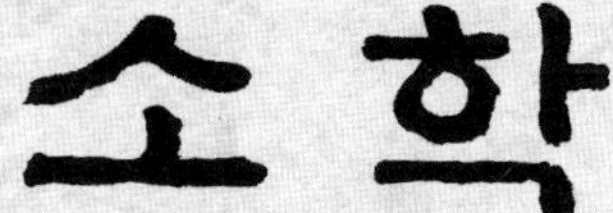

소학

小學

朱熹 編 / 林東錫 譯註

朱熹(1130~1200)

"상아, 물소 뿔, 진주, 옥. 진괴한 이런 물건들은 사람의 이목은 즐겁게 하지만 쓰임에는 적절하지 않다. 그런가 하면 금석이나 초목, 실, 삼베, 오곡, 육재는 쓰임에는 적절하나 이를 사용하면 닳아지고 취하면 고갈된다. 그렇다면 사람의 이목을 즐겁게 하면서 이를 사용하기에도 적절하며, 써도 닳지 아니하고 취하여도 고갈되지 않고, 똑똑한 자나 불초한 자라도 그를 통해 얻는 바가 각기 그 자신의 재능에 따라주고, 어진 사람이나 지혜로운 사람이나 그를 통해 보는 바가 각기 그 자신의 분수에 따라주되 무엇이든지 구하여 얻지 못할 것이 없는 것은 오직 책뿐이로다!"

《소동파전집》(34) 〈이씨산방장서기〉에서 구당(丘堂) 여원구(呂元九) 선생의 글씨

책머리에

내 일찍이 《소학》을 완전히 소화하고 이해하며 이를 실천에 옮겼다면 좀 더 나은 삶을 살았을 것이며 더 일찍 학문에 눈을 떴을지도 모른다고 여긴다. 거백옥蘧伯玉은 쉰 살이 되어 "마흔아홉까지 그릇되게 살았구나"라고 후회하였다고 했다. 내 나이 이미 이순耳順에 들어서서도 버릴 것을 버리지 못하고, 천노遷怒, 이과貳過할 때가 있는 것을 보면 《소학》의 기본 덕목조차 제대로 익히지 못했던 셈이다. 그나마 지금 다시 이 책을 낱낱이 훑어보면서 고개를 끄덕이고 작은 감동도 스며드는 것을 보면 '일찍 하기만 하면 후회해도 늦지 않음'인가 여겨 안위가 된다.

우선 《논어論語》 자장편子張篇에 이러한 일화가 전하고 있다.

자유子游가 말하였다.

"자하子夏의 문인 중에 어린아이들은 쇄소洒掃·응대應對·진퇴進退 등에 당해서는 옳다. 그러나 이는 말末의 일이다. 근본을 가르침이 없으니 어찌 가하겠는가?"

자하가 이 말을 듣고 이렇게 말하였다.

"아! 언유(言游; 자유)가 잘못 알고 있구나! 군자의 도道는 어느 것을 먼저라 하여 전수해 주고, 어느 것을 나중이라 하여 게을리하겠는가? 초목에 비유하면 종류로 나누어 구별해 주어야 하는 것이다. 군자의 도를 어찌 가히 마구할 수 있겠는가? 처음이 있고 마침이 있게 순서를 정한 것은, 오직 그 성인만이 할 수 있는 것이었다!"

(子游曰: 「子夏之門人小子, 當洒掃·應對·進退, 則可矣. 抑末也. 本之則無, 如之何?」 子夏聞之, 曰: 「噫! 言游過矣! 君子之道, 孰先傳焉? 孰後倦焉? 譬諸 草木, 區以別矣. 君子之道, 焉可誣也? 有始有卒者, 其惟聖人乎!」)

여기에서처럼 쇄소洒掃, 灑掃·응대·진퇴가 어찌 작은 일이겠는가? 자하의 문인들은 이미 그 아이들을 가르치면서 이러한 성인이 정한 기본 절도로 부터 시작하였으니 그때 뿌린 씨앗이 수천 년을 두고 아동 교육의 절대 필수 과목으로 여겨졌던 것이다.

이러한 어린이 교육이 무너지는 것을 안타깝게 여긴 대유大儒 주희朱熹(송대 이학을 집대성하고 남송 민학파閩學派를 이룸)가 문인 유청지劉淸之, 子澄에게 부탁하여 편집하도록 하고 자신이 최종 마무리를 하여 내놓은 아동 교학 교재가 바로 《소학》이다.

이는 물론 창작은 아니며 고대부터 자신의 송대에 이르기까지 각종 이론 의 기록과 실제 성현과 군자들의 행적, 언행, 어록 등을 모아 채록한 것이다. 다른 책과는 달리 층차層次와 내용의 심천深淺, 증명과 고실故實 등이 잘 안배되어 서로 연환連環을 이루도록 꾸며져 있다. 그리하여 내편 4권, 외편 2권 등 총 6편6권으로 이루어졌으며 주된 주제는 입교立敎·명륜明倫·경신 敬身을 기본 축으로 하고, 다시 오륜五倫과 심술心術, 위의威儀, 의복衣服, 음식 飮食 등 세세한 것까지 실제 상황에 맞추어 횡횡橫橫으로 설명하고 있으며 다시 앞의 세 가지를 증명하고 넓히며, 실천하도록 성현과 군자의 고사와 어록, 일화를 모아 제시한 것이다. 그럼에도 결국 《소학》의 편집의 목적과 취지를 말한다면 "쇄소灑掃·응대應對·진퇴進退의 절도와 애친愛親·경장敬長·융사隆師· 친우親友의 도로써 모두가 수신修身·제가齊家·치국治國·평천하平天下라는

큰 목표인 대학의 길로 가기 위한 것"이었다. 따라서 이 '소학'은 '대학'과 연결
고리를 맺고 있는 셈이며 어린아이로서 뒤에 성장하여 사회인으로 살아
가면서 지켜야 할 기본 덕목을 철저히 가르치고자 한 것이었다.

　실로 당시로서는 최고이며 가장 이상적인 초등학교 교재였던 셈이었다.
그리하여 이 책이 나온 뒤 그 영향력이 지대하였으며 명청대에 이르러서는
수많은 주석서가 쏟아져 나왔다. 그리고 이 책이 우리나라 조선시대에는
건국이념에 그대로 맞아떨어져 일반 서당이나 궁중 동궁태자의 어린 시절
교육에 필수 교재임은 물론, 어지간한 학자들도 이를 학문적으로까지
연구한 내용이 지금까지 생생히 남아 있다. 전국 방방곡곡에 어디서나
어린이의 학업 시작에 《천자문》·《동몽선습》·《명심보감》·《소학》·《십팔
사략》·《고문진보》 등의 차례가 설정되어 근세까지 위세를 전혀 잃지
않았던 것이다. 게다가 국가 차원의 언해諺解가 이루어졌으며 그 판본은 끝
없이 이어져 비록 이름 높은 학자라 할지라도 우선 이 소학을 깊이 짚고
넘어가지 않으면 제대로 학문을 할 수 없는 '학문과 실천의 입문서入門書
로서의 역할'도 톡톡히 담당해 왔었다.

　필자는 이에 〈사고전서四庫全書〉 진선陳選 주의 《소학》을 저본으로 하였
으며, 그 책의 주까지 낱낱이 뒤져 새롭게 역주를 시도해 보았다. 주가
워낙 세밀하고 또한 상세하며 내용이 알기 쉽도록 되어 있어 많은 보탬이
되었다. 그러나 그에 만족하지 아니하고 필자는 각 구절마다 그 원전의
출처를 탐색하여 찾아내는 작업도 함께 병행하였다. 이에 십삼경十三經은
물론 이십오사二十五史와 제자백가서諸子百家書, 그리고 많이 인용하고 있는

여본중呂本中의 《동몽훈童蒙訓》과 사마광司馬光의 《가범家範》, 왕통王通의 《문중자文中子》까지 섭렵하여 원전을 찾을 수 있는 것은 가능한 한 찾아 내어 이를 참고란에 전재하였다. 이로써 지나친 주석의 혼란을 피할 수 있을 뿐더러 절록된 부분이 전체에서 어느 환경에 소속된 내용인지를 앎으로써 의미 전달의 정확성을 꾀함은 물론 오류도 최소화할 수 있었던 것이다. 따라서 문장 해독이나 역주보다는 실제 그러한 작업이 더욱 고통스럽고 많은 시간을 필요로 하였다. 그러나 이왕 책을 내고자 한다면 이제껏 나의 작업 유형대로 원전 전재 수록은 늘 나를 즐겁게 하기도 하였다. 다른 사람 들이 활용할 때 학문적으로나 재창출의 근거로 제공될 수 있을 것이라는 기대 때문이었다.

　현대에 이르러 이 책이 제대로 읽히지 않는 지가 꽤 된 것 같다. 즉 조선 시대 서당의 다른 동몽교재童蒙敎材들은 어린이를 위한 새로운 편집이나 현대적 풀이로 널리 성행하지만 이 《소학》은 아직 그러한 붐을 타지 못하고 있는 느낌이다. 이에 이 책을 기준으로 더 많은 해설서나 어린이를 위한 다음 단계 의 쉬운 책들이 쏟아져 나와 이 시대 아동 교육에 일련의 무리를 이룬 책 으로 각 가정이나 서점의 서가書架를 채웠으면 하는 것이 필자의 작은 바람이다. 아울러 역주에 홀로 매달리다보니 일부 오자, 탈자, 누락, 오역 등 누소함을 면할 수 없을 것으로 여긴다. 이에 발견되는 대로 일러주시면 새롭게 고쳐나갈 것을 아울러 약속드리며 강호제현의 편달鞭撻과 사교賜敎 를 기다린다.

사포莎浦 임동석林東錫이 부곽재負郭齋에서 적다.

일러두기

1. 본 《소학小學》은 사고전서四庫全書 자부子部 유가류儒家類의 《어정소학집주御定小學集註》를 저본으로 하고 우리나라 조선시대 《소학언해小學諺解》(선조 18년, 1585) 및 《번역소학飜譯小學》(中宗 12, 1517), 그리고 원본집주原本集註 《소학小學》(世昌書館, 明文堂 印本, 1973), 《소학찬주小學纂註》(高愈, 漢文大系本), 《소학小學》(早稻田大學出版部)을 참고하여 완역한 것이다.

2. 한국의 기존 역서 《소학小學》(南晚星, 寶晉齋, 1973)과 《소학小學》(이해철 역, 자유교육협회 1972), 《소학선小學選》(李基奭, 培英社, 1977) 등도 참고하였다.

3. 많은 판본에는 모두 386장으로 분류하였으나 본 책은 《어정소학집주御定小學集註》에 의거 385장으로 나누었으며 매 장 절마다 일련번호를 부여하고 괄호 속에 편장 번호를 함께 넣었다.

4. 장마다 작은 제목을 한글로 달았으며 이는 독자의 편의를 위하여 역주자가 임의로 넣은 것이다.

5. 《어정소학집주》의 주註는 가능한 한 모두 필자가 표점을 부여하여 해당 어휘나 주, 해설에 부기附記하여 이해와 연구에 도움이 되도록 하였다.

6. 각 원문 문장의 출처를 철저히 밝혀 이를 경사자집經史子集의 해당 전적 典籍에서 가능한 한 모두 찾아, 참고란에 실어 대조와 연구에 편의를 제공하고자 하였다.

7. 해석은 직역을 위주로 하였으나 일부 의역한 곳도 있으며 이는 참고란 출처 문장과 대조하여 의미를 순통하게 하고자 함이었다.

8. 원문의 표점은 현대 중국 표점 방식을 준용準用하였다.

9. 부록으로 《소학》 관련 제발 및 평어 등을 모아 실었다.

10. 본 책의 역주에 참고한 주요 문헌 자료는 다음과 같다.

◉ 참고문헌

1. 《御定小學集註》宋, 朱熹. 明, 陳選(集註) 〈四庫全書〉(文淵閣) 子部(1) 儒家類
   臺灣商務印書館(印本)

2. 《飜譯小學》朝鮮時代 諺解本(中宗 12년, 1517). 高麗大 所藏.

3. 《小學諺解》朝鮮時代 諺解本(宣祖 18년, 1585). 大提閣(印本), 1974. 서울.

4. 《小學》(上下) 原本集註 世昌書館. 明文堂(覆印本) 1973 서울

5. 《小學纂註》漢文大系本 明治 43년(1910), 大正 11년(1922) 13쇄본 富山房
   東京. 臺灣 新文豐出版社(印本) 1978 臺北

6. 《小學》先哲遺著 漢籍國字解全書 明治 43년(1910) 早稻田大學出版部 東京

7. 《小學》이해철(역) 자유교육협회 1972 서울

8. 《小學》南晩星(譯) 寶晉齋 1973 서울

9. 《小學選》李基奭(編譯) 培英社 1977 서울

10. 《海東小學》朴在馨. 朝鮮時代 寫本

11. 《伊川擊壤集》四部叢刊本 書同文 電子版 北京

12. 《童蒙訓》宋, 呂本中(撰) 〈四庫全書〉 子部(1) 儒家類 臺灣商務印書館(印本)

13. 《家範》宋, 司馬光(撰) 〈四庫全書〉 子部(1) 儒家類 臺灣商務印書館(印本)

14. 《近思錄》宋 朱熹·呂祖謙(同編) 〈四庫全書〉 子部(1) 儒家類 臺灣商務
    印書館(印本)

15. 《近思錄集註》清, 茅星來(撰) 〈四庫全書〉 子部(1) 儒家類 臺灣商務印書館
    (印本)

16. 《近思錄集註》清, 江永(撰) 〈四庫全書〉 子部(1) 儒家類 臺灣商務印書館
    (印本)

17. 《揚子法言》漢, 揚雄(撰) 〈四庫全書〉 子部(1) 儒家類 臺灣商務印書館(印本)

18. 《中論》漢, 荀悅(撰) 〈四庫全書〉 子部(1) 儒家類 臺灣商務印書館(印本)

19. 《中說》隋, 王通(撰) 〈四庫全書〉 子部(1) 儒家類 臺灣商務印書館(印本)

20. 《二程遺書》宋, 朱熹(撰) 〈四庫全書〉 子部(1) 儒家類 臺灣商務印書館(印本)

21. 《二程外書》宋, 朱熹(撰) 〈四庫全書〉 子部(1) 儒家類 臺灣商務印書館(印本)

22. 《二程粹言》宋, 楊時(撰) 〈四庫全書〉 子部(1) 儒家類 臺灣商務印書館(印本)

23. 《節孝語錄》宋, 徐積(撰). 宋, 江端禮(編) 〈四庫全書〉 子部(1) 儒家類 臺灣商務印書館(印本)

24. 《儒言》宋, 晁說之(撰) 〈四庫全書〉 子部(1) 儒家類 臺灣商務印書館(印本)

25. 《上蔡語錄》宋, 謝良佐(撰). 朱熹(刪定) 〈四庫全書〉 子部(1) 儒家類 臺灣商務印書館(印本)

26. 《延平問答》宋, 朱熹(撰) 〈四庫全書〉 子部(1) 儒家類 臺灣商務印書館(印本)

27. 《二程集》宋, 程顥·程頤(纂) 〈四部刊要〉 子部 儒家類 漢京文化事業公司 (活字本) 1983 臺北

28. 《顏氏家訓》顏之推 諸子百家叢書本

29. 《弟子職》漢文大系本

30. 《太極圖說》周敦頤 諸子百家叢書本

31. 《通書》周敦頤 諸子百家叢書本

32. 《觀物篇》邵雍 諸子百家叢書本

33. 《中國儒學百科全書》中國大百科全書出版社 1997 北京

34. 《朝鮮圖書解題》朝鮮總督府 大正 8년(1919)

35. 《韓國圖書解題》高麗大學校 民族文化研究所 1971 서울

36. 《孔子家語》《荀子》《新語》《新書》《新序》《說苑》《潛夫論》《中論》《文中子》《管子》《韓非子》《呂氏春秋》《淮南子》《論衡》《老子》《莊子》《列子》《搜神記》《博物志》《抱朴子》《韓詩外傳》《晏子春秋》《世說新語》

《史記》《漢書》《後漢書》《三國志》《晉書》《宋書》《南齊書》《梁書》《晉書》《魏書》《北齊書》《周書》《南史》《北史》《隋書》《舊唐書》《新唐書》《九五代史》《新五代史》《宋史》《國語》《戰國策》《十八史略》《貞觀政要》《中國史》《四書集註》《十三經注疏》《新編諸子集成》《百子全書》《藝文類聚》《太平廣記》《文選》《太平御覽》《中國大百科全書》《辭海》《中文大辭典》《三才圖會》《三禮辭典》《中國歷代人名大辭典》 기타 공구서 등은 기록 생략함.

해제

I. 소학小學의 함의

'소학小學'이라는 어휘는 대체로 세 가지 함의를 가지고 있다. 즉 고대 중국의 교육제도, 넓은 의미의 문자학, 그리고 송대 주희朱熹의 주관으로 편집된 책이름이다. 이들은 서로 연관성을 가지고 있으면서 동시에 약간씩 달리 쓰이는 말이다.

1. 상고시대 교육제도로서의 소학

중국 상고시대 사람으로 태어나 여덟 살이 되면 가숙家塾이나 당상黨庠에 입학하여 어린이로서 기본 소양을 익히도록 되어 있었으며, 이는 뒤에 대학大學에 진학하여 대인(大人, 지도자)의 학문을 배우기 위한 기본 과정이었다. 《예기禮記》 왕제편王制篇에 의하면 소학은 공궁公宮의 남쪽 왼편에 세우며, 대학은 교외郊外에 두었다고 하여 전문 교육 기관이 있었음을 밝히고 있다. 그런가 하면 대학은 천자의 궁궐에 세운 것을 벽옹辟雍, 제후의 대학은 반궁泮宮, 頖宮이라 한다 하였다. 그러나 같은 〈왕제편〉의 기록과 그 주注에 의하면 유우씨有虞氏 시대에는 대학을 상상上庠이라 하여 서교西郊에 두었고, 소학은 하상下庠이라 하여 국중國中의 왕궁 중앙에 두었다. 그리고 이어서 하후씨夏后氏 시대에는 대학을 동서東序라 하여 왕궁의 동쪽에, 소학은 서서西序라 하여 서교에 세웠으며, 은대殷代에는 대학을 우학右學이라 하여 서교에, 소학을 좌학左學이라 하여 국중 왕당王黨의 동쪽에 두었다고 하였다. 그리고 다시 주대周代에 이르러서는 대학은 동교東膠라 하여 국중 왕당 동쪽에, 소학은 우상虞庠이라 하여 서교, 또는 사교四郊에 세웠다고 하였다. 같은 《예기》

〈제의편祭義篇〉 "천자가 사학을 설치하다"(天子設四學)의 주에는 "사학은 주나라 때 사방 교외에 세운 우상을 말한다"(四學謂周四郊之虞庠也)라 하여 사방에 모두 설치하였음을 알 수 있다. 또 《대대례기大戴禮記》 보부편保傅篇에는 동서남북과 중앙 등 다섯 곳에 소학을 세웠으며 이를 '오학五學'이라 한다고 하였다. 그리고 같은 곳에는 "옛날 여덟 살이 되면 외사外舍로 나가 소학을 익히며, 작은 절도를 이수한다"(古者, 年八歲而出外舍, 學小學焉, 履小節焉)라 하였는데 보주補注에 "외사는 소학"(外舍, 一作小學)이라 하여 집 밖에 따로 건물을 지어 어린 아이들을 모아 가르쳤음을 알 수 있다.

그런데 몇 살 때 소학에 입학하였는지는 실제 여러 설이 있다. 앞서 말한 대로 각 기록에 8세에 입학한다는 설이 가장 널리 알려져 있으며 인정되고 있기는 하나 《상서대전尙書大傳》에는 "공경의 태자나 대부 중 원사의 적자는 13살에 비로소 소학에 들어가며 작은 절도를 배운다"(公卿之太子, 大夫元士之嫡子, 年十三始入小學, 見小節焉)라 하였고, 《신서新書》 용경편容經篇에는 "옛날 나이 아홉이면 소학에 들어가며 작은 절도를 실천한다"(古者, 年九歲入就小學, 踸小節焉)라 하여 혹, 13살 또는 9살로 보기도 하였다. 그러나 《한서漢書》 예문지藝文志, 식화지殖貨志, 그리고 《설문해자說文解字》 등에는 대체로 8살에 입학한 것으로 보고 있어 거의 많은 기록에 8살로 되어 있으며 성장 과정으로 보아 이 연령이 옳은 것으로 보고 있다.

다음으로 이 소학에서 배우게 되는 이수과목에 대한 문제이다. 물론 《맹자》에서 말한 순舜이 설契에게 오교五敎, 즉 오륜五倫으로써 가르치도록 한 것이 그 기본일 것으로 여기지만 그 외에도 뒤에 세분화되고 구체화되어 이른바 삼사三事, 三物 즉, 육덕(六德: 知·仁·聖·義·忠·和), 육행(六行: 孝·友·睦·嫻·任·恤), 육예(六藝: 禮·樂·射·御·書·數)를 과정별로 가르쳤을 것으로 보고

있다. 이 내용은 《주례周禮》 대사도大司徒에 자세히 실려 있으며 본 《소학》
입교편(007)에도 전재되어 있다.

　　그러나 이들은 모두 결국 인간 윤리의 기본이며 그 중 어린아이로서, 혹은
어릴 때부터 익히고 갖추어야 할 덕목이며 구체적으로는 쇄소灑掃·응대應對·
진퇴進退의 절도와 애친愛親·경장敬長·융사隆師·친우親友의 작은 행동과 실천이
있나. 이에 수자는 〈대학장구大學章句〉에서 소학의 학업 과정과 대학으로의
발전 단계를 이렇게 설명한 것이다.

　　"三代之隆, 其法寖備, 然後王宮·國都以及間巷, 莫不有學. 人生八歲, 則自
王公以下, 至於庶人之子弟, 皆入小學, 而敎之以灑埽·應對·進退之節, 禮樂射
御書數之文; 及其十有五年, 則自天子之元子·衆子, 以至公·卿·大夫·元士之
適子, 與凡民之俊秀, 皆入大學, 而敎之以窮理·正心·修己·治人之道. 此又學
校之敎·大小之節所以分也."

　　(삼대 이후에 사도師道가 아래로 떨어지고 학교學校가 부흥하지 못하여
능히 쇄소지교灑掃之敎가 실행되지 못하였다. 그 때문에 근해筋骸가 이미 강해
졌음에도 이욕利欲이 그 가운데에서 교차하여, 나에게 있는 명덕이 스스로
밝아질 수가 없었다. 이미 격치格物, 致知를 할 수 없으니 다시 어찌 성의誠意
로써 할 수 있겠는가? 이미 정심正心을 할 수 없으니 다시 어찌 수신修身을
할 수 있겠는가? 격치(격물, 치지)를 능히 하지 못하여 의성意誠·심정心正·가제
家齊·국치國治가 될 수 없으니 그 무엇을 희망하겠는가? 그 무엇을 희망
하겠는가?)

2. 문자학으로서의 소학

  '소학'이라는 어휘는 광의의 문자학 개념으로 오랫동안 쓰여 왔다. 고대
'소학'은 바로 '대학' 공부를 위한 것이며 이를 뒷받침하기 위하여 문자를 먼저
익혀야 한다. 대학의 교재는 바로 경학이었기 때문이다. 이에 문자학이 분
화되기 전 문자에 대한 총체적인 학습이 필수였으며 이 때문에 이들 관련
도서는 경학에 속하게 된 것이다. 《한서》 예문지에 "古者, 八歲入小學. 故周官
保氏掌養國子, 教之六書: 謂象形, 象事, 象意, 象聲, 轉注, 假借, 造字之本也"
라 하였던 것이다.

  물론 여기서 육서는 뒤에 명칭과 순서가 합리적으로 바뀌어 상형象形·
지사指事·회의會意·형성形聲·전주轉注·가차假借가 되었으며 '조자造字의
근본'이라는 말도 여러 분석을 거쳐 의미의 차이를 밝혀내기도 하였다.
이리하여 한대漢代까지 《사주편史籀篇》·《창힐편蒼頡篇》·《급취편急就篇》 등
의 문자학 학습 교재가 나타나게 되었고, 《한서》 예문지 소학가小學家에는
10가 45편의 책이름이 저록되게 되었던 것이다. 현대 학문이 들어오기 전
청대까지만 해도 문자학을 통틀어 말하는 광의의 문자학은 이 '소학'이라는
말로 쓰였으며 그 뒤 한자가 가진 형음의形音義 3요소가 학문적으로 분화되어
오늘날 형(形: 文字學)·음(音: 聲韻學, 音韻學)·의(義: 訓詁學)로 분화된 것이다.

II. 《소학小學》

1. 《소학小學》의 편집과 유청지劉淸之, 그리고 주희朱熹

　　어린아이로서 가져야 할 태도, 절차, 의무, 예절 등에 관한 교재는 삼대에 소학 과정에 있었던 만큼 당연히 일찍부터 있었을 것이다. 그러나 실제 어떤 교재였는지는 남아 있지 아니하며 춘추시대 《관자管子》의 〈제자직弟子職〉을 보면 상당히 구체적으로 제자로서 지켜야 할 직무와 태도가 실려 있다. 그 뒤 한대를 거쳐 위진 남북조를 이어오면서 단편적인 기록들이 산견되지만 전문적으로 편집된 책은 보기가 어렵다. 다만 《천자문千字文》, 《백가성百家姓》 따위는 습자는 물론 어린아이로서 익혀야 할 기본 내용을 담아 그 목적에 부합하도록 한 것으로 보인다. 그 외에 그 이전부터 있어왔던 가훈이나 제자弟子 및 자제子弟, 가족, 후손들에게 경계의 글로 남긴 것도 역시 이에 해당한다. 특히 《안씨가훈顏氏家訓》의 경우 전형적인 가훈이며 동시에 어린 자녀들에게 삶의 방법을 일러준 교재로서도 전혀 손색이 없는 교재라 할 수 있을 것이다. 그리고 송대에 들어서자 본격적인 교재들이 나타나기 시작하였다. 이를테면 《삼자경三字經》·《동몽훈童蒙訓》·《가범家範》·《소학감주小學紺珠》 등과 각 이학가理學家들이 남긴 어록 등과 각종 몽학서蒙學書, 啓蒙書가 이에 해당한다.

　　이에 본격적으로 체계를 세워 교재 편찬에 관심을 기울인 이가 바로 남송南宋의 주희朱熹였다. 그는 고대 있었던 소학 설치의 이상적 교육제도를 철저히 신봉하였으며 당시 이러한 제도가 제대로 확산되지 못하고 퇴행의 길을 걷는 것을 아주 안타깝게 여겼다. 게다가 마땅한 교재도 없으며 실질적 내용이나 교육의 중요성을 모르고 있는데 대하여 더 이상 방치할 수 없다고 여겼던 것이다. 이에 자신의 문인 유청지劉淸之에게 편집 작업을 부탁한 것으로 보인다.

유청지(1134~1190)는 자가 자징子澄이며 임강臨江 사람으로 여릉廬陵에 옮겨 살았다. 호는 정춘靜春 선생이며, 송 고종 소흥 27년에 진사에 올라 지의황현知宜黃縣에 이르렀다. 추천을 거쳐 임금을 뵙자 그는 "古今未有俗不可變, 弊不可革者"라 하여 개혁과 교화를 적극 주장하기도 하였다. 그는 여러 벼슬을 거쳤으나 뒤에 모함에 걸리자 낙향하여 괴음정사槐陰精舍를 짓고 강학에 힘썼으며 주희의 뜻을 깨닫고 이학연구에 몰두하였다. 그리하여 당시 이름이 높았던 여조겸呂祖謙, 장식張栻과 교유하였으며 왕응전汪應展, 이도李濤 등은 그를 아주 경모하였다고 한다. 《증자내외잡편曾子內外雜編》·《계자통록戒子通錄》·《물장총록墨莊總錄》 등과 문집을 남겼으며 《황조명신외록皇朝道學名臣外錄》과 《송사宋史》(437) 유림전儒林傳에 그의 전기가 실려 있다.

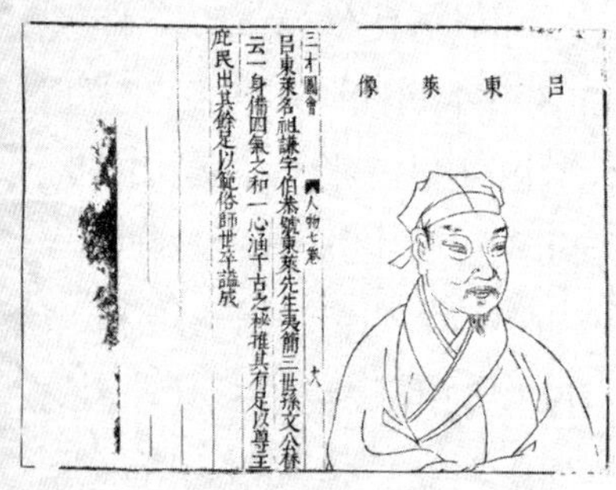

東萊 呂祖謙 《三才圖會》

南軒 張栻 《三才圖會》

그가 《소학》의 원고를 집필하는 과정에서 주자가 그에게 편집을 재촉한 내용의 편지가 《주자문집朱子文集》 순희淳熙 10년(1183)에 실려 있는 것으로 보아 주희는 이 문제에 대하여 상당한 관심과 완성에 대한 의욕을 보여 사전에 편집의도와 체제, 주된 내용의 선별 등에 대하여 의견을 나누었을 것으로 보인다. 그리고 2년 뒤인 송宋 효종孝宗 순희 12년(1185), 원고가 주희에게 넘겨지자 주희는 즉시 편목 중에 시부詩賦는 삭제하고 고대부터 당시

까지 몇 가지 사례를 더하여 판본을 확정지은 것이다. 이렇게 하여 순희 14년 (1187)에 〈소학서제小學書題〉와 〈소학제사小學題辭〉를 써서 책 앞머리에 붙이고 완성을 보았으니 이때는 주희 나이 58세 때였다. 주희는 스스로 늙어감을 인식하고 "내 말을 늙어 혼미한 것이라 여기지 말 것이며 오직 성현의 가르침 으로 여길지니라!"(匪我言耄, 惟聖之謨)라고 하였던 것이니 완성을 보고 한편 으로는 안심했을 것이라는 느낌도 드는 표현이다.

다음으로 주희에 대하여 간단히 살펴보기로 하자.

주희(朱熹: 1130~1200)는 남송南宋 때 휘주徽州 무원婺源 사람으로 건양建陽의 고정考亭에 옮겨 살았다. 자는 원회元晦, 혹은 중회仲晦이며 호는 회암晦庵·회옹 晦翁·둔옹遯翁·창주병수滄洲病叟 등이었 으나 별칭으로는 자양紫陽 선생·고정考亭 선생·운곡노인雲谷老人 등으로 불렸다. 주송朱松의 아들로서 고종高宗 소흥紹興

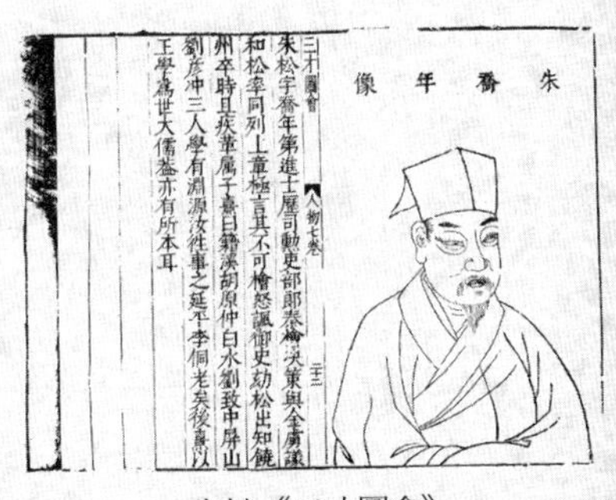

朱松《三才圖會》

18년(1148)에 진사에 올라 동안주부同安主簿라는 벼슬을 하였다. 효종孝宗 순희 淳熙 연간에 지남강군知南康軍이 되었다가 절동차염공사浙東茶鹽公事에 오르 기도 하였다. 당시 절동 지역에 큰 기근이 들자 구황救荒을 서두르며 정치의 폐단을 주장하기도 하였다. 경원慶元 2년 귀향하여 경원 6년(1200)에 생을 마쳤으며 시호는 문공文公이라 하였다. 그는 이동李侗에게 수학하여 정호程顥, 정이程頤의 학문을 전수하는 것으로써 목표를 삼고 아울러 주돈이周敦頤, 장재張載 등의 학설을 모아 북송 이래 이학을 집대성하기에 이르렀다.

　　그리하여 백록동서원白鹿洞書院, 악록서원岳麓書院, 무이정사武夷精舍 등에서 50여 년간 강학講學에 힘써 민학파閩學派, 혹은 고정학파考亭學派라는 남송 최대 이학의 한 파를 이루었으며, 이정二程의 학문을 이어받았다 하여 정주학 程朱學이라고도 불린다. 그의 학문은 한때 한탁주韓侂周 등으로부터 위학 僞學으로 배척을 받기도 하였으나 역시 한 대漢代 이래 최고의 학자로 지금 까지 널리 칭송을 받고 있다. 그는 《사서장구집주四書章句集註》·《명신언행록 名臣言行錄》·《이락연원록伊洛淵源錄》·《자치통감강목資治通鑑綱目》·《시집전 詩集傳》·《초사집주楚辭集註》·《소학》 등이 있으며 후인이 편집한 〈주자어류 朱子語類〉, 〈주문공문집朱文公文集〉 등이 있다. 그의 사적은 《면암집勉齋集》 (36) 행장行狀과 《송사》(429) 도학전道學傳에 자세히 실려 있다.

2. 《소학》의 체제와 내용

《소학》은 체계를 갖추어 의도적으로 심천深淺, 층위層位, 내용의 연환連環 등을 고려하여 편집된 책이다. 우선 크게 내편內篇과 외편外篇으로 나누어져 있으며 체제는 6권으로 되어 있다. 내편은 〈1〉입교立敎 〈2〉명륜明倫 〈3〉경신敬身 〈4〉계고稽古의 4편 4권이다.

〈입교〉는 교육의 중요성과 방법에 관한 기록들을 모은 것으로 태교로부터 시작되며 그 아래 세부 편을 나누지 않은 채 모두 13장이다.

그리고 〈명륜〉은 오륜에 대한 설명과 예증으로 부자·군신·부부·장유·붕우의 인간관계에서 지켜야 할 도리와 덕목이 주된 내용이다. 그리고 그 아래 세부 편목으로는 (1)明父子之親 (2)明君臣之義 (3)明夫婦之別 (4)明長幼之序 (5)明朋友之交 (6)通論 등으로 '明'자를 넣어 '밝히다'의 뜻으로 묶었으며 모두 107장으로 이루어져 있다.

이어서 〈경신〉편은 자신에 대한 공경과 수양, 공부에 관한 것으로 거경궁리居敬窮理의 기본 틀을 중시하여 관련 자료를 모은 것이다. 그 아래 세부 편목으로 역시 (1)明心術之要 (2)明威儀之則 (3)明衣服之制 (4)明飮食之節 (5)通論으로 하여 심술·위의·의복·음식 등을 들고 이를 묶어 통론으로 결말을 맺고 있으며 모두 46장으로 이루어져 있다.

다음으로 〈계고〉편은 상고시대부터 漢代 이전의 성현들 사상과 행적을 실어 앞의 입교·명륜·경신의 내용을 하나씩 증명해 나간 것이다. 이에 집주에는 "考虞夏商周, 聖賢已行之迹, 以證前篇立教·明倫·敬身之言也"라 하였다.

다음으로 외편은 〈5〉가언嘉言 〈6〉선행善行 두 편으로 이루어져 있으며 이는 내편의 〈입교〉·〈명륜〉·〈경신〉의 이론을 이편에서 '言'과 '行'을 통해 사례로써 증명함과 아울러 실천하도록 유도한 것이다.

따라서 〈가언〉은 이제껏 내편에서 고대 성현의 사례를 살펴보았다면 이제부터는 한대 이후 송대까지 군자들의 언론과 어록을 살핌으로써 앞서 세 가지 이론을 증명하려 한 것이다. 이에 〈집주〉에는 "學者, 讀內篇, 而遠師虞夏商周之聖賢; 讀外篇, 而近師漢唐宋之君子. 盛德大業於是乎在矣. 奚可以爲童稚之習, 而忽之哉!"라 한 것이다.

이의 〈가언〉의 세부 편목으로는 당연히 (1)廣立敎 (2)廣明倫 (3)廣敬身 등으로 앞에 '廣'자를 넣어 명칭을 삼아 넓혀 증명하고자 하였다. 여기에는 역대 인물들의 어록과 그에 따른 일화가 주를 이루고 있으며, 특히 송대 이학가들, 즉 이정二程·횡거橫渠·소옹邵翁·사마광司馬光·호안국胡安國 등과 당시 이름난 문인, 행정가들의 행적과 어록도 상당수를 차지하여 주희의 이학가에 대한 존경과 열정도 살필 수 있도록 되어 있다.

〈선행〉편은 (1)實立敎 (2)實明倫 (3)實敬身으로 하여 '實'자를 넣어 실천과 사실 증명을 내세운 것이다. 따라서 이편에서는 아동의 흥미를 유발할 수 있는 역대 효도·충의·열녀 등의 고사를 풍부히 싣고 있어 이야기를 통해 자연스럽게 그 덕목을 실천하고 익힐 수 있도록 되어 있다. 그리고 마지막으로 '채근菜根'의 고사를 실어 마무리를 하고 있으며 이 고사는 뒤에 명대

홍자성洪自誠, 應明의 《채근담菜根譚》의 서명이 되기도 하였다. 이처럼 《소학》
은 '태교'에서 시작하여 '채근'에서 끝을 맺고 있다.

  한편 6권(편)의 각 첫머리에는 소서小序에 해당하는 글이 첫머리에 실려
있다. 다만 외편은 붉어서 이를 도입부분에 실었으며 따라서 〈6〉선행편에는
소서가 없어 모두 다섯 편의 소서 문장이 실려 있다고 볼 수 있다.

  또한 모든 판본에는 대체로 전체 장수를 386장이라 명기하고 있다.
그리고 소서 다음의 첫 문장을 제외하고는 모두가 ○ 표시를 하여 분장이
시작됨을 확연히 알 수 있도록 하였다. 그러나 《어정소학집주》(四庫全書본)
만은 각주에서 각 편의 장수를 밝히고 있는데 모두 합하면 385장이 된다.
이는 〈명륜〉편 「明夫婦之別」의 4번째 문장, 전체 일련번호 076(2-3-4)에서
차이가 나게 된 것이다. 즉 "取婦之家, 三日不擧樂, 思嗣親也. 昏禮不賀, 人之
序也."의 원문이다. 〈어정본〉에선 이를 묶어 하나의 장으로 처리하였다.
그러나 이는 실제 앞 단락은 《예기》 증자문편曾子問篇에서, 그리고 뒤의 단락
은 교특생편郊特牲篇에서 취록한 것으로 두 개의 별개 문장이다. 따라서 분장
함이 마땅하나 본 책은 〈어정본〉을 저본으로 한 것이어서 임시로 이를 묶어
하나의 장으로 처리하였음을 밝힌다. 이상 전체 목록을 표로 보이면 다음과
같다.

3. 역대 《소학》의 주석서

주자에 의해 《소학》이 편집된 뒤 주자의 자주_{自註}가 있어 그로써 교재로
활용하기에 무리가 없었다. 이에 원대 허형_{許衡}같은 이는 자신의 문인들에게
소학을 중시하여 철저히 익힐 것을 극력 권하기도 하였다. 그 뒤 명청_{明淸}
을 거쳐 오면서 드디어 소학에 대한 주석서가 쏟아져 나오기 시작하였다.
우선 그 대표적인 목록을 살펴보면 다음과 같다

1. 《小學集註》(6卷) 明, 陳選(註) 〈四庫全書〉 子部 儒家類 《御定小學集註》로
   실려 있음.
2. 《小學句讀》(6卷) 明, 陳選(撰)
3. 《小學集說》(6卷) 明, 程愈(撰)
4. 《小學訓解》(6卷) 明, 黃裳(撰) 《明史》에 목록이 보임.
5. 《小學集成》(6卷) 明, 何士信(撰) 《明史》에 목록이 보임.
6. 《小學章句》(6卷) 明, 王雲鳳(撰) 陳選의 〈句讀本〉을 다시 장구로 나눈 것.
7. 《小學集注》(6卷) 明, 劉實(撰) 《明史》에 목록이 보임.
8. 《小學集解》(6卷) 淸, 黃澄(撰) 〈四庫全書提要〉 子部 儒家類에 存目이 있음.
9. 《小學分節》(2卷) 淸, 高熊徵(撰) 〈四庫全書提要〉 子部 儒家類에 存目이 있음.
10. 《小學集解》(6卷) 淸, 蔣永修(撰) 〈四庫全書提要〉 子部 儒家類에 存目이 있음.
11. 《小學纂注》(6卷) 淸, 高愈(撰) 〈四庫全書提要〉 子部 儒家類에 存目이 있음.
    日本 〈漢文大系〉에 실림.
12. 《小學句讀記》(6卷) 淸, 王建常(撰) 〈四庫全書提要〉 子部 儒家類에 存目이
    있음.
13. 《小學集註》(6卷) 淸, 張伯行(撰) 이는 〈正誼堂全書〉本을 근거로 한 〈叢書
    集成初編〉에 수록되어 있음.

한편 이들 여러 판본 중에 지금 가장 널리 참고로 활용되는 것은 진선의 《소학구두》와 《소학집주》로 알려져 있다. 진선은 명대明代 절강浙江 천태天台 사람으로 좌포정사左布政使를 지냈으며 주자朱子의 학문을 지극히 신봉했던 인물이다. 그리고 이 〈구두본〉은 왕운봉의 《소학장구》와 청 고유의 《소학찬주》, 장백행의 《소학집주》 등과 함께 가장 널리 보편적으로 성행했던 주석서이다.

Ⅲ. 조선시대 《소학》에 관한 열기와 언해 및 연구서

《소학》이 우리나라에 언제 전수되었는지는 기록이 없어 알 수가 없다. 그러나 고려말 주자학의 유입과 함께 들어왔으리라는 것은 충분히 짐작할 수 있다. 여말 안향安珦이 충렬왕을 따라 원나라 대도에 들어가 《주자전서 朱子全書》를 가자고 돌아온 것이 1296년경이므로 이미 백 년 전에 나온 이 소학을 그 때 함께 가지고 들어왔을 가능성이 있다. 이때까지는 실제 명대 明代 주석서들이 나오기 전이었으므로 주자 자주본 《소학》이었을 것이다. 그리고 조선이 들어서면서 이른바 삼대 국시 중에 억불숭유抑佛崇儒 정책에 따라 이 책은 자연스럽게 환영을 받았을 것이며 게다가 아동 계몽을 위한 가치를 넘어 유학, 특히 정주학程朱學의 핵심서이며 개론서로써 가장 쉽게 성리학의 기본 개념에 접근할 수 있는 내용을 담고 있어 아주 유용한 자료로 활용되었을 것이다. 그리고 《명심보감明心寶鑑》이나 《십팔사략十八史略》, 《고문진보古文眞寶》가 그렇듯이 문장이 쉽고 내용이 보편적이어서 서당의 교재로 사용하기에도 아주 적당하여 일반인들에게 퍼지기 아주 쉬운 조건을 갖추고 있었다. 기록상 우리나라에 최초로 이를 간행한 사람은 권부權溥로 전해지고 있다.

한편 길재吉再의 학통을 이어받은 김숙자金叔滋와 그의 아들 김종직金宗直, 그리고 다시 그의 아들 김굉필金宏弼로 이어지는 가문에 김종직은 아들 굉필에게 "학문에 뜻을 둔 이상 반드시 소학을 출발점으로 할 것"을 강하게 주문하였다고 하였으며, 김굉필의 제자 김안국金安國은 영남안찰사嶺南觀察使로 있을 때 이 《소학》과 《이륜행실도二倫行實圖》를 간행하여 교화에 힘썼으며 그가 성균관 교수가 되자 사서, 오경, 성리대전과 이 《소학》을 기본 교재로 하였다고도 전해지고 있다. 이를 이은 퇴계와 율곡 역시 《소학》을 기본으로 하였음은 짐작할 수 있으며 퇴계는 정식으로 〈소학도小學圖〉라는 그림을 남기기도 하였다.

이리하여 중종 13년1517에 김전金銓, 최숙생崔叔生 등이 번역한 《번역소학》이 있었으나 전 10권 중 8권(고려대 소장), 9권(가람문고 소장), 10권(국립도서관 소장)만이 지금 전하고 있다. 그리고 다시 이 《번역소학》이 지나치게 의역에 흘렀다 하여 선조 18년(1584) 교정청校正廳을 설치하여 유가경전儒家經典을 언해하는 사업에서 우선 처음 《소학》에 대한 언해부터 서둘러 선조 20년(1586)에 《소학언해》를 간행하기에 이르렀던 것이다. 이것이 최초의 《어제소학언해》이며 지금 도산서원陶山書院에 전질이 소장되어 있다. 이 판본은 방점 및 반치음 시옷(ㅿ) 등이 그대로 사용되어 임진왜란 이전의 국어 연구에 귀중한 자료로 평가받고 있다. 이 판본은 다시 광해군 4년(1612)에 방점 등을 없앤 중간본이 나오기도 하였다. 그 외에 중종 때 유숭조柳崇祖가 언해한 것이 아닌가 여겨지는 판본도 있으며 간행 연대를 알 수 없는 3, 4권 1책의 《소학언해》도 국립도서관에 소장되어 있다.

그리고 숙종 20년(1694)에는 다시 간행을 서둘렀으며 이 판본에는 이덕성(李德成: 1655~1704)의 〈어제소학서御制小學序〉가 있어 간행 과정을 살필 수 있다. 역대 임금들은 이처럼 《소학》에 대하여 지극히 관심을 가졌으며 심지어 동궁에서 기본 교재로 강학하기도 하였다. 이에 따라 영조 역시 그의 22년(1774)에 직접 번역하기도 하였으며, 영조 24년(1766)에는 다시 《어제소학지남御制小學指南》을 출간하기도 하였다.

한편 조선시대 《소학》 관련 저술로는 정조 20년(1796) 순조가 동궁이었을 때 박준원朴準源이 답술한 내용을 1802년에 2권 1책으로 펴낸 《소학문답小學問答》이 있고, 앞서 말한 정약용의 《소학지언小學枝言》 1책은 《소학》 각

편의 모든 구절을 열거하고 그 아래에 요지를 부가하여 구주舊注를 보충한 것으로서 《대학강의大學講義》, 《심경밀험心經密驗》 등과 합하여 〈여유당전서與猶堂全書〉 200권 78책에 수록되어 있다.

그리고 성호星湖 이익李瀷의 《소학질서小學疾書》 1책은 《소학》 각 조목에 따라 어의를 정확하게 해석하여 초학자의 도움을 삼고자 한 것이다. 또한 박세재朴世采의 《소학총론小學總論》 1책은 후학에게 도움을 주고자 《소학》의 취지를 살려 증보하고 책머리에 퇴계의 〈소학도〉를 싣고 있으며 그 외에 작자 미상의 《소학초략小學抄略》 5권 1책은 《소학》을 초략하여 편집한 것이며 이를 언해한 《소학초략언해小學抄略諺解》(2책)도 전하고 있다. 그런가 하면 고종 말년 성균직강成均直講이었던 양종희梁宗熙의 《소학신석小學新釋》(6권)은 종래의 고주古注에 자신의 주석을 더하여 편찬한 책도 있다. 그 외에 특이한 것은 이 《소학》의 편목을 준거로 우리나라 고려高麗 이래 명유名儒·석보碩輔·의사義士·숙원淑媛 등의 가언嘉言과 선행善行을 모아 편집한 박재형朴在馨의 《해동소학海東小學》(6권 2책, 사본)은 우리만의 독특한 주체성을 엿볼 수 있는 귀중한 책이기도 하다. 근래까지 서당 등에서 널리 읽혔던 구활자본 「원본집주原本集註《소학小學》」(世昌書館, 明文堂 번각본 1973)은 하사신何士信(集成)·오눌吳訥(集解)·진조陳祚(正誤)·진선陳選(增補)·정유程愈(集說)를 종합하여 이루어진 것으로 일부 오자, 탈자가 있기는 하나 그나마 일반인들이 쉽게 접할 수 있었던 자료이며 이는 율곡栗谷이 편찬한 《소학제가집주小學諸家集註》(1612, 李恒福의 跋과 成渾의 跋文이 있음)를 근거로 한 것이 아닌가 한다. 그 외 일본에서는 《소학찬주小學纂註》(漢文大系本 明治 43년1910), 大正 11년(1922) 13쇄본 富山房 東京가 있어 지금 대만臺灣 신문풍출판사新文豐出版社에서도 인본印本으로 출간되어 널리 통용되고 있으며, 《소학小學》「선철유저한적국자해전서先哲遺著漢籍國字

解全書」(明治 43년, 1910)가 조도전대학출판부早稻田大學出版部에서 출간된 적이 있다. 그리고 근래 한국 번역본으로는 이해철(역) 자유교육협회 1972판의 《소학》과 남만성南晚星(譯, 寶晉齋 1973)의 《소학》, 그리고 이기석李基奭(編譯)의 《소학선小學選》(培英社, 1977) 등이 있다.

끝으로 우리나라에 전하는 고판본에 대하여 《고서목록古書目錄》(李相殷, 保景文化社, 1987)에는 무려 93종의 많은 판본(중복 판본 포함)이 기록되어 있다.

朱熹

内篇

夏氏曰上卷為内篇下卷為外篇許文正公曰小學之書吾信之如神明敬之如父母○内篇者小學之本源外篇者小學之支流○内篇有四立教明倫敬身皆述虞夏商周聖賢之言乃小學之綱也稽古摭虞夏商周聖賢之行所以實立教明倫敬身也外篇有二嘉言述漢以來賢人之言所以廣立

欽定四庫全書

御定小學集註 卷一

一

立教第一

此篇述古聖人所以立極教人之法其大目不出乎立明倫之教立敬身之教之本源也凡十三章而已篇首胎教一章則教之本源也

○子思子曰天命之謂性率性之謂道修道之謂教

孔子之孫名伋字子思其後學宗師先儒之稱朱子曰命猶令也性即理也天以陰陽五行化生萬物氣以成形而理亦賦焉猶命令也於是人物之生因各得其所賦之理以為健順五常之德所謂性也率循也道猶路也人物各循其性之自然則其日用事物之間莫不各有當行之路是則所謂道也修品節之也性雖同而氣稟或異故不能無過不及之差聖人因人物之所當行者而品節之以為法於天下則謂之教若禮樂刑政之屬是也

則天明導聖法述此篇俾為師者知所以教而弟子知所以學天命之性也遵循也

聖人之法即修道之教也俾使也此篇所述皆道之當然原於天而立於聖人者也師之所以學者無有切於此者矣

列女傳曰古者婦人妊子寢不側坐不邊立不蹕

音壬○饒氏曰躍當作蹕音庇○列女猶言諸女漢劉向釆其事以為婦娠也側謂側其身邊謂偏其身跛任一足也古人席地而坐跪至漢猶然向釆其事以為婦娠也側謂側其身邊謂偏而坐如今人之跪也漢猶然

不食邪味割不正不食席不正不坐

謂切肉席謂坐席邪味之味邪色之色淫聲之聲目不視邪色耳不聽淫聲

夜則令瞽誦詩道正事

即令使也瞽無目者詩謂二南之詩道言也正事事之合於此則生子形容端正禮者令瞽誦詩以其精於聲也

感於正則善感於邪則惡自然之理也○内則曰凡才過人矣蓋妙合而凝之時正形生神發之初○内則曰凡

生子擇於諸母與可者必求其寬裕慈惠溫良恭敬慎而寡言者使為子師

可則内則禮記篇名閭門之内禮儀易良恭莊而敬畏謹慎而寡言婦德之純也故使之為子師以教子馬司馬温公曰乳母不良非惟敗亂家法惟敗亂家法亦令所飼之子性行亦類之子能食食教

以右手能言男唯女俞男鞶革女鞶絲

音盤○食飯也以用也男女皆用右手取其强而已唯應之速俞應之緩剛柔之義也鞶帶也革皮也然帛也

欽定四庫全書

御定小學集註 卷一

二

《御定小學集註》世宗憲皇帝（定） 明 陳選（集註） 四庫全書 子部 儒家類

內ᄂᆡ篇편

立립敎교第뎨一일이라

子ᄌᆞ思ᄉᆞ子ᄌᆞᅵ 曰왈 天텬命명之지謂위性셩이 率솔性셩之지謂위道도오 修슈道도之지謂위敎교ᅵ시니라ᄒᆞ니 則즉天텬明명ᄒᆞ며 命명聖셩法법ᄒᆞ야 述슐此ᄎᆞ篇편ᄒᆞ야 俾비爲위師ᄉᆞ人ᅀᅵᆫ者쟈로 知디所소以이敎교ᄒᆞ며 而이弟뎨子ᄌᆞ로 知디所소以이學ᄒᆞᆨᄒᆞ노라

〔註〕子ᄌᆞ思ᄉᆞᄂᆞᆫ 저오 子ᄌᆞᄂᆞᆫ 尊존稱칭ᄒᆞᄂᆞᆫ 말이라 子ᄌᆞ思ᄉᆞ子ᄌᆞᄂᆞᆫ 伋급이니 孔공子ᄌᆞ孫손이라

命명ᄒᆞ신거슬 닐온 性셩이오 性셩을조차믈 닐온 道도ᅵ오 道도로 닷고믈 닐온 敎교ᅵ라ᄒᆞ시니 하ᄂᆞᆯ근거슬 법바다 셩인人法법을 조차 이篇편을 밍ᄀᆞ라 히여곰 스승되니로ᄡᅥ ᄀᆞᄅ칠바ᄅᆞᆯ알에ᄒᆞ며 뎨子로ᄡᅥ 비홀바ᄅᆞᆯ알에ᄒᆞ노라

列렬女녀傳뎐에 曰왈 古고者쟈애 婦부人ᅀᅵᆫ이 姙임子ᄌᆞᄋᆡ 寢침不블側측ᄒᆞ며 坐자不블邊변ᄒᆞ며 立립不블蹕필ᄒᆞ며 不블食식邪샤味미ᄒᆞ며 割할不블正졍이어든 不블食식ᄒᆞ며 席셕不블正졍이어든 不블坐자ᄒᆞ며 目목不블視시邪샤色ᄉᆡᆨᄒᆞ며 耳이不블聽텽淫음聲셩ᄒᆞ고 夜야則즉令령瞽고로誦숑詩시ᄒᆞ며 道도正졍事ᄉᆞᅵ니라ᄒᆞ더라 如여此ᄎᆞ則즉生ᄉᆡᆼ子ᄌᆞᅵ 形형容용이 端단正졍ᄒᆞ며 才ᄌᆡ過과人ᅀᅵᆫ矣의리라

列녀傳에 ᄀᆞ로ᄃᆡ 녜 婦人이 ᄌᆞ식을 ᄇᆡᆮ실제 잘제 기우리디아니ᄒᆞ며 안조매 ᄀᆞᆺ지디아니ᄒᆞ며 셔매 ᄒᆞᆫ발 치드디디아니ᄒᆞ며 샤특ᄒᆞᆫ마슬 먹디아니ᄒᆞ며 버힌거시 正티아니커든 먹디아니ᄒᆞ며 돗세 正티아니커든 안씨아니ᄒᆞ며 누네 샤특ᄒᆞᆫ 비츨 보디아니ᄒᆞ며 귀예 음란ᄒᆞᆫ 소리를 듣디아니ᄒᆞ고 바미어든 쇼경으로ᄒᆞ여곰 모시를 외오며 正ᄒᆞᆫ 이를 닐ᄅᆞ더니라 이러ᄐᆞ시ᄒᆞ면 나흔ᄌᆞ식이 얼굴이 端단正졍ᄒᆞ며 지조ᇰ 사ᄅᆞᆷ의게 넘으리라

朝鮮 宣祖版《小學諺解》陶山書院소장

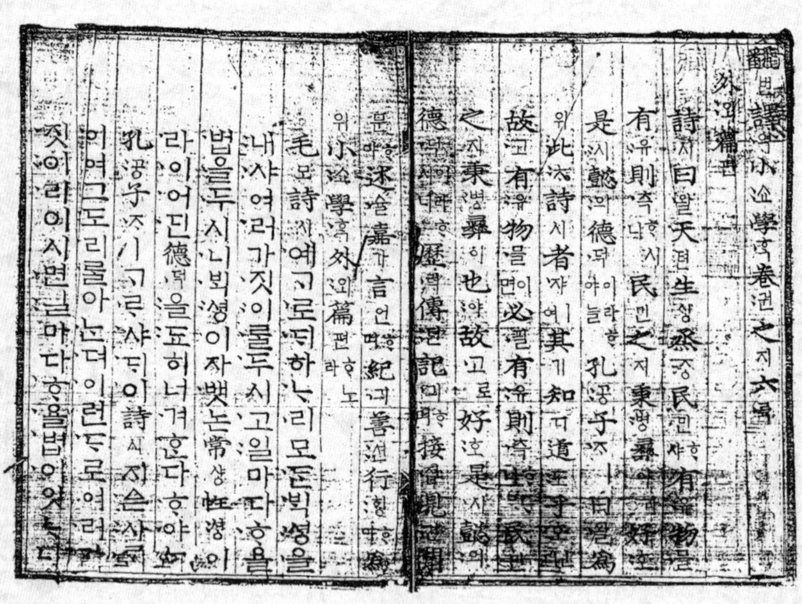

外篇君

詩曰 天生烝民 有物有則 民之
秉彝 好是懿德이어늘 孔子ㅣ가로ᄃᆡ
爲此述詩者ᄂᆞᆫ 其知道乎
故有物이면 必有則이오 敬고 好是
之秉彝也ㅣ오 敬고 好是懿
德이며 歷傳遷記며 接視며

毛詩예 닐오ᄃᆡ … 言ᄒᆞ며 紀며 善遷行ᄒᆞ
위 小學諺解 外篇이라 ᄒᆞ노
毛詩예 그로ᄃᆡ 하ᄂᆞ리 모ᄃᆞᆫ 빅셩을
내샤 여러 가짓 이룰 두시고 일마다 ᄒᆞᆯ
법을 두시니 빅셩이 ᄌᆞ뱃ᄂᆞᆫ 常性이
라 이 어딘 德을 됴히 너겨 ᄒᆞᆫ다 ᄒᆞ야ᄂᆞᆯ
孔子ㅣ ᄀᆞ로샤ᄃᆡ 이 詩 지ᅀᅳᆫ 사ᄅᆞᆷ
이여 그 도리를 아ᄂᆞᆫ뎌 이런ᄃᆞᆯ로 여러
짓이 이시면 … 다 ᄒᆞᆯ법이 잇ᄂᆞ니라

《飜譯小學》

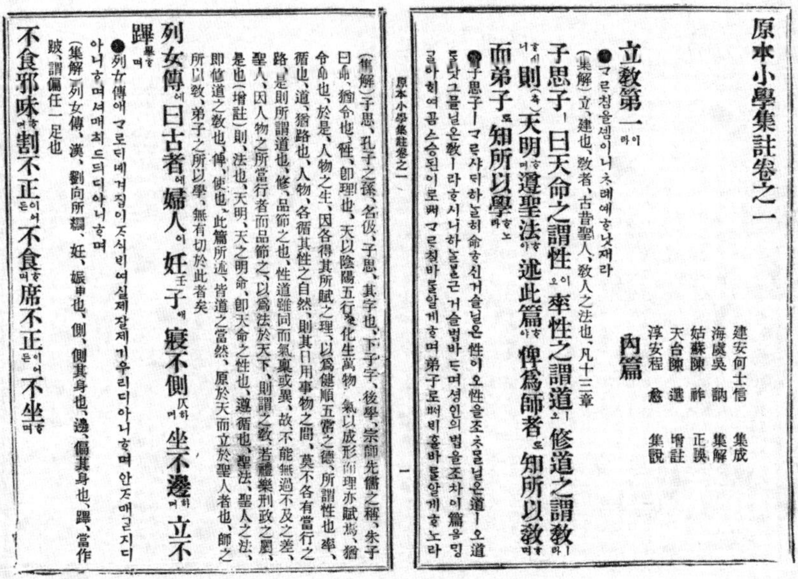

原本小學集註卷之一

建安何士信 集成
海虞吳訥 集解
姑蘇陳祚 正誤
天台陳選 增註
淳安程愈 集說

內篇

立敎第一 이라

● ᄀᆞᄅᆞ침을셈이니ᄎᆞ례예ᄒᆞᆫ낫재라

(集解)立、建也、敎者、古昔聖人、敎人之法也、凡十三章

子思子ㅣ曰天命之謂性이오率性之謂道ㅣ오修道之謂敎ㅣ라ᄒᆞ시니則(측)天明ᄒᆞ며遵聖法ᄒᆞ야述此篇ᄒᆞ야俾爲師者로知所以敎ᄒᆞ며而弟子로知所以學ᄒᆞ노라

●子思子ㅣᄀᆞᄅᆞ샤ᄃᆡ하ᄂᆞᆯ히命ᄒᆞ신거ᄉᆞᆯ닐온性이오性을조ᄎᆞᆷ을닐온道ㅣ오道ᄅᆞᆯ닷ᄀᆞᆷ을닐온敎ㅣ라ᄒᆞ시니하ᄂᆞᆯ볼근거ᄉᆞᆯ법바ᄃᆞ며셩인의법을조차이篇을밍ᄀᆞ라ᄒᆡ여곰스승된이로ᄡᅥᄀᆞᄅᆞ칠바ᄅᆞᆯ알게ᄒᆞ며弟子로ᄡᅥ비홀바ᄅᆞᆯ알게ᄒᆞ노라

(集解)子思、孔子之孫、名伋、子思、其字也、下子字、後學、宗師先儒之稱、朱子曰、命、猶令也、性、卽理也、天以陰陽五行、化生萬物、氣以成形、而理亦賦焉、猶命令也、於是、人物之生、因各得其所賦之理、以爲健順五常之德、所謂性也、率、循也、道、猶路也、人物、各循其性之自然、則其日用事物之間、莫不各有當行之路、是則所謂道也、修、品節之也、性道雖同而氣稟或異、故不能無過不及之差、聖人、因人物之所當行者而品節之、以爲法於天下、則謂之敎、若禮樂刑政之屬、是也(增註)則、法也、天明、天之明命、卽天命之性也、遵、循也、聖法、聖人之法、卽修道之敎也、俾、使也、此篇所述、皆道之當然、原於天而立於聖人者也、師之所以敎、弟子之所以學、無有切於此者矣

原本小學集註卷之一 一

列女傳에曰古者에婦人이妊(壬)子애寢不側(仄)ᄒᆞ며坐不邊ᄒᆞ며立不蹕(畢)ᄒᆞ며

●列女傳에ᄀᆞᆯ오ᄃᆡ녜게겨집이ᄌᆞ식ᄇᆡ여실제잘제기우리디아니ᄒᆞ며안ᄌᆞᆷ애ᄀᆞᆯ지디아니ᄒᆞ며셔매ᄎᆡ드듸디아니ᄒᆞ며

(集解)列女傳、漢、劉向所纂、妊、娠也、側、側其身也、邊、偏其身也、蹕、當作跛、謂偏任一足也

不食邪味ᄒᆞ며割不正이어든不食ᄒᆞ며席不正이어든不坐ᄒᆞ며

《小學集註》(活字本) 世昌書館

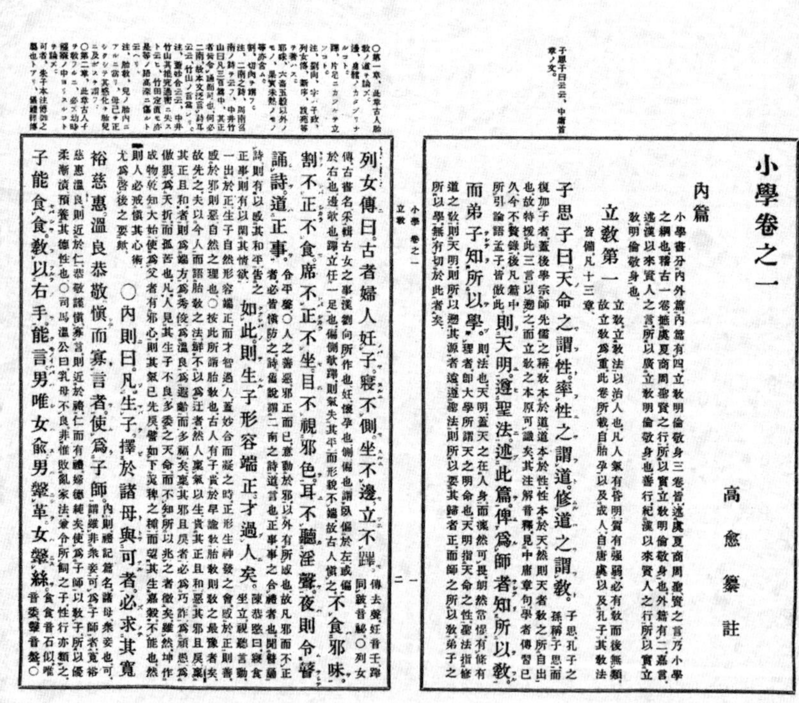

小學卷之一

高愈纂註

內篇

小學書分內外篇內篇有四立教明倫敬身三卷首述虞夏商周聖賢之言乃小學之綱也稽古一卷撫虞夏商周聖賢之行所以實立教明倫敬身也外篇有二嘉言述漢以來賢人之言所以廣立教明倫敬身也善行紀漢以來賢人之行所以實立教明倫敬身也

立教第一 皆備凡十三章

立教立教法以治人也凡人氣有昏明質有強弱必有教而後無頗故立教為重此卷所載自胎孕以及成人自唐虞以及孔子其教法

子思子曰天命之謂性率性之謂道修道之謂教

子思孔子之孫稱子思而復加子者蓋後學宗師先儒之稱敬本於道道本於性性本於天然則天者敬之所自出也故特揭此三言以遡之而立教之本原可識矣其注解晉釋見中庸章句學者傳習已久今不贅錄後凡篇中所引論語孟子皆倣此則天明遵聖法述此篇俾為師者知所以教

而弟子知所以學

理者即大學所謂天之明命也天明指天命之性遵遵法指修道之敬則天明則所以遡其源者遠遵遵法則所以要其歸者正而師之所以敎弟子之道之敬則天明則所以遡其源者遠遵遵法則所以要其歸者正而師之所以教弟子之

所以學無有切於此者矣

列女傳曰古者婦人妊子寢不側坐不邊立不蹕

傳古書名采輯古女之事漢劉向所作也妊懷孕也側偏也謂臥偏於左或偏於右也邊欹也蹕立任一足也偏側欹蹕則氣失其平而形毀不端故古人慎之不食邪味

割不正不食席不正不坐目不視邪色耳不聽淫聲夜則令瞽

令平聲○人之善惡邪正而已意動於邪以外有所感也故凡邪而不正者必皆慎防之詩傷毀謂二南之詩道言也正事事之合禮者也

誦詩道正事

詩則有以感其和平告之

如此則生子形容端正才過人矣

正事則有以閑其情欲一出於正生子自然形容端正而才智過人蓋妙合而凝之時正形生神發之會感於正則善於邪則惡自然之理也○按此所謂胎教也古人有子貴於早諭敎則敎之最豫者矣故先之夫以今人而語胎敎之法鮮不以為迂者然人稟氣以生貴其正且和惡其邪且戾稟其正且和者則為端方為秀俊為溫良為遜齡而多福矣稟其邪且戾者必為巧詐為頑愚為

《小學》高愈(纂註) 일본 漢文大系에 수록된 것

小學示蒙句解

内篇、

一篇とは、ひとくさりを一篇と云、此書朱子制作のはじめは二篇なり、上を内篇とし、下を外篇とす、上篇下篇といはずして内篇外篇と云こと、上篇にしるす所は、小學のもとなり、下篇にしるす所は中學のすゑなれば、内より外にいづる義あるによりて、上下といはずして、内外と云なり〇通覽氏、其名字分明ならず、小學資講つくれる夏照なるべき歟、許文正公、許は姓、名は衡、字は仲平、魯齋と號す、卒して文正と諡し、魏國公に封す、〇元朝の大儒なり、本原とは木の本水の源なり、支流とは、木の枝水の流なり、〇内篇有四とは、内篇を四圖にわけて、立敎明倫敬身稽古と名づくるなり、庶とは、帝舜の世の國號なり、夏商周の解は前に見えたり、綱の字義も前に見えたり、實立敎明倫敬身とは、稽古には、古人の立敎明倫敬身の行迹をひきて、上三篇の言語をむなしからざるやうに、實證をとりて、人に信仰せしむるためにすればなり、外篇有二とは、外篇を二篇にわけて、嘉言善行と名づくるなり、廣立敎明倫敬身とは、此三篇の義を、をしひろむるとなり、而して立敎は、亦明倫敬身の敎を立るにすぎず、〇立敎明倫敬身の三つは小學の三綱領なり、明倫の目五つあり、父子君臣夫婦長幼朋友なり、敬身の目四つあり、心術威儀衣服飲食なり、此九つは、小學の九條目なり、

立敎第一、

立敎とは、敎を立るなり、第は、次第なり、此書の第一篇を、立敎と名づく、此篇には、古人の敎をたて、人をみちびくことをしるせり〇立極とは、極は標準の義即敎の手本なり、立極敎人とは人を敎るに、その手本を立ると云義なり、胎敎とは、胎内よりの敎なり、この故に敎の本源と云なり、

子思曰、

此一篇は、立敎一篇の小序なり篇ごとに皆かくの如し、子思は、孔子の孫、名は伋、子思は其字なり、下の子の字は、先儒を師とする詞なり、

天命之謂性、

天命とは、天より人物にさづくる所の理なり、命は、上より下におほする義、性は即理なり、天の人物を生ずること、氣にてかたちをなし、理も亦其中にしく、是天より命令するが如し、人物其しく所の理を得て其心にそなふ、これを性と云、其目は仁義禮智信なり、

率性之謂道、

凡そ人物のなすわざ各其性中にそなはれる道理の、すぢあるまゝにしたがひて、日用の間事にふれ、物につく所に、をのづから當然の則ありて、ゆくべき路のごとし、是を道と云、

修道之謂敎、

修とは、しなをわかち、ほどをさだむることを云、性は人々になる所なれども、天よりうけて生る、氣に不同あり、この故に其をこなふ所にして、或はをよばず、これによりて、衆人凡そ事物のしかるべき所に、節文法度をたてゝ、しなわかち、ほどよくし玉へり、これを敎と云、しなわかち、ほどよくこなふ時は、即天命の性のまゝなる道にかなふぞ、以上は篇目の敎の字義をあかさんために、子思の語をひき用ひて、敎の由來をたづねとくなり、〇後學は、後世の學者なり、宗師とは、宗はたつとむ義なり、先儒は、先世の儒者なり、陰陽五行とは陰陽の二氣わかれて、水火木金土の五行となる、陰陽は即五行の内にあり、化生は、只生する義なり、人物とは、人と萬物とをつらねて云、健順五常の德とは健はつよくすくやかなる意、陽の德なり、順はやはらぎしたがふ意、陰の德なり、仁義禮智信の五常は、即五行の德なり、健順わかれて五

小學　内篇　立敎第一

二六　二七

《小學示蒙解》陳選(句讀) 日本 早稲田大學〈漢籍國字解全書〉

朱晦菴像
三才圖會　人物七卷　二十
朱晦菴名熹字元晦除煥章待制贈太師徽國公卒諡文
其自贊曰從容乎禮法之場沉潜乎仁義之府是予蓋將
有意焉而力莫能與也佩先師之格言奉前烈之餘矩惟
闇然而日修或庶幾乎斯語

朱晦菴(朱熹)《三才圖會》

嶽麓書院: 朱熹가 講學하던 宋代 四大書院의 하나

차 례

小學 ■

內篇

第一 입교立教

◎ 立教 小序

第二 명륜明倫

◎ 明倫 小序

1. 명부자지친明父子之親

2. 명군신지의 明君臣之義

3. 명부부지별 明夫婦之別

4. 명장유지서 明長幼之序

5. 명붕우지교明朋友之交

6. 통론通論

第三 경신敬身

◎ 敬身 小序

1. 명심술지요明心術之要

2. 명위의지칙明威儀之則

小學 下

第四 계고 稽古

◎ 稽古 小序

1. 입교 立敎

外篇

第五 가언嘉言

◎ 嘉言 小序

1. 광입교廣立教

2. 광명륜廣明倫

小學 下

第六 선행善行

1. 실입교實立敎

2. 실명륜實明倫

3. 실경신實敬身

◉ 부록 (序跋 및 관련자료)

小學序題

I. 《小學》書題 .... 宋, 朱熹

옛날 소학小學에 사람을 가르치되 쇄소灑掃·응대應對·진퇴進退의 절차와 애친愛親·경장敬長·융사隆師·친우親友의 도로써 하였으니 모두가 수신修身·제가齊家·치국治國·평천하平天下의 근본이 되는 것이었다. 그리하여 반드시 어린 나이에 이를 일러주어 익히게 함은 그 익힘이 지혜와 더불어 자라면서 교화되고 마음과 더불어 성장하게 하여, 저항하거나 다투어 이기지 못할 근심 따위는 없도록 하고자 함이었다.

지금 그때 쓰던 책 전체를 비록 볼 수는 없지만 여러 전기傳記에서 섞인 채 나타나고 있는 것들이 역시 많다. 그런데도 그러한 기록을 읽는 자들은 왕왕 덮어놓고 고금에 의당 해야 할 일이 다르다고 여겨 이를 실행하지 아니하고 있다. 그러나 그들은 예나 이제나 다름이 없으니 진실로 시작부터 아예 실행할 수 없는 것이란 없었다는 것을 전혀 모르고 있다.

지금 자못 이를 수집蒐輯하여 이 책을 만들었다. 이를 어린아이에게 가르쳐 강습을 자료로 삼으니 풍속 교화에 만분의 일이라도 보탬이 되기를 바랄 뿐이다.

순희淳熙 정미丁未 삼월三月 초하룻날 아침, 회암晦菴이 쓰다.

古者小學敎人, 以灑掃·應對·進退之節, 愛親·敬長·隆師·親友之道, 皆所以爲修身齊家治國平天下之本, 而必使其講而習之於幼穉之時, 欲其習與智長化與心成, 以無扞格不勝之患也.

今其全書, 雖不可見, 而雜出於傳記者, 亦多. 讀者往往直以古今異宜, 而莫之行. 殊不知, 其無古今之異者, 固未始不可行也.

今頗蒐輯, 以爲此書, 授之童蒙, 資其講習, 庶幾有補於風化之萬一云爾.

淳熙丁未三月朔旦, 晦菴題.

【古者】 고대 夏商周 삼대 시절을 말함.

【小學】 鄕學. 大學에 상대되는 말로 어린아이를 가르치는 학문. 실질적이고 자세한 절도와 절차 등을 가르침. 〈集註〉에 "小學, 鄕學也"라 함.

【敎人】 여기서의 '人'은 어린아이를 뜻함. 〈集註〉에 "人, 指八歲以至十四歲之子弟也"라 함.

【灑掃】 '灑'는 물을 뿌려 먼지를 거두는 것. '洒'와 같음. '掃'는 먼지를 제거하는 것. '埽'와 같음. 청소를 뜻함. 〈集註〉에 "灑, 謂灑水以斂塵; 掃, 謂掃地以去塵"이라 함. '灑埽'로도 표기함.

【應對】 〈集註〉에 "應, 謂應尊長之呼; 對, 謂對尊長之問"이라 함.

【節】 禮節. 節次, 節度, 節文.

【愛親】 '親'은 부모를 가리킴. 〈集註〉에 "親, 父母也"라 함.

【隆師】 '隆'은 존경함을 뜻함. 스승을 존경함. 〈集註〉에 "隆, 尊也"라 함.

【親友】 친구와 친하게 사귐. 〈集註〉에 "親, 近也"라 함.

【修身·齊家·治國·平天下】 〈大學〉의 일로 〈大學〉 八條目 중의 실제 효용을 말한 부분임. 〈集註〉에 "古人由小學已收心養性基本已立, 至大學特收其成功耳"라 함.

【講·習】 〈集註〉에 "講, 以明其理; 習, 以熟其事"라 함.

【幼穉】 '幼稚'와 같으며 어린 나이를 뜻함.

【扞格】 주에는 "扞, 音汗; 格, 胡得切"이라 하여 '한혁'으로 읽어 雙聲連綿語임을 밝히고 있음. '서로 어그러져 모순을 일으킴'을 뜻함. 〈集註〉에 "扞格, 猶牴牾也"라 함.

【不勝】 그 가르침을 이겨내지 못함. 가르친 대로 충분히 실행해내지 못함. 〈集註〉에 "不勝, 不能勝當其敎也. 幼穉之子, 心知未有所主, 及時而敎之, 使習於善而與智俱長, 化於善而與心俱成. 故無扞格不勝之患, 而大學之敎亦易

入矣"라 함. 이곳까지의 의미에 대하여 〈集註〉에 "此兩節言古者小學敎人
之意"라 함.

【今】 주자가 생존했던 南宋 당시. 〈集註〉에 "今, 朱子自謂宋時也"라 함.

【不可見】 〈集註〉에 "古者小學之全書不可見者, 以秦火焚之也"라 함.

【傳記】 《禮記》나 《管子》 등 서적을 말함. 〈集註〉에 "傳記, 謂《禮記》·
《管子》諸書"라 함.

【直】 '다만, 단지, 곧바로, 덮어놓고'의 뜻. 〈集註〉에 "直, 但也"라 함.

【殊】 副詞로 '아주, 매우, 특수하게, 유달리, 절대로' 등의 뜻. 〈集註〉에 "殊,
猶絶也"라 함.

【古今異宜】 옛날에는 마땅한 논리였으나 지금은 맞지 않음을 뜻함. 〈集註〉
에 "古今異宜, 謂宜於古而不宜於今也"라 함.

【無古今之異】 고금에 다를 것이 없음. 〈集註〉에 "無古今之異, 謂古法亦有宜
於今也"라 함.

【蒐輯】 옛날에서 찾아 이를 편집함. 〈集註〉에 "蒐輯者, 索古法之宜於今者,
而纂輯之也"라 함.

【童蒙】 어리고 몽매함. 〈集註〉에 "童蒙, 童幼而蒙昧也"라 함.

【風化】 〈集註〉에 "詩序曰「上以風化下」是也"라 함.

【萬一】 〈集註〉에 "萬一, 萬分之一也"라 함.

【云爾】 語辭. 〈集註〉에 "朱子此書續古者小學之敎以爲大學基本, 有補於國家
之風化大矣. 曰'庶幾', 曰'萬一', 皆謙辭耳"라 함.

＊〈集註〉에 "吳氏曰:「朱子之於世敎, 豈惟有補於當時? 實則有功於萬世也.
此兩節言繼絶學輯小學之意.」"라 함.

【淳熙】 南宋 孝宗의 연호. 1174년~1189년까지 16년간이며 14년 丁未는 1187년
에 해당함.

【晦菴】 晦庵으로도 표기하며 朱子가 거처하던 草堂으로 이것을 堂號로 삼은
것임.

  원형이정元亨利貞은 천도天道의 상常이요, 인의예지仁義禮智는 인성人性의 강綱이다. 무릇 이들은 처음에 선善하지 아니함을 가지고 있어본 적이 없으니 애연藹然히 사단四端을 이루고 있어 감각에 따라 이것이 드러나게 되는 것이다. 그리하여 어버이를 사랑하고 형을 공경하며, 임금에게 충성하고 어른을 공경하는 것이니, 이를 일러 병이秉彝라 하며 순리대로 할 뿐 억지로 그렇게 할 수는 없는 것이다.

  오직 성스러운 성품을 가진 자만이 하늘 그대로 넓고 넓어 털끝만큼도 보탬이 없이 만 가지 선함이 거기에 충족하는 것이다. 그러나 일반 사람들은 무지하고 어리석어 물욕物欲이 차례로 그를 가려 이에 그 강령이 무너지고 말아 이 자포자기에 안주하고 마는 것이다.

  이에 성인이 이를 불쌍히 여겨 학교와 스승을 세워 그 뿌리를 북돋우고 그 가지를 통달하게 한 것이다.

  소학小學의 방법은 쇄소灑掃와 응대應對하며 들어서는 효도하고 나가서는 공손히 하여 행동에 조금이라도 어긋남이 없도록 한 것이며, 실천하고 남은 힘이 있으면 《시서詩書》를 외우고 읽고, 노래를 부르고 춤을 익혀 생각에 혹 넘어섬이 없도록 한 것이다.

  사물의 이치를 궁구하고 자신을 수양하는 이러한 학문은 대학에서 할 일이다. 그리하여 밝은 천명이 환하니 마음속과 겉으로 드러난 행동에 차이가 없도록 하며, 덕德이 숭상되고 업業이 넓어지면 이에 다시 그 처음의 본성을 회복하게 되는 것이다. 이것이 어찌 지난날에는 부족하여 그렇지 못한 것이라거나 지금은 남은 것이 있어 그런 것이겠는가?

  옛 세대는 아득히 멀고 그 때 사람도 남아 있지 않으며, 경서도 잔폐되고 교육도 해이해졌다. 그리하여 어린이를 기르는 것이 단서를 찾지 못하니 자랄수록 더욱 들뜨고 화미華靡하여, 고을에는 선한 풍속이 사라지고 세상에는 훌륭한 인재가 결핍되고 말았다. 이익과 욕심이 얽히고 잡아당기며 이단의 언론이 시끄럽게 서로를 공격하고 있다. 다행스럽게도 병이乗彝는 하늘이 다할 때까지 사라지지 않는 것이어서 옛날에 들은 것을 모아 뒤에 오는 이들을 깨우치기를 바라게 되었다. 아! 어린이들이여! 공경스럽게 이 책을 받을지어다. 내 말을 늙은이의 말이라 여기지 말 것이며 오직 성현의 가르침으로 여길지니라!

元亨利貞, 天道之常; 仁義禮智, 人性之綱. 凡此厥初, 無有不善, 藹然四端, 隨感而見, 愛親敬兄, 忠君弟長, 是曰秉彝, 有順無彊.

惟聖性者, 浩浩其天, 不加毫末, 萬善足焉.

眾人蚩蚩, 物欲交蔽, 乃頹其綱, 安此暴棄.

惟聖斯惻, 建學立師, 以培其根, 以達其支.

小學之方, 灑掃·應對, 入孝出恭. 動罔或悖; 行有餘力, 誦《詩》讀《書》, 詠歌舞蹈; 思罔或逾.

窮理修身, 斯學之大, 明命赫然, 罔有內外, 德崇業廣, 乃復其初, 昔非不足, 今豈有餘?

世遠人亡, 經殘教弛, 蒙養弗端, 長益浮靡, 鄉無善俗, 世乏良材, 利欲紛挐, 異言喧豗, 幸兹秉彝, 極天罔墜, 爰輯舊聞, 庶覺來裔.

嗟嗟小子! 敬受此書, 匪我言耄, 惟聖之謨!

【題辭】 책의 첫머리에 쓰는 말. 〈集註〉에 "題辭者, 標題書首之辭也"라 함.
【元亨利貞】 《周易》 乾卦에 "乾: 元亨利貞"이라 하였고, 〈文言傳〉(上)에 "元者, 善之長也; 亨者, 嘉之會也; 利者, 義之和也; 貞者, 事之幹也. 君子體仁足以長人, 嘉會足以合禮, 利物足以和義, 貞固足以幹事. 君子行此四德者, 故曰: 「乾: 元亨利貞.」"이라 하였음. 한편 〈集註〉에 "元者, 生物之始; 亨者, 生物之通;

利者, 生物之遂; 貞者, 生物之成. 四者, 謂之天道天理, 自然之本體也"라 함.

【常】〈集註〉에 "亘萬世而不易, 故曰常"이라 함.

【仁義禮智】〈集註〉에 "仁者, 溫和慈愛之理; 義者, 斷制裁割之理; 禮者, 恭敬撙節之理; 智者, 分別是非之理. 四者, 謂之人性, 人人所稟之天理也"라 함.

【綱】〈集註〉에 "統萬善而不遺, 故曰綱"이라 함.

【厥初】그 처음. '厥'은 語辭이며 '其'와 같음. '初'는 本然대로임을 말함.〈集註〉에 "初, 謂本然也"라 함.

【藹然】'애연'으로 읽으며, 아주 많은 모습.〈集註〉에 "藹然, 衆盛貌"라 함.

【四端】孟子가 말한 四端說.《孟子》公孫丑(下)에 "無惻隱之心, 非人也; 無羞惡之心, 非人也; 無辭讓之心, 非人也; 無是非之心, 非人也. 惻隱之心, 仁之端也; 羞惡之心, 義之端也; 辭讓之心, 禮之端也; 是非之心, 智之端也. 人之有是四端也, 猶其有四體也. 有是四端而自謂不能者, 自賊者也; 謂其君不能者, 賊其君者也. 凡有四端於我者, 知皆擴而充之矣; 若火之始然, 泉之始達. 苟能充之, 足以保四海; 苟不充之, 不足以事父母"라 함.〈集註〉에 "四者之善端, 藹藹然隨其物之所感動而形見也"라 함.

【秉彝】떳떳한 常道를 잡고 있음. '秉執彝常'의 줄인 말.

【有順無彊】'彊'은 '强'과 같음.〈集註〉에 "順者, 因其自然; 彊者, 抑之使然. 此言: 愛親·敬兄·忠君·弟長四者, 人之善行根於秉執之常, 性因其自然而非抑之使然也"라 함.

【毫末】털끝. 아주 작은 것을 비유함.〈集註〉에 "毫末, 一毫之末也"라 함.

【萬善】〈集註〉에 "萬善, 如四端·四行是也. 此言: 成人性全於天, 無所汚壞其本然之理, 浩浩然廣大, 不待增加毫末人爲, 而萬善自足, 無所欠缺也"라 함.

【蚩蚩】무지하고 몽매한 모습.〈集註〉에 "饒氏曰:「蚩蚩, 無知之貌.」"라 함.

【物欲】'物慾'과 같음.〈集註〉에 "物欲, 謂凡聲色臭味之欲也"라 함.

【暴棄】自暴自棄와 같음. 스스로에게 해를 입히고 스스로를 포기함.《孟子》離婁(上)에 "孟子曰:「自暴者, 不可與有言也; 自棄者, 不可與有爲也. 言非禮義, 謂之自暴也; 吾身不能居仁由義, 謂之自棄也. 仁, 人之安宅也; 義, 人之正路也. 曠安宅而弗居, 舍正路而不由, 哀哉!」"라 함.〈集註〉에 "暴, 害也. 此言: 衆人氣稟昏愚而無知, 物欲交互而遮蔽. 是以頹墜其仁義禮智之綱, 而安於自暴自棄也"라 함.

【培根達支】'支'는 '枝'와 같음. "枝, 與枝同"이라 함.〈集註〉에 "此言: 聖人見衆人, 安於暴棄. 魚豕惻然傷憫, 而建學立師以敎之小學之敎, 所以收其放心,

養其德性, 如培擁木之根本也; 大學之教, 所以開發聰明進德修業, 如發達木之支條也”라 함.

【罔】‘無’와 같음. “罔, 無也”라 함.

【行有餘力】《論語》學而篇에 “子曰:「弟子, 入則孝, 出則弟, 謹而信, 汎愛衆, 而親仁. 行有餘力, 則以學文.」”이라 함.

【舞蹈】춤을 춤. 〈集註〉에 “手曰舞, 足曰蹈”라 함. 〈集註〉에 “饒氏曰:「此言: 小學之方, 必使學者, 謹夫刷掃應對之節, 入則愛其親, 出則敬其長. 凡所動作, 無或悖戾乎此也. 行此數者, 而有餘力, 則誦詩讀書, 或詠歌以習樂之聲, 或舞蹈以習樂之容. 凡所思慮, 或無逾越乎此也.」”라 함.

【明命】하늘의 밝은 천명. 〈集註〉에 “明命, 卽天之所賦於人, 而人之所得以爲性者也”라 함.

【德崇業廣】〈集註〉에 “德者, 道之得於內者也; 業者, 功之成於外者也”라 함.

【初】本然之性을 말함. 〈集註〉에 “此言: 格物·致知以窮究其理, 誠意·正心以修治其身. 此內《大學》之道也. 然天之明命赫然, 照著無有內外之間. 學者誠能從事於大學, 使物格·知至·意誠·心正·身修而德之積於內者, 極乎崇高. 由是推之使家齊·國治·天下平而業之施於外者, 極乎廣博, 則有以復其性之本然矣”라 함.

【昔·今】〈集註〉에 “昔日之安於暴棄也. 此性固非不足; 今日之德崇業廣也, 此性亦非有餘. 但昔爲氣稟物欲之所蔽; 今則復其本然耳”라 함.

【利欲】物欲과 같음.

【拏】잡아당김. 〈集註〉에 “拏, 牽引也”라 함.

【喧豗】‘훤회’로 읽으며 〈集註〉에 “豗, 相擊也”라 하여 ‘서로 떠들썩하게 굴며 공격하다’의 뜻으로 풀이하였으나 雙聲連綿語로 보는 것이 타당할 듯함. 이상에 대하여 〈集註〉에 “此言: 前世旣遠, 聖人旣沒, 六卿殘缺, 而敎法亦廢弛矣. 小學之敎廢, 故學者自童蒙之時, 而養之不以其正; 大學之敎廢, 故及其年長, 則所習日益輕浮華靡, 是以鄕無淳厚之習俗; 世無粹美之人材. 但見利欲之習, 紛然而相牽引異端之言, 喧然而相攻擊也”라 함.

【極天罔墜】〈集註〉에 “極天罔墜, 言人心秉彝之理, 萬古常存也”라 함.

【爰】‘於’와 같음.

【來裔】後學을 의미함. 〈集註〉에 “裔, 衣襟之末, 來裔, 謂後學也”라 함.

【耄】늙어 昏蒙한 상태를 말함. 〈集註〉에 “耄, 老而昏也”라 함.

【謨】謨訓. 훌륭한 가르침이나 훈계.

＊〈集註〉에 "此言: 後世敎學之不明, 雖如上文所云. 然所幸者, 人之秉彝, 極天罔墜. 我於是纂輯舊所聞者, 以爲《小學》之書, 庶幾可以覺悟後來之學者爾. 初學之小子, 宜敬受此書而學之. 此非我老耄之妄言, 是乃前聖之謨訓也"라 함.

Ⅲ. 〈御製小學序〉 ·· 朝鮮, 李德成

《소학小學》은 어떻게 하여 지어진 것인가? 옛 사람들은 태어나 겨우 여덟 살이 되면 반드시 이 책을 받아 배웠으니 바로 삼대三代에 사람들을 가르치던 법이었기 때문이다. 진秦나라 시황始皇의 분서갱유焚書坑儒이래 경적經籍은 모두 사라지고 말았으며 남아 있는 것이라 해야 겨우 몇이 되지 않았다. 이에 신안新安 사람 주부자朱夫子가 세상에 교육이 능멸되고 해이 해진 것을 개연慨然히 여겨 구문舊聞을 수집하여 후학들에게 길을 열어주게 된 것이다.

아! 이 책은 규모規模와 절차節次가 찬연粲然이 구비되어 있으며, 내외內外 의 구분이 있고 본말本末의 순서가 있다. 그리하여 「입교立敎」·「명륜明倫」· 「경신敬身」이 셋은 내편이며, 동시에 본本이다. 다음 차례로 「계고稽古」는 지난날 있었던 행동들을 모은 것으로 이를 증명한 것이다. 그리고 「가언 嘉言」과 「선행善行」편을 두었으니 이 둘은 외편이며 동시에 말末이다. 과연 이 세 가지에 깊이 잠심潛心하고 반복하여 자신에게 이를 증험하면, 나머지 두 가지는 그 사실을 미루어 넓히고 실제로 이를 증험하는 데에 불과할 뿐이다. 비유하건대 그물을 들면 그물코가 다 펼쳐지며 뿌리를 북돋우면 가지가 뻗어나가는 것과 같은 것이니 이것은 진정 어린아이가 도에 들어 가는 처음 과정課程이며, 어린아이를 길러내는 성인의 공적이니 어찌 쉽게 말할 수 있겠는가?

만약 무릇 「경신」 한 편만으로도 더욱 긴절緊切함을 느끼게 하는 것으 로써 대체로 논하건대 경敬이란 성인의 학문으로써 시작과 끝을 이루며 위와 아래를 꿰뚫는 것이어서 공경과 태만 사이에서 길흉吉凶이 그 자리 에서 판별되고 만다. 이 까닭으로 문왕武王이 등극한 초기에 사상보師尚父 가 삼가고 삼가도록 경계警戒를 진술하여 여기에서 넘어서지 않도록 한 것이다.

학자가 진실로 여기에 맛을 들여 동정動靜에도 반드시 경에 근거로 두며, 조차造次에도 반드시 경에 근거를 두어, 출입하는 내 마음을 거두어들이고, 나의 정대正大한 근본을 바르게 세우고, 오늘 하나의 노력을 쏟고 내일 한 가지 일을 해내어 알지도 깨닫지도 못하는 사이에 영대靈臺가 태연하며, 표리表裏가 통철洞徹하게 된다면, 대학大學으로 들어가 이른바 말하는 수신修身·제가齊家·치국治國·평천하平天下의 도가 특출하게 일거에 이룰 수 있을 것이다. 그러니 풍화風化에 어찌 보탬이 적다고 말하겠는가!

갑술甲戌 정월 16일 재생백哉生魄의 날에 통정대부通政大夫 병조참지兵曹參知 신臣 이덕성李德成이 하교를 받들어 쓰다.

《小學》何焉而作也? 古之人, 生甫八歲, 必受是書, 卽三代教人之法也. 自嬴秦坑焚以來, 經籍蕩殘, 存者幾希. 此新安朱夫子之所以慨然乎世教之陵弛, 輯舊聞而牖來學者也.

嗚呼! 是書也, 規模節次, 粲然備具, 有內外之分, 有本末之序. 曰〈立教〉·曰〈明倫〉·曰〈敬身〉, 兹三者, 內也, 本也. 次言〈稽古〉, 所以摭往行而證之也. 曰〈嘉言〉, 曰〈善行〉, 兹二者, 外也. 末也. 果於斯三者, 沈潛反覆, 驗之于身, 則二者不過推廣而實之而已. 譬如網擧則目張, 根培則支達. 此正小子入道之初程, 蒙養之聖功, 豈易言哉!

若夫〈敬身〉一篇, 儘覺緊切. 蓋嘗論之: 敬者, 聖學之所以成始成終, 徹上徹下, 而敬怠之間, 吉凶立判. 是以武王踐阼之初, 師尙父之所以惓惓陳戒者, 不越乎是.

學者誠有味于斯, 動靜必於敬, 造次必於敬, 收吾出入之心, 立吾正大之本, 今日下一功, 明日做一事, 於不知不覺之中, 靈臺泰然, 表裏洞徹, 則進乎大學, 所謂修身齊家治國平天下之道, 特一擧而措之矣. 其於風化, 烏可小補云爾!

歲在甲戌春正月哉生魄序, 通政大夫兵曹參知, 臣李德成, 奉敎書.

【甫】 부사로 '겨우'의 뜻. '纔(才)'와 같음.

【三代】 夏(禹), 商(湯), 周(文武) 시대. 고대 成人이 건국하여 이상 정치를 폈던 때로 儒家에서 이상 시대로 여김.

【嬴秦坑焚】 嬴은 秦나라 왕실의 성씨. 秦始皇은 嬴政이었음. 坑焚은 焚書坑儒를 뜻함. 《史記》 秦始皇本紀에 "於是廢先王之道, 焚百家之言, 以愚黔首. ……始皇聞亡, 乃大怒曰:「吾前收天下書不中用者盡去之. 悉召文學方術士甚衆, 欲以興太平, 方士欲練以求奇藥. 今聞韓衆去不報, 徐市等費以巨萬計, 終不得藥, 徒姦利相告日聞. 盧生等吾尊賜之甚厚, 今乃誹謗我, 以重吾不德也. 諸生在咸陽者, 吾使人廉問, 或爲訞言以亂黔首.」於是使御史悉案問諸生, 諸生傳相告引, 乃自除犯禁者四百六十餘人, 皆阬之咸陽, 使天下知之, 以懲後"라 함.

【新安】 지명. 朱熹는 新安 사람으로 그 이름 앞에 郡望을 붙여 부름.

【陵弛】 '凌弛'와 같음. 능멸되고 해이해짐.

【牖】 동사로 '인도하다, 길을 열어주다, 창문을 열어 보여주다' 등의 뜻.

【以撫往行】 지난 시절 성현들의 행적을 주워 모음. 《小學》 稽古篇의 주에 "考虞夏商周, 聖賢已行之迹, 以證前篇立敎·明倫·敬身之言也"라 하였음.

【廣而實】 《小學》 外篇 「嘉言篇」은 제목이 〈廣立敎〉·〈廣明倫〉·〈廣敬身〉으로 되어 있고, 「善行篇」은 〈實立敎〉·〈實明倫〉·〈實敬身〉으로 되어 있어 각기 '넓히고 실증하다'의 의미를 가지고 있음을 뜻함.

【目張】 그물의 눈과 코. 그물망. 벼리를 들면 이들이 모두 퍼짐을 뜻함.

【支達】 '枝達'과 같음. 가지가 창달하여 널리 자라남.

【儘覺緊切】 儘覺은 '크게 깨닫게 됨'을 뜻하며, 緊切은 '매우 긴요하고 절실함'을 말함.

【武王】 周나라 초기 文王의 아들이며 이름은 姬發. 아버지의 업을 이어 폭군 殷나라 紂를 멸하고 姜太公, 周公 등의 도움으로 천하를 이상적으로 다스림. 역시 儒家에서 聖人으로 추앙함.

【踐阼】 踐祚와 같음. 천자로 등극함을 말함.

【師尙父】 武王을 도와 殷의 紂를 멸한 姜太公, 呂尙. 뒤에 齊나라에 봉해짐.

【惓惓陳戒】아주 자상하고 간절하게 계책을 진술함. 이는《大戴禮記》武王
 踐祚篇에 실린 글을 가리키는 것으로 봄. 본《小學》敬身篇 121(3-1-1)을
 참조할 것.
【動靜】행동거지, 일생의 모든 움직임과 생활.
【造次】아주 짧은 시간을 뜻하는 연면어.《論語》里仁篇에 "子曰:「富與貴,
 是人之所欲也; 不以其道得之, 不處也. 貧與賤, 是人之所惡也; 不以其道得之,
 不去也. 君子去仁, 惡乎成名? 君子無終食之間違仁, 造次必於是, 顚沛必於是.」
 라 하였으며 音註에 '造'는 反切로 '七到反'이라 하여 '초차'로 읽도록 되어
 있으며 雙聲連綿語임.
【下一功】전력을 쏟음. 白話語 표현으로 下一功夫(工夫)의 줄인 말.
【做】'作'과 같으며 백화어에 주로 사용되는 언어. '만들다, 되다, ~으로 삼다'
 등의 뜻임.
【靈臺】정신을 담고 있는 신체 부분, 심장.《莊子》庚桑楚에 "不可內於靈臺"
 라 함.
【洞徹】'통철'로 읽으며 서로 환하게 트여서 통함.
【修身齊家治國平天下】《大學》八條目 "格物·致知·誠意·正心·修身·齊家·
 治國·平天下"에서 뒤의 네 가지 조목.
【甲戌】1694년 肅宗 20년에 해당함.
【哉生魄】열엿새를 가리키는 말로 옅은 빛으로 변하기 시작함을 뜻함. '哉'는
 纔(才)와 같음. '겨우 밝음이 생겨나다'의 뜻이며, '生魄'은 음력 열엿새로
 '始生魄'과 같음. 옅은 빛으로 변하기 시작함을 뜻함.《尙書》康誥에 "惟三月
 哉生魄, 周公初基, 作新大邑于東國洛. 四方民大和會, 侯甸男邦采衛百工播民,
 和見士于周. 周公咸勤, 乃洪大誥治"라는 데에서 유래됨.
【李德成】1655~1704(孝宗6~肅宗30). 자는 得甫, 호는 盤谷, 知非子. 조선후기의
 문관이며 1677년 進士에 합격하고《顯宗實錄》편찬에 참여하였으며 司諫
 院正言, 兵曹正郎, 海州牧使, 兵曹參知, 義州府尹 등을 거쳐 강원감사, 형
 조참의, 충청감사 등을 역임하였음. 글씨에도 능하여 당시 이름이 높았음.
 이상의 서문은 이덕성이 숙종의 명을 받아《소학》을 간행하면서 1694년에
 쓴 글임.

〈乳釘紋方鼎〉(商) 1974 河南 鄭州 출토

内 篇

　《소학》은 내편과 외편으로 나뉘어 있다.

　내편은 〈1〉입교立敎 〈2〉명륜明倫 〈3〉경신敬身 〈4〉계고稽古 등 네 편이 들어 있다. 그리고 외편은 〈5〉가언嘉言 〈6〉선행善行 등으로써 전체는 6편으로 되어 있다.

　"내편은 소학의 본원本源이며, 외편은 소학의 지류支流"라 하였다.

　＊〈集註〉에 "許文正公曰:「小學之書, 吾信之如神明, 敬之如父母」 夏氏曰:「上卷爲內篇, 下卷爲外篇」 許文正公曰:「內篇者, 小學之本源; 外篇者, 小學之支流.」○內篇有四: 立敎·明倫·敬身, 皆述虞夏商周聖賢之言, 乃小學之綱也. 稽古撫虞夏商周聖賢之行, 所以實立敎·明倫·敬身也. 外篇有二: 嘉言, 述漢以來賢人之言, 所以廣立敎·明倫·敬身也. 善行, 紀漢以來賢人之行, 亦所以實立敎·明倫·敬身也"라 함.

〈嵌貝鹿形銅鎭〉(서한) 1957 河南 陝縣 출토

第一 입교立教

〈입교편〉은 《소학》의 첫머리로서 고대 성인이 교육을 지극히 중시한 이유와 내용을 모아 적은 것이며 그 중 첫 장을 태교胎教로 삼아 입교의 본원임을 제시하였다.
　모두 13장이다.

　＊〈集註〉에 "此篇述古聖人所以立極教人之法, 其大目不出乎 立明倫之教・立敬身之教而已. 篇首胎教一章, 則教人之本源也. 凡十三章"이라 함.

◎ 立敎 小序

자사자子思子가 말하였다.

"하늘이 명한 것을 일러 성性이라 하고, 그 성을 따르는 것을 일러 도道라 하며, 도를 수양하는 것을 일러 교敎라 한다."

하늘의 밝음을 법으로 삼고 성인의 법을 준수하여야 하기에 이 편篇을 기술하여 스승 된 자로 하여금 가르쳐야 할 이유를 알게 하고, 학생으로 하여금 배워야 하는 소이所以를 알게 하도록 한다.

子思子曰:「天命之謂性, 率性之謂道, 修道之謂敎」

則天明, 遵聖法, 述此篇, 俾爲師者知所以敎, 而弟子知所以學.

【子思子】자사. 孔伋. 공자의 손자. 공자의 아들이 孔鯉(伯魚)이며 백어의 아들이 孔伋이었음. 자사는 字. 뒤의 '子'자는 존칭하여 부른 것. 《禮記》의 中庸篇을 子思가 지은 것으로 알려져 있어 이 때문에 子思를 거론한 것임. 孟子는 이 자사의 문인에게서 배웠다 하였음.

【天命, 率性, 修道】하늘이 내린 명령(性), 그 성을 잘 따르는 것(道), 그 도를 잘 닦는 것(敎)의 차례와 層次를 連環式으로 설명한 것임. '修道'는 '脩道'로도 표기함.

【則天明】하늘이 밝게 보여주고 있는 命을 법으로 삼음.

【俾】使·令·役·敎 등과 더불어 使役形 문장에 쓰이는 副詞.

【所以】이유, 까닭, 목적 등의 뜻.

＊〈集註〉에 "此篇所述, 皆道之當然, 原於天而立於聖人者也. 師之所以敎, 弟子之所以學, 無有切於此者矣"라 함.

1. 이는 본《小學》제1편〈立教篇〉의 小序에 해당하는 부분임.

2.《中庸》제1장

天命之謂性, 率性之謂道, 脩道之謂敎. 道也者, 不可須臾離也, 可離非道也.
是故君子戒愼乎其所不睹, 恐懼乎其所不聞. 莫見乎隱, 莫顯乎微, 故君子愼
其獨也. 喜怒哀樂之未發, 謂之中; 發而皆中節, 謂之和. 中也者, 天下之大本也;
和也者, 天下之達道也. 致中和, 天地位焉, 萬物育焉.

001(1-1)
태교

《열녀전列女傳》에 말하였다.

"옛날에는 부인이 아이를 임신하면 눕는 자세도 옆으로 하지 않았고, 앉을 때도 가에 앉지 아니하였으며, 설 때도 기울어진 자세를 취하지 아니하였다. 그리고 사악한 맛이 나는 음식은 먹지 않았으며, 바르게 썰지 않은 음식도 입에 대지 아니하였다. 자리가 바르지 않으면 앉지 아니하였고, 눈은 사악한 색깔은 보지 않았으며 귀로는 음란한 음악은 듣지 아니하였다. 밤이면 장님으로 하여금 《시詩》를 암송하도록 하였으며 정의로운 사실을 말하도록 하였다. 이와 같이 하면 아이를 낳아도 그 아이의 형태와 용모가 단정하며 재능이 남보다 뛰어나게 되는 것이다."

〈陶塑孕婦像〉 紅山문화
1982 遼寧 朝陽 출토

《列女傳》曰:「古者, 婦人妊子, 寢不側, 坐不邊, 立不蹕, 不食邪味, 割不正不食, 席不正不坐, 目不視邪色, 耳不聽淫聲, 夜則令瞽誦詩, 道正事, 如此則生子, 形容端正, 才過人矣.」

【列女傳】漢나라 劉向(B.C.77~6)이 편집한 책. 고대부터 漢代까지 여러 類型의 여인들을 모아 전기 형태로 펴낸 것임. 母儀傳·賢明傳·仁智傳·貞順傳·節義傳·辯通傳·孼嬖傳·續篇 등으로 나뉘어 있으며 총 124명의 여인들을 기록하고 있음.

【側】몸을 곁으로 기대어 눕는 것.

【邊】한쪽 가에 불안한 자세로 앉는 것.

【蹕】跂와 같음. 기울어진 자세로 서는 것.

【淫聲】바르시 않은 음악. 태교에 적합하지 않은 현란한 음악을 말함. 고대 흔히 鄭衛의 음악을 지칭하는 말로 쓰였음.

【瞽】장님. 고대 이들은 《詩經》의 구절을 모두 외워 이를 임금이나 임부에게 들려주어 교훈을 삼도록 하는 일을 담당하기도 하였음.

【正事】바르고 정의로우며 옳은 일을 한 故事들을 말함.

【才過人矣】재능이 남보다 뛰어남. 《列女傳》에는 "才德必過人矣"라 하여 '德'을 함께 넣어 더욱 합리적으로 표현하고 있음.

周室三母

三母者太姜太任太姒
太姜者王季之母有呂氏之女太王娶以為妃生太伯仲雍王季貞順率導靡有過失太王謀事遷徙必與太姜君子謂太姜廣於德教
太任者文王之母摯任氏中女也王季娶為妃太任之性端一誠莊惟德之行及其有娠目不視惡色耳不聽淫聲口不出敖言能以胎教溲於豕牢而生文王文王生而明聖太任教之以一而識百君子謂太任為能胎教古者婦人姙子寢不側坐不邊立不蹕不食邪味割不正不食席不正不坐目不視於邪色耳不聽於淫聲夜則令瞽誦詩道正事如此則生子形容端正才德必

《列女傳》周室三母

1. 《列女傳》母儀傳 周室三母

古者婦人妊子, 寢不側, 坐不邊, 立不蹕, 不食邪味. 割不正不食, 席不正不坐, 目不視於邪色, 耳不聽於淫聲. 夜則令瞽誦詩, 道正事, 如此則生子形容端正, 才德必過人矣. 故妊子之時, 必愼所感, 感於善則善, 感於惡則惡. 人生而肖萬物者, 皆其母感於物, 故形音肖之, 文王母可謂知肖化矣.

2. 《大戴禮記》保傅 胎教

胎教之道, 書之玉板, 藏之金匱, 置之宗廟, 以爲後世戒. 青史氏之記曰:「古者, 胎教, 王后腹之, 七月而就宴室, 太史持銅而御戶左, 太宰持斗而御戶右. 比及三月者, 王后所求聲音非禮樂, 則太師縕瑟而稱不習, 所求滋味者非正味, 則太宰倚斗而言曰: 不敢以待王太子. 太子生而泣, 太師吹銅曰: 聲中其律. 太宰曰: 滋味上某.」然后卜名. 上無取於天, 下無取於墜, 中無取於名山通谷, 無拂於鄕俗, 是故君子名難知而易諱也. 此所以養恩之道. 周后妃任成王於身, 立而不跂, 坐而不差, 獨處而不倨, 雖怒而不罵, 胎教之謂也.

나이에 따른 교육 내용

○ 〈내칙內則〉에 말하였다.

"무릇 아이를 낳으면 여러 어머니들 중에 마땅한 자를 선택하되 반드시 관유寬裕하며 자혜慈惠롭고 온량溫良하며 공경恭敬하면서도 삼가고 말이 적은 자를 구히여 그로 하여금 아이의 스승으로 심는다.

아이가 능히 밥을 먹을 수 있을 때면 오른손으로 먹도록 가르치며, 능히 말을 할 수 있을 때가 되면 남아의 경우 '네'라고 씩씩하게 대답하고 여자는 부드럽게 대답하도록 한다. 그리고 남아는 가죽띠를 띠고 여아는 실띠를 띠게 한다.

여섯 살이면 숫자와 동서남북 방위의 이름을 가르치고, 일곱 살이면 남아와 여아가 같은 자리에 아니하도록 하며 음식도 함께 먹지 아니한다.

여덟 살이며 대문과 방문 출입 및 식사 자리에 앉을 때 반드시 나이 많은 이보다 뒤에 이르도록 하여 비로소 겸양의 예절을 가르친다. 아홉 살이면 날짜를 셈하는 법을 가르친다.

열 살이면 바깥 스승을 찾아가며 집 밖에서 거처하고 잠자며 글씨쓰기와 계산하는 법을 배운다. 옷은 위아래 모두 명주로 입히지 아니하며, 그 때부터의 모든 예절은 스승이 처음 가르쳐 준 대로 하도록 한다. 아침저녁으로 어린이로서 갖추어야 할 예의 禮儀를 배우고 간단하고 쉬운 것부터 익히도록 요구한다.

《禮記》十三經注疏本

열세 살이면 음악과 시詩를 배우고 작勺이라는 무용을 배우도록 한다. 아이로 성장하면 상象이라는 무용을 배우며 활쏘기와 말 타기를 배운다.

스무 살이면 관례冠禮를 치러 비로소 예禮를 배우기 시작하며 이때부터는 갖옷 외투와 비단 옷을 입을 수 있고 대하大夏의 춤을 익힌다. 효제孝弟를 돈독히 실행한다. 자신이 널리 배웠다 해도 남을 가르치지는 않으며 안으로 간직하여 이를 겉으로 드러내지 않는다.

서른 살이 되면 아내를 맞아 가정을 이루어 비로소 남자로서 할 일을 처리한다. 널리 배우되 한 방향만 알아서는 안 되며 겸손하게 벗과 사귀되 벗의 뜻을 잘 살필 줄 알아야 한다.

마흔이면 비로소 벼슬길에 오른다. 사물에 비유하여 자신의 모책이나 생각을 드러내고 발표할 수 있으며 도에 맞으면 업무에 봉사하여 복종하고 뜻을 펼 수 없으면 물러나야 한다.

쉰 살이 되면 명을 받아 대부大夫가 되어 관직의 정치에 봉사하며 나이 일흔이 되면 정치에서 물러난다.

여아는 나이 열 살이면 밖에 나가지 아니하며 보모가 곱고 부드러움과 어른의 말을 잘 듣는 태도를 가르친다. 삼베길쌈을 시작하며 누에고치에서 실을 뽑아 정리한다. 그리고 비단과 명주의 실 잣고 옷감 짜는 일을 한다. 여자로서 이렇게 하여 의복을 제공하는 일을 배운다. 제사를 관람하여 술과 간장, 제사에 쓰이는 변두籩豆, 제수의 음식인 저해菹醢 등을 나르며 제례의 거행을 돕는다.

열다섯이면 비녀를 꽂고 스무 살이면 시집을 간다. 그러나 유고有故가 있으면 스물셋에 시집을 간다.

빙례聘禮를 거쳐 시집을 가면 처妻가 되는 것이며 사사로운 정분으로 달아나 살림을 차리면 첩妾이 되는 것이다.”

○〈內則〉曰:「凡生子, 擇於諸母與可者, 必求其寬裕慈惠溫良恭敬, 愼而寡言者, 使爲子師.

子能食食, 敎以右手; 能言, 男唯女兪, 男鞶革, 女鞶絲.

六年敎之數與方名, 七年男女不同席, 不共食.

八年出入門戶, 及卽席飮食, 必後長者, 始敎之讓. 九年敎之數日.

十年出就外傅, 居宿於外, 學書計. 衣不帛襦袴, 禮師初, 朝夕學幼儀, 請肄簡諒.

十有三年學樂誦詩舞勺成童舞象學射御.

二十而冠, 始學禮, 可以衣裘帛, 舞大夏, 惇行孝弟, 博學不敎, 內而不出.

三十而有室始理男事, 博學無方, 孫友視志.

四十始仕, 方物出謀發慮, 道合則服從, 不可則去.

五十命爲大夫, 服官政. 七十致事.

女子十年不出, 姆敎婉娩聽從, 執麻枲, 治絲繭. 織紝組紃, 學女事, 以共衣服, 觀於祭祀, 納酒漿籩豆菹醢, 禮相助奠.

十有五年而笄, 二十而嫁.

有故二十三而嫁. 聘則爲妻, 奔則爲妾.」

【內則】《禮記》 제12번째 편명. 주로 집안에서 지켜야 할 예의범절을 기록한 것임. 孔穎達의 《禮記正義》에 "以閨門之內, 軌儀可則, 故曰內則"이라 하였고, 鄭玄의 《三禮目錄》에는 "以其記男女居室, 事保姆舅姑之法"이라 함. 한편 《禮記》는 三禮(禮記·儀禮·周禮) 중에 체계를 갖추지 아니하고 學術, 禮俗 등을 잡다하게 모은 것으로 공자 제자들이 輯錄한 것으로 보고 있음. 漢代에 이르러 《大戴禮記》(戴德)와 《小戴禮記》(戴聖)가 있었으며 대대가 古禮 204편을 85편으로 줄이고, 다시 소대가 49편으로 줄여 지금의 《예기》가 이루어진 것으로 보고 있음. 그러나 이설이 많아 정확한 編定 과정은 자세히 알 수 없음.

【諸母】〈集註〉에 "諸母, 衆妾也"라 함.

【食食】'식사'로 읽으며 앞은 술어(동사, 먹다)이며 뒤는 목적어(명사, 밥)임.

【右手】〈集註〉에 "男女皆用右手, 取其强而已"라 함.

【男唯女兪】 ‘唯’는 얼른 크게 대답하는 것. ‘兪’는 느리고 부드럽게 대답하는 것. 〈集註〉에 “唯, 應之速; 兪, 應之緩. 剛柔之義也”라 함.

【鞶革·鞶絲】 사내아이에게 큰 가죽띠를 띠게 하고, 여아에게는 큰 비단실의 띠를 띠게 함. 〈集註〉에 “鞶, 帶也; 絲, 帛也. 亦剛柔之義也”라 함.

【方名】 東西南北의 방위 이름.

【不同席·不共食】 〈集註〉에 “不同席而坐·不共器而食, 敎之有別也”라 함.

【門戶】 〈集註〉에 “耦曰門, 奇曰戶”라 함.

【襦袴】 옷의 상하의. 〈集註〉에 “襦, 上衣; 袴, 下衣. 不用帛而用布, 防奢靡也”라 함.

【勺·象】 ‘勺’은 ‘酌’과 같으며 周武王을 찬미한 시에 맞추어 추는 춤. ‘象’은 文王을 찬미한 시에 맞추어 추는 춤. 구체적으로 《詩經》 周頌의 酌篇과 武篇을 말함. 〈集註〉에 “勺, 美武王之詩; 象, 美文王之詩. 武勺者, 歌勺爲節而舞也; 舞象者, 歌象爲節而舞也”라 함.

【成童】 15세 이상을 말함.

【射御】 五射와 五御. 〈集註〉에 “程子曰:「射中鵠, 舞中節, 御中度, 皆誠也. 古人敎人以射御象勺, 所養之意如此.」”라 함.

【冠】 스무 살이 되었음을 말함. 冠禮를 치른 나이.

【始學禮】 비로소 五禮를 배움. 오례는 吉禮·凶禮·賓禮·軍禮·嘉禮를 말함.

【大夏】 夏禹氏 禹임금의 음악이며 文武를 兼備한 것으로 成人이 되었음을 상징함. 〈集註〉에 “大夏, 禹樂, 樂之文武兼備者也”라 함.

【內而不出】 널리 배웠으나 아직 정미하지 않기 때문에 안으로 품고 있음. 〈集註〉에 “博學於文而不敎人, 恐未精也. 內蓄其德而不暴於外, 切於爲己也. 熊氏曰:「八年敎遜讓, 十年學幼儀, 則已知孝弟之道矣. 至此益加以篤行也.」”라 함.

【三十】 ‘壯’의 나이. 壯年이라 함.

【室】 ‘妻’와 같음. 아내를 맞이하여 독립적인 생활을 영위함.

【四十】 ‘强’의 나이. 强年.

【五十】 ‘艾’의 나이. 艾年.

【七十】 ‘老’의 나이. 老年.

【姆】 여자 선생님. 〈集註〉에 “姆, 女師也”라 함.

【婉娩】 곱고 유순함을 일컫는 疊韻連綿語. 그러나 〈集註〉에 “婉, 謂言語柔順; 娩, 謂容貌柔順”이라 함.

【籩豆】〈集註〉에 “竹曰籩, 木曰豆”라 함.

【菹醢】〈集註〉에 “醃菜曰菹, 肉醬曰醢”라 함.

【筓】‘簪’과 같은 뜻임. 비녀. 여자는 15살에 筓禮를 치름. 〈集註〉에 “夫人不冠
 而簪, 固筓而已”라 함.

【有故】부모의 상을 말함. 〈集註〉에 “故, 父母之喪”이라 함.

【奔】聘禮를 기다리지 아니하고 사사롭게 남자를 따라감을 말함. 〈集註〉에
 “奔, 趨也. 謂不待聘而從之”라 함.

1. 《禮記》 內則

異爲孺子室於宮中, 擇於諸母與可者, 必求其寬裕慈惠, 溫良恭敬, 愼而寡言者,
使爲子師, 其次爲慈母, 其次爲保母, 皆居子室, 他人無事不往. 三月之末, 擇日
翦髮爲鬌, 男角女羈, 否則男左女右. 是日也, 妻以子見於父, 貴人則爲衣服, 由命
士以下, 皆漱澣, 男女夙興, 沐浴衣服, 具視朔食, 夫入門, 升自阼階, 立于阼西鄕,
妻抱子出自房, 當楣立東面. 姆先, 相曰: 母某敢用時日祇見孺子. 夫對曰: 欽有帥.
父執子之右手, 咳而名之. 妻對曰: 記有成. 遂左還, 授師子, 師辯告諸婦諸母名,
妻遂適寢. 夫告宰名, 宰辯告諸男名, 書曰某年某月某日某生而藏之, 宰告閭史,
閭史書爲二, 其一藏諸閭府; 其一獻諸州史, 州史獻諸州伯, 州伯命藏諸州府.
夫入食如養禮. 世子生, 則君沐浴朝服, 夫人亦如之, 皆立於阼階西鄕, 世婦抱
子升自西階, 君名之, 乃降. 適子庶子見於外寢, 撫其首咳而名之, 禮帥初, 無辭.
凡名子, 不以日月, 不以國, 不以隱疾, 大夫士之子, 不敢與世子同名. 妾將生子,
及月辰, 夫使人日一問之. 子生三月之末, 漱澣夙齊, 見於內寢, 禮之如始入室,
君已食, 徹焉, 使之特餕, 遂入御. 公庶子生, 就側室. 三月之末, 其母沐浴朝服
見於君, 擯者以其子見, 君所有賜, 君名之. 衆子, 則使有司名之. 庶人無側室者,
及月辰, 夫出居羣室, 其問之也, 與子見父之禮, 無以異也. 凡父在, 孫見於祖,
祖亦名之, 禮如子見父, 無辭. 食子者, 三年而出, 見於公宮則劬. 大夫之子有食母,
士之妻自養其子. 由命士以上及大夫之子, 旬而見, 冢子未食而見, 必執其右手,
適子庶子已食而見, 必循其首. 子能食食, 敎以右手. 能言, 男唯女兪. 男鞶革, 女鞶絲.
六年, 敎之數與方名. 七年, 男女不同席, 不共食. 八年, 出入門戶及卽席飮食,
必後長者, 始敎之讓. 九年, 敎之數日. 十年, 出就外傅, 居宿於外, 學書計, 衣不

帛襦袴, 禮帥初, 朝夕學幼儀, 請肄簡諒. 十有三年, 學樂, 誦詩, 舞勺, 成童舞象, 學射御. 二十而冠, 始學禮, 可以衣裘帛, 舞大夏, 惇行孝弟, 博學不教, 內而不出. 三十而有室, 始理男事, 博學無方, 孫友視志. 四十始仕, 方物出謀發慮, 道合則服從, 不可則去. 五十命爲大夫, 服官政, 七十致事. 凡男拜, 尙左手. 女子十年不出, 姆教婉娩聽從, 執麻枲, 治絲繭, 織紝組紃, 學女事以共衣服, 觀於祭祀, 納酒漿籩豆菹醢, 禮相助奠. 十有五年而笄, 二十而嫁, 有故, 二十三年而嫁, 聘則爲妻, 奔則爲妾. 凡女拜, 尙右手.

2.《家範》(1) 治家篇 司馬光

又子生七年男女不同席, 不共食. 男子十年出就外傅, 居宿於外. 女子十年不出.

3.《家範》(3) 父母篇 司馬光

〈內則〉: 子能食食, 教以右手; 能言, 男唯女兪, 男鞶革, 女鞶絲. 六年教之數與方名, 七年男女不同席, 不共食. 八年出入門戶, 及卽席飲食, 必後長者, 始教之讓. 九年教之數日. 十年出就外傅, 居宿於外, 學書計. 十有三年學樂誦詩舞勺成童舞象學射御.

4.《明心寶鑑》訓子篇(10-17)

《內則》曰:「凡生子擇於諸母與可者, 必求其寬裕慈惠, 溫良恭敬, 愼而寡言者, 使爲子師. 子能食食, 教以右手. 能言, 男唯女兪. 男鞶革, 女鞶絲. 六年, 教之數與方名. 七年, 男女不同席, 不共食. 八年, 出入門戶及卽席食, 必後長者, 始教之讓. 九年, 教之數日. 十年, 出就外傅, 居宿於外」

003(1-3)
어린아이 교육

○〈곡례曲禮〉에 말하였다.

"어린아이에게는 항상 속임이 없는 모습을 갖도록 해야 하며, 설 때는 바르고 정확한 자세로 하고, 귀를 기울여 듣는 일이 없도록 해야 한다."

○〈曲禮〉曰:「幼子常視毋誑, 立必正方, 不傾聽.」

【曲禮】《禮記》의 첫 번째 篇名으로 禮에 관한 節目과 여러 가지 상황에서 지켜야 할 도리를 낱낱이 적은 것으로 上下로 나뉘어져 있음. 鄭玄의《三禮目錄》에 "名曰曲禮者, 以其篇記五禮之事, 祭祀之說, 吉禮也; 喪荒去國之說, 凶禮也; 致貢朝會之說, 賓禮也; 兵車旌鴻之說, 軍禮也; 事長敬老執贄納女之說, 嘉禮也"라 하였고, 陸德明은《經傳釋文》에서 "曲禮者, 是儀禮之舊名, 委曲說禮之事"라 함.
【常視】항상 보여줌. '視'는 '示'와 같으며 '敎'의 뜻. 사역형의 의미로 쓰였음.
【誑】欺誑. 속임. 거짓 행동을 함.
【方正】바르고 정확함.
【傾聽】側耳以聽. 듣지 않고 흘려 넘겨야 할 일을 귀 기울여 듣거나 떳떳하지 못한 모습의 귓속말을 나눔을 말함.

1. 《禮記》曲禮(上)

幼子常視毋誑, 童子不衣裘裳. 立必正方. 不傾聽. 長者與之提攜, 則兩手奉長者之手. 負劍辟咡詔之, 則掩口而對.

2. 《家範》(3) 父母篇 司馬光

〈曲禮〉:「幼子常視毋誑, 立必正方, 不傾聽. 長者與之提攜, 則兩手奉長者之手. 負劍辟咡詔之, 則掩口而對.」

004(1-4)
고대의 학교

○ 〈학기學記〉에 말하였다.

"옛날 교육에는 집에는 가숙家塾이 있었고, 당黨에는 상庠과 술術, 州에는 서序가 있었으며, 나라에는 학學이 있었다."

○ 〈學記〉曰: 「古之教者, 家有塾, 黨有庠, 術有序, 國有學.」

【學記】《禮記》의 18번째 편명. 배움의 과정과 내용, 순서 등을 기록한 것임. 鄭玄의 《三禮目錄》에 "名曰學記者, 以其記人學校之義"라 하였고, 朱熹는 《儀禮經傳通解》에서 "此篇言古者學校教人·傳道·授受之次第, 與其得失與廢之所由, 蓋兼大小學言之"라 함.

【塾】 고대 25가구를 閭라 하였으며 하나의 巷을 가지고 있었음. 이를 묶어 巷閭, 혹 閭巷이라 하였으며 그곳에 세운 서당을 塾이라 하였음.

【黨】 고대의 행정 단위. 5백 가구를 묶어 하나의 당이라 하였으며 그곳에 세운 학교를 庠이라 하였음. 《孟子》에 "庠, 養也"라 하여 疊韻으로 풀이하고 있음.

【術】 陳選의 注에 마땅히 '州'자여야 한다고 하였음.(陳氏曰: 當作州) 州는 2천 5백 집을 묶은 비교적 큰 행정 단위로 그곳에 세운 학교를 序라 하였음. 역시 《孟子》에 "序, 射也"라 하여 雙聲으로 풀이하고 있음.

【國】 천자나 제후가 거주하고 있는 도읍을 뜻함. 그 도읍에는 세운 학교를 뜻하며 이는 흔히 太學을 가리킴. 따라서 앞의 塾, 庠, 序는 小學의 지방 학교이며 학은 국학의 태학이었음. 고대 8살이면 소학에 들어갔고 15세에 비로소 태학에 들어감.

＊〈集註〉에 "人生八歲入小學, 十五入大學, 皆教之以人倫而已"라 함.

1. 《禮記》 學記

古之敎者, 家有塾, 黨有庠, 術有序, 國有學. 比年入學, 中年考校. 一年視離經辨志, 三年視敬業樂羣, 五年視博習親師, 七年視論學取友, 謂之小成; 九年知類通達, 强立而不反, 謂之大成. 夫然後足以化民易俗, 近者說服, 而遠者懷之, 此大學之道也. 記曰:「蛾子時術之. 其此之謂乎!」

2. 《孟子》 滕文公(上)

設爲庠序學校以敎之: 庠者, 養也; 校者, 敎也; 序者, 射也. 夏曰校; 殷曰序; 周曰庠; 學則三代共之, 皆所以明人倫也.

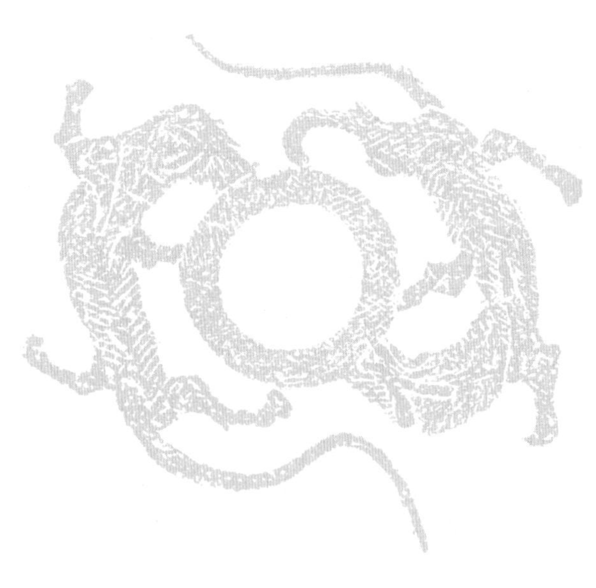

005(1-5)
오륜

○《맹자孟子》에 말하였다.

"사람에게는 도가 있으매 그저 배불리 먹고
따뜻이 입으며 편안히 살면서 가르침이 없으면
이는 금수禽獸에 가깝게 된다. 성인聖人이 이를
근심하여 설契을 사도司徒로 삼아 그로 하여금
인륜人倫을 가르치게 하니 바로 부자 사이에
친함이 있으며, 군신 사이에 의가 있으며, 부부
사이에 구별이 있으며 장유 사이에 차례가
있으며, 붕우 사이에 믿음이 있어야 한다는
것이었다."

〈孟子〉(기원전 372~전 298)

○《孟子》曰:「人之有道也, 飽食暖衣, 逸居而無教, 則近於禽獸.
聖人有憂之, 使契爲司徒, 教以人倫: 父子有親, 君臣有義, 夫婦有別,
長幼有序, 朋友有信」

【孟子】 전국시대 鄒邑 출신으로 이름은 軻(B.C.372~B.C.289). 자는 子輿. 子思
의 문인에게 수업하였으며 儒家에서 亞聖으로 불림. 孔子의 사상을 이어
받아 性善說, 仁政, 王道政治를 주창하였음. 《孟子》 7편을 저술하였으며
宋代 十三經에 列入되었고 朱子(朱熹)에 의해 四書에 들게 되었음. 《史記》
孟子列傳 참조.

【煖衣】'燠衣'로도 표기하며 옷을 따뜻하게 입어 추위에 고통을 받지 아니함.

【聖人】여기서는 구체적으로 堯임금을 지칭함.

【契】堯임금 때의 司徒. '설'로 읽음.

【司徒】고대 관직 이름으로 교육과 교화, 풍속 등을 담당하였음.

【人倫】五倫을 가리킴. 그 아래의 父子有親·君臣有義·夫婦有別·長幼有序·朋友有信을 교육의 목표로 삼고 이를 실천하며 알도록 한 것임.

＊〈集註〉에 "朱子曰:「人之有道, 言其皆有秉彝之性也. 然無敎, 則放逸怠惰而失之. 故聖人設官而敎之以人倫, 亦因其固有者而道之耳.」"라 함.

참고 및 관련 자료

1.《孟子》滕文公(上)

人之有道也, 飽食煖衣, 逸居而無敎, 則近於禽獸. 聖人有憂之; 使契爲司徒, 敎以人倫: 父子有親, 君臣有義, 夫婦有別, 長幼有序, 朋友有信.

司徒 설(契)《三才圖會》

006(1-6)
순임금의 명령과 부탁

○ 순舜임금이 설契에게 명하였다.

"백성들이 서로 친목하지 못하고, 오품五品이 순리대로 행해지지 않는 구나. 너를 사도司徒로 삼으니 공경히 오교五敎를 잘 펴되 관대함에 근본을 두어라."

다시 기夔에게 명하였다.

"너에게 전악典樂의 직책을 명하노라. 음악으로써 적자를 가르치되 곧으면서 온화하게, 너그러우나 장경莊敬하게, 강하되 학대함이 없도록, 간약하나 오만함이 없도록 하라. 시詩는 사람의 뜻을 기록하는 것이며, 노래는 그 말을 길게 이어가는 것이다. 오성五聲은 길게 이어가는 그 말에 의해 이루어지는 것이며, 십이율은 그 오성에 화음을 이루는 것이니 서로 윤상倫常을 침탈함이 없이 하여 신과 사람이 화목을 이루도록 하라."

〈舜임금상〉

○ 舜命契曰: 「百姓不親, 五品不遜, 汝作司徒, 敬敷五敎, 在寬.」

命夔曰: 「命汝典樂. 敎胄子, 直而溫, 寬而栗, 剛而無虐, 簡而無傲. 詩言志, 歌永言, 聲依永, 律和聲. 八音克諧, 無相奪倫, 神人以和.」

【舜】古代 五帝의 하나로 有虞氏의 수령이었으며 이 때문에 흔히 虞舜으로도 부름. 姓은 姚氏. 이름은 重華. 諸馮(지금의 山東 諸城)에서 태어나 효성과 덕으로 무리를 모음. 歷山(지금의 山東省 濟南市)에서 농사를 지었다 함. 堯임금이 그의 덕행과 재능을 인정하여 天下를 선양함.

【契】堯임금 때의 司徒. '설'로 읽음.

【五品】五倫을 말함. 〈集註〉에 "五品, 父子·君臣·夫婦·長幼·朋友五者之倫也"라 함.

【不遜】'遜'은 '順'과 같음. 雙聲互訓.

【司徒】고대 관직 이름으로 교육과 교화, 풍속 등을 담당하였음.

【五敎】오륜의 교육, 즉 親·義·別·序·信을 말함. 〈集註〉에 "五敎, 父子敎之以親·君臣敎之以義·夫婦敎之以別·長幼敎之以序·朋友敎之以信也"라 함.

【在寬】〈集註〉에 "朱子曰:「寬, 只是不急迫, 慢慢地養他.」"라 함.

【夔】순임금의 신하이며 주로 音樂을 관장함.

【典樂】음악을 담당하는 관직. '典'은 '典掌'의 뜻.

【胄子】장자, 적자 맏이. 〈集註〉에 "胄, 長也, 自天子至卿大夫之嫡子也"라 함.

【栗】莊敬의 뜻. 〈集註〉에 "栗, 莊敬也"라 함.

【聲】五聲, 즉 궁상각치우(宮商角徵羽)의 다섯 음계.

【律】十二律을 말함. 陽律과 陰律이 있으며 陽律은 黃鐘·太簇·姑洗·蕤賓· 夷則·무역(無射) 등 여섯 율, 음률은 大呂·夾鍾·仲呂·林鍾·南呂·應鍾을 말함.

【八音】여덟 가지 악기의 음. 金·石·絲·竹·匏·土·革·木의 악기.

＊〈集註〉에 "蔡氏曰: 凡人直者必不足於溫, 故欲其溫; 寬者必不足於栗, 故欲 其栗. 所以慮其偏而輔翼之也. 剛者必至於虐, 故欲其無虐; 簡者必至於傲, 故欲 其無傲. 所以防其過而戒禁之也. 敎胄子者, 欲其如此, 而其所以敎之之具, 則又 專在於樂, 蓋樂可以養人中和之德而救其氣質之偏也. 心之所之, 謂之志; 心有 所之, 必形於言, 故曰'詩言志'. 旣形於言, 必有長短之節, 故曰'歌永言'. 旣有 長短, 則必有高下·淸濁之殊, 故曰'聲依永'. 旣有長短·淸濁, 則又必以十二律 和之, 乃能成文而不亂, 所謂'律和聲'也. 人聲旣和, 乃以其聲被之八音而爲樂, 則無不諧協, 而不相侵亂·失其倫次, 而可以奏之朝廷, 薦之郊廟, 神人以和矣. 聖人作樂以養性情·育人材·事神祇, 和上下, 其體用功效, 廣大深切, 乃如此. 今皆不復見矣, 可勝嘆哉!"라 함.

1.《尚書》舜傳

帝曰:「棄, 黎民阻飢, 汝后稷, 播時百穀.」

帝曰:「契, 百姓不親, 五品不遜, 汝作司徒, 敬敷五教在寬.」

2.《尚書》舜傳

帝曰:「夔, 命汝典樂, 教胄子, 直而溫, 寬而栗, 剛而無虐, 簡而無傲, 詩言志, 歌永言, 聲依永, 律和聲, 八音克諧, 無相奪倫, 神人以和.」

夔曰:「於予擊石拊石, 百獸率舞.」

007(1-7)
　대사도의 직책

○《주례周禮》의 대사도大司徒라는 직책은 향鄕의 삼물三物로서 만민을
가르쳐 빈賓을 귀하게 여기는 예를 일으키도록 한다.

첫째, 육덕六德이니 지知·인仁·성聖·의義·충忠·화和이다.

둘째, 육행六行이니 효孝·우友·목睦·인姻·임任·휼恤이다.

셋째, 육예六藝이니 예禮·악樂·사射·어御·서書·수數이다.

그로 향鄕의 팔형八刑으로써 만민을 바로잡는다.

첫째, 불효에 대한 형벌.

둘째, 구족九族에게 화목하지 못한 데 대한 형벌.

셋째, 외친外親에게 친히 하지 않은 데 대한 형벌.

넷째, 우애를 다하지 아니한 데 대한 형벌.

다섯째, 친구에게 신임을 얻지 못한 데 대한 형벌.

여섯째, 불쌍하고 가난한 이를 구휼하지 아니한 데 대한 형벌.

일곱째, 유언비어를 날조하는 데 대한 형벌.

여덟째, 백성을 혹란惑亂하게 하였을 때의 형벌이다.

○《周禮》, 大司徒以鄕三物, 敎萬民而賓興之.

一曰, 六德, 知仁聖義忠和.

二曰, 六行, 孝友睦婣任恤.

三曰, 六藝, 禮樂射御書數.

以鄕八刑, 糾萬民.

一曰, 不孝之刑.

二曰, 不睦之刑.

三曰, 不婣之刑.

四曰, 不弟之刑.

五曰, 不任之刑.

六曰, 不恤之刑.

七曰, 造言之刑.

八曰, 亂民之刑.

【周禮】 三禮의 하나. 周나라의 행정 제도를 제정하여 그 임무와 역할 등을 기록한 책.《周官》, 또는《周官經》이라고도 불렀음. 흔히 周公이 제정하였다 하며 天官(吏部)·地官(戶部)·春官(禮部)·夏官(兵部)·秋官(刑部)·冬官(工部)으로 나뉘어져 있었으며 이것이 明淸대까지 이어졌고 우리나라는 조선시대 吏曹·戶曹·禮曹·兵曹·刑曹·工曹 등으로 행정 조직을 설치하였음.

【大司徒】 地官(戶部)에 大司徒와 小司徒의 직책이 있었으며 大司徒는 그의 최고 책임자. 禮敎와 美風良俗, 敎化 등을 담당하였음.

【鄕】 고대의 행정 단위. 1만 2천5백 가구를 鄕이라 함.

【三物】 삼사와 같음. 즉 六德·六行·六藝.

【賓興】 鄕의 大夫가 鄕飮酒禮를 시행하여 鄕三物의 우수한 자를 손님으로 대접하고 이를 나라에 추천하는 일. '興'은 '擧'와 같음. 〈集註〉에 "謂以鄕三事敎成萬民, 鄕大夫論其賢者·能者, 以鄕飮酒禮, 尊之爲賓, 而獻其書於王也"라 함.

【六德】 본문에서 말한 知仁聖義忠和. 知는 智와 같음.

【六行】 孝友睦婣任恤. '婣'은 '인'으로 읽음. 〈集註〉에 "孝, 謂善事父母; 友, 謂善於兄弟; 睦, 謂親於九族; 婣, 謂親於外親; 任, 謂信於朋友; 恤, 謂賑於憂貧"이라 함.

【六藝】 禮樂射御書數. '藝'는 〈集註〉에 "藝者, 理之寓於事者也. 禮以制中, 樂以道和, 射以觀德行, 御以正馳驅, 書以見心畫, 數以盡物變, 皆至理所寓, 而日用不可缺者也. 眞氏曰:「三物之敎, 先以德行, 而次以六藝者, 卽孔子'行有餘力,

則以學文'之意.」라 함.

【禮】五禮, 즉 吉禮·凶禮·賓禮·軍禮·嘉禮를 가리킴.

【樂】六樂, 즉 雲門·咸池·大韶·大夏·大護·大武를 가리킴.

【射】활쏘기이며 五射, 즉 白矢·參連·剡注·襄尺·井儀라 함.

【御】말 타기이며 五御, 즉 鳴和鸞·逐水曲·過君表·舞交衢·逐禽左 등이었다 함.

【書】글자의 造字原理와 用字原理를 익혀 바르게 쓰기이며, 六書 즉 象形·指事·會意·形聲(諧聲)·轉住·假借를 뜻함.

【數】九數, 즉 方田·粟布·衰分·少廣·商功·均輸·盈朒·方程·勾股였다 함.

【糾】糾正하여 바로잡음. 〈集註〉에 "糾, 謂察而正之"라 함.

【造言】〈集註〉에 "造爲妖妄之言也"라 함.

【亂民】〈集註〉에 "挾邪道以惑民也"라 함.

＊〈集註〉에 "或問:「八刑無不友之刑, 何也?」朱子曰:「不須如此看, 但看古人敎法如何, 而今無矣.」라 함.

참고 및 관련 자료

1.《周禮》地官 司徒

大司徒, 以鄉三物: 敎萬民而賓興之. 一曰六德: 知仁聖義忠和, 二曰六行: 孝友睦婣任恤, 三曰六: 藝禮樂射御書數.

大司徒, 以鄉八刑糾萬民. 一曰不孝之刑, 二曰不睦之刑, 三曰不婣之刑, 四曰不弟之刑, 五曰不任之刑, 六曰不恤之刑, 七曰造言之刑, 八曰亂民之刑.

008(1-8)
악정의 임무

○〈왕제王制〉에 실려 있다.

"악정樂正은 사술四術을 숭상하고, 사교四敎를 세우는 직책이었다. 그리하여 선왕先王의 《시詩》·《서書》·《예禮》·《악樂》을 순서대로 하여 선비를 길러내었다. 봄기을에는 《예》와 《악》으로써 가르치고, 겨울과 여름에는 《시》와 《서》로써 가르쳤다."

○〈王制〉曰:「樂正, 崇四術, 立四敎. 順先王詩書禮樂以造士. 春秋敎以禮樂. 冬夏敎以詩書.」

【王制】《禮記》 제5번째 편목. 고대 선왕들의 문물제도, 예악전장에 관한 내용을 모은 것임. 鄭玄의 《禮記目錄》에 "名曰王制者, 以其記先王班爵·授祿·祭祀·養老之法度"라 함.

【樂正】 고대 교육을 담당하였으며 특히 國子(나라 귀족의 자제)를 모아 國學에서 가르침을 베풀던 직책이었음.

【崇】 숭상함. 높은 교육 목표로 삼았음.

【四術】《詩》·《書》·《禮》·《樂》의 네 가지 교육 내용을 말함.

【四敎】 春夏秋冬을 말함. 각기 계절별로 교육과정을 정하였음을 뜻함.

【詩書禮樂】 詩는 《詩經》, 書는 《尙書》, 禮는 《禮經》, 樂은 《樂經》. 《樂經》은 전하지 않음.

＊〈集註〉에 "陳氏曰:「古人之敎, 雖曰四時各有所習, 其實亦未必截然. 棄彼而習此, 恐亦互言耳, 非春秋不可敎詩書, 冬夏不可敎禮樂也.」"라 함.

1.《禮記》王制

命鄕, 論秀士, 升之司徒, 曰選士. 司徒論選士之秀者而升之學, 曰俊士. 升於司徒者, 不征於鄕; 升於學者, 不征於司徒, 曰造士. 樂正崇四術, 立四敎, 順先王詩書禮樂以造士. 春秋敎以禮樂, 冬夏敎以詩書. 王大子, 王子, 羣后之大子, 卿大夫元士之適子, 國之俊選, 皆造焉. 凡入學以齒.

009(1-9)
제자의 직분과 학칙

○《관자管子》의 〈제자직弟子職〉에 말하였다.

"선생이 가르침을 베풀면 제자는 이를 법칙으로 삼아 온공溫恭히, 스스로 겸허하게 하여 받은 가르침을 극진히 해야 한다. 훌륭한 것을 보면 이를 따르며, 옳은 일을 들으면 이에 복종해야 한다. 온유溫柔한 태도로 효제孝弟를 다하며, 자신의 힘을 믿고 교만하게 굴어서는 안 된다. 뜻은 헛된 사악함에 두지 말 것이며, 행실은 반드시 바르고 곧아야 한다. 노는 곳과 있는 곳은 일정한 장소가 있어야 하며, 반드시 덕이 있는 곳으로 나아가야 한다. 얼굴 표정은 바르고 정숙하게 가질 것이며, 속마음은 반드시 법칙을 세워 바르게 가져야 한다. 일찍 일어나고 일찍 잠자리에 들며, 옷과 띠는 반드시 단정하게 입고 챙겨야 한다. 아침에는 더욱 배우고 저녁에는 복습하며, 조심스러운 마음으로 더욱 열심을 다하여야 한다. 한결같이 이처럼 게으름이 없이 하는 것, 이것이 바로 학칙學則이다."

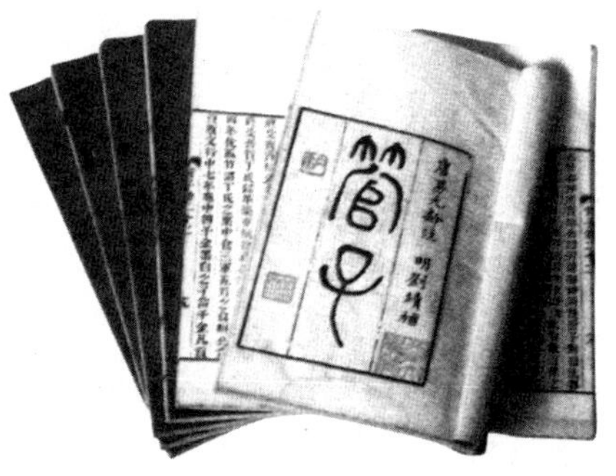

《管子》

○〈弟子職〉曰:「先生施教, 弟子是則, 溫恭自虛, 所受是極. 見善從之, 聞義則服; 溫柔孝弟, 毋驕恃力. 志毋虛邪, 行必正直; 游居有常, 必就有德. 顏色整齊, 中心必式; 夙興夜寐, 衣帶必飭; 朝益暮習, 小心翼翼. 一此不懈, 是謂學則」.

【弟子職】《管子》의 편명. 제자로서의 직책과 태도 등에 관하여 기록한 내용임.
한편 《관자》는 管仲(管夷吾)의 언론과 사상을 모은 것으로 관중이 직접 기록
한 것이 아니며 전국시대 僞作으로 보고 있음.《朱子語類》에 “管子, 非管仲
所著, 其書想是戰國時人, 收拾仲當時行事·言語之類著之, 倂附以他書”라 함.
【先生·弟子】〈集註〉에 “先生, 師也. 稱師曰先生者, 以先己而生也; 自稱曰弟
子者, 存師如父兄也”라 함.
【所受是極】〈集註〉에 “朱子曰:「所受是極, 謂受業須窮究道理到盡處也.」”라 함.
【孝弟】‘弟’는 ‘悌’와 같음. 〈集註〉에 “孝, 謂善事父母; 弟, 謂善事兄長”이라 함.
【毋驕恃力】〈集註〉에 “驕則侮人, 恃力則陵人. 非‘凡愛衆’矣”라 함.
【夙興夜寐】《詩經》 衛風 氓에 “夙興夜寐, 靡有朝矣. 言旣遂矣, 至于暴矣”라
하였고, 小雅 小宛에도 “題彼脊令, 載飛載鳴. 我日斯邁, 而月斯征. 夙興夜寐,
無忝爾所生”이라 하였으며, 大雅 抑에도 “夙興夜寐, 洒掃庭內, 維民之章”이라
하는 등 널리 쓰이던 말.
【小心翼翼】《詩經》 大雅 大明에 “維此文王, 小心翼翼. 昭事上帝, 聿懷多福.
厥德不回, 以受方國”이라 하였으며, 大雅 烝民에도 “仲山甫之德, 柔嘉維則.
令儀令色, 小心翼翼”이라 함.
＊〈集註〉에 “吳氏曰:「言爲弟子者, 當專一從事於此而不怠, 是謂爲學之法矣.」”
라 함.

1.《管子》弟子職

先生施敎, 弟子是則, 溫恭自虛, 所受是極. 見善從之, 聞義則服; 溫柔孝悌,
毋驕恃力; 赤毋虛邪, 行必正直; 游居有常, 必就有德; 顔色整齊, 中心必式;
夙興夜寐, 衣帶必飾. 朝益暮習, 小心翼翼; 一此不解, 是謂學則.

010(1-10)
제자 된 자의 임무

○ 공자가 말하였다.

"제자 된 자는 집안에 들어와서는 효도하고, 밖에 나가서는 공손히 하여야 한다. 그리고 삼가고 미덥게 하며, 널리 무리를 사랑하되 어진 이를 진히 하여야 한다. 이러한 것을 실행하고 남는 힘이 있으면 글을 배울 것이니라."

○ 孔子曰: 「弟子入則孝, 出則弟, 謹而信, 汎愛衆, 而親仁. 行有餘力, 則以學文」

【孔子】 孔丘(B.C.551~B.C.479). 자는 仲尼. 東周 春秋 후기 노나라 추읍(陬邑) 曲阜에서 태어나 73세를 살았으며, 무너져 가는 禮敎를 부흥시키고자 한 儒家의 대표 인물이며 至聖先師라 하여 聖人으로 추앙됨. 五經을 刪定하고 《春秋》를 지었으며 제자 72인이 배출되어 그의 어록을 정리한 《論語》가 전함.

【弟子】 세 가지 뜻이 있음. 첫째, 나이 어린 사람. 둘째, 학생. 셋째, 남의 아우나 아들의 신분인 사람.

【信】 말에 信實·誠實함이 있는 것. '미덥다'로 풀이함.

【學文】 文을 배움. 여기서의 文은 당시의 교재, 즉 詩書禮樂 등을 말함.

＊〈集註〉에 "程子曰: 「爲弟子之職, 力有餘, 則學文. 不修其職而先文, 非爲己之學也.」"라 함.

1. 《論語》學而篇

子曰:「弟子, 入則孝, 出則弟, 謹而信, 汎愛衆, 而親仁. 行有餘力, 則以學文.」

011(1-11)
시와 예악

○ "시詩에서 감흥하고, 예禮에서 서며, 악樂에서 이루느니라."

○ 「興於詩, 立於禮, 成於樂.」

【興】'好善惡惡之心을 興發시키다'의 뜻.
【立】依禮之人으로 떳떳이 행동함을 뜻함.
＊〈集註〉에 "按〈內則〉: 十歲學幼儀, 十三學樂
　誦詩, 二十而後學禮. 則此三者, 非小學傳受之次,
　乃大學終身所得之難易先後淺深也"라 함.

참고 및 관련 자료

1. 《論語》泰伯篇
子曰: 「興於詩, 立於禮, 成於樂.」

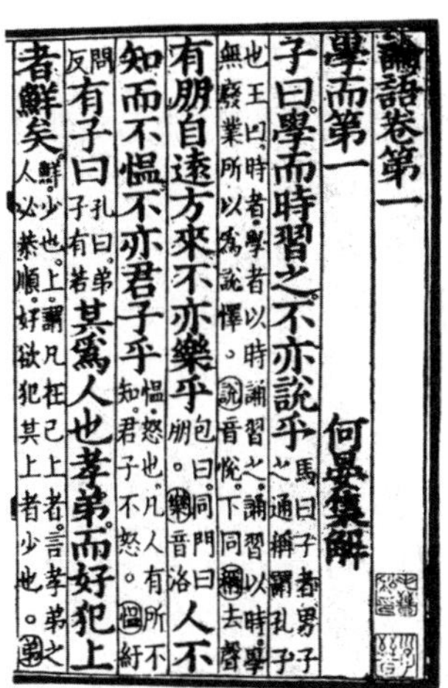

《論語》

012(1-12)
예악

○ 〈악기樂記〉에 말하였다.
"예악禮樂은 잠시라도 몸에서 떼어놓을 수 없다."

○ 〈樂記〉曰:「禮樂不可斯須去身」

【樂記】《禮記》의 19번째 편명. 음악에 관한 내용을 실은 것임. 鄭玄의 《三禮目錄》에 "名曰樂記者, 以其記樂之義"라 함.
【禮樂】예와 음악. 일상생활에 필수적이며 치신의 근본이므로 한 순간도 이를 없이할 수 없음을 말함.
【斯須】아주 짧은 시간을 나타내는 雙聲連綿語. 글자 본래의 의미보다는 두 음절이 합하여 새로운 뜻을 나타낼 때 聲을 함께 하여(ㅅ—ㅅ 등) 이루는 漢語 특유의 단어구성. 〈集註〉에 "斯須, 一離一合之頃也"라 함.
【去身】몸에서 떼어놓음.
＊〈集註〉에 "禮樂, 治身之本, 故不可斯須離之"라 함.

참고 및 관련 자료

1.《禮記》樂記
君子曰: 禮樂不可斯須去身. 致樂以治心, 則易直子諒之心油然生矣. 易直子諒之心生則樂, 樂則安, 安則久, 久則天, 天則神. 天則不言而信, 神則不怒而威, 致樂以治心者也. 致禮以治躬則莊敬, 莊敬則嚴威. 心中斯須不和不樂, 而鄙詐之心入之矣. 外貌斯須不莊不敬, 而易慢之心入之矣. 故樂也者, 動於內者也; 禮也者, 動於外者也. 樂極和, 禮極順, 內和而外順, 則民瞻其顏色, 而弗與爭也; 望其容貌, 而民不生易慢焉. 故德煇動於內, 而民莫不承聽; 理發諸外, 而民莫不承順. 故曰:「致禮樂之道, 擧而錯之, 天下無難矣.」

2.《史記》樂書

君子曰: 禮樂不可以斯須去身. 致樂以治心, 則易直子諒之心油然生矣. 易直子諒之心生則樂, 樂則安, 安則久, 久則天, 天則神. 天則不言而信, 神則不怒而威. 致樂, 以治心者也; 致禮, 以治躬者也. 治躬則莊敬, 莊敬則嚴威. 心中斯須不和不樂, 而鄙詐之心入之矣; 外貌斯須不莊不敬, 而慢易之心入之矣. 故樂也者, 動於內者也; 禮也者, 動於外者也. 樂極和, 禮極順. 內和而外順, 則民瞻其顏色而弗與爭也, 望其容貌而民不生易慢焉. 德煇動乎內而民莫不承聽, 理發乎外而民莫不承順, 故曰「知禮樂之道, 擧而錯之天下無難矣」.

013(1-13)
배우지 않았으나

○ 자하子夏가 말하였다.

"어진 이를 어진 이로 여기기를 미색 좋아하는 것과 바꿀 수 있어야 한다. 부모를 섬기되 능히 그 있는 힘을 다하며, 임금을 섬김에는 능히 그 몸을 다 바치며, 벗과 사귐에는 말에 믿음이 있어야 한다. 그렇게만 한다면 비록 아직 배우지 않았다 말하여도, 나는 반드시 그런 사람은 배움에 이른 이라고 말할 것이다."

○ 子夏曰:「賢賢易色; 事父母, 能竭其力; 事君, 能致其身; 與朋友交, 言而有信. 雖曰未學, 吾必謂之學矣.」

【子夏】 姓은 卜, 이름은 商, 字는 子夏(B.C. 507~?). 孔子보다 44세 아래였음.
【易色】 '美色과 바꾸다'로 해석하였으나, '어진 이에 대하여 용모를 보고 판단하지 않는다, 容貌를 重示하지 않는다'의 뜻으로도 봄.(《漢書》卷75 李尋傳 顔師古 注를 볼 것) 즉 '얼마나 賢한가 하는 것이 중요할 뿐, 그 姿色容貌는 중요하지 않다'라는 뜻임. '易'은 음이 '역'(바꾸다)임.
* 〈集註〉에 "四者, 皆人倫之大者, 而行之必盡其誠, 學求如是而已. 故子夏言有能如是之人, 苟非生質之美, 必其務學之至. 雖或以爲未嘗爲學, 我必謂之已學也"라 함.
* 〈集註〉에 "按立敎·明倫·敬身三者, 小學之綱也. 父子·君臣·夫婦·長幼·朋友·心術·威儀·衣服·飮食九者, 小學之目也. 立敎則敎此而已. 或乃外是立說誤矣"라 함.

1. 《論語》 學而篇

子夏曰: 「賢賢易色; 事父母, 能竭其力; 事君, 能致其身; 與朋友交, 言而有信.
雖曰未學, 吾必謂之學矣.」

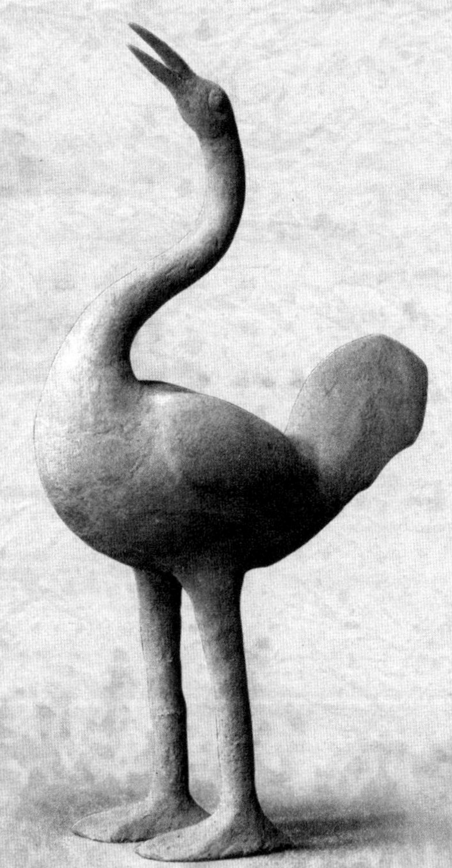

〈陶鶴〉(東漢) 明器 四川 成都 출토

第二 명륜 明倫

　〈명륜편〉은 내편의 둘째 편으로 인륜人倫을 밝히는 내용을 모은 것이다.

　인륜이란 바로 오륜五倫으로써 《孟子》 滕文公(上) 허행장許行章에 처음 거론한 것으로 "人之有道也, 飽食煖衣, 逸居而無敎, 則近於禽獸. 聖人有憂之; 使契爲司徒, 敎以人倫: 父子有親, 君臣有義, 夫婦有別, 長幼有序, 朋友有信"이라 하여 각기 '有'자를 넣어 요구와 당위를 주장한 데서 비롯되었다.

　이에 따라 본편에서는 (1)부자지친父子之親 (2)군신지의君臣之義 (3)부부지별夫婦之別 (4)장유지서長幼之序 (5)붕우지교朋友之交의 다섯 가지를 뜻한다. 그리고 이에 더하여 말미에 전체 인륜에 관한 (6)통론通論을 실어 모두 6개의 세부 편목을 삼고 있다.

　이 다섯 가지 인륜을 차례대로 맞추어 그 강론綱論을 제시한 것이며 부자(39)·군신(20)·부부(8)·장유(20)·붕우(11)·전체 통론(9) 등 모두 107장으로 이루어져 있다.

＊〈集註〉에 "明, 明之也; 倫, 人倫也. 其目有五: 明父子之親, 明君臣之義, 明夫婦之別, 明長幼之序, 明朋友之交. 凡百七篇"이라 함.

◎ 明倫 小序

《맹자孟子》에 실려 있다.

"상서학교庠序學校를 세워 이를 가르쳤으니 모두가 인륜을 밝히기 위한
것이었다."

성인聖人의 경經을 계고稽古하고, 현인賢人의 전傳을 정정定訂하여 이 편을
기술하니 몽매한 선비를 가르치기 위한 것이다.

《孟子》曰:「設爲庠序學校, 以敎之. 皆所以明人倫也.」稽聖經,
訂賢傳, 述此篇, 以訓蒙士.

【庠序學校】고대의 학교.《孟子》에 "庠者, 養也; 校者, 敎也; 序者, 射也. 夏曰
  校; 殷曰序; 周曰庠; 學則三代共之, 皆所以明人倫也"라 하여 각기 그 구분과
  시대별 명칭이 달랐음을 알 수 있음.
【人倫】五倫을 말함. 父子之親, 君臣之義, 夫婦之別, 長幼之序, 朋友有信의
  다섯 가지 윤상, 윤리.
【稽】詳考함.
【訂】定訂, 訂正의 뜻. 評議와 같음. 바르게 채록함.
【經·傳】聖人이 기술한 내용을 '경'이라 하며, 현인이 기술한 것을 '전'이라 함.
  〈集註〉에 "聖人之書曰經, 賢人之書曰傳"이라 함. 즉《春秋》는 經이며《左傳》·
  《穀梁傳》·《公羊傳》은 傳이며,《禮》는 經이며《禮記》·《儀禮》·《周禮》는
  傳에 해당함.
【蒙士】몽매한 선비. 人倫에 대하여 아직 자세히 알지 못하는 선비.

1. 이는 제2편 〈明倫篇〉의 小序에 해당하는 부분임.

2. 《孟子》滕文公(上)

設爲庠序學校以敎之: 庠者, 養也; 校者, 敎也; 序者, 射也. 夏曰校; 殷曰序;
周曰庠; 學則三代共之, 皆所以明人倫也. 人倫明於上, 小民親於下. 有王者起,
必來取法: 是爲王者師也.

3. 《博物志》文籍考

聖人制作曰經, 賢者著述曰傳·曰章句·曰解·曰論·曰讀.

4. 《北堂書鈔》(95)

張華博物志云: 聖人制作曰經, 賢人著述曰傳, 因記訓曰詁, 因章句曰注.

5. 《太平御覽》(608)

博物志曰: 聖人制作曰經, 賢人著述曰記·曰章句·曰解·曰論·曰讀.

1. 명부자지친 明父子之親

‘부자父子’ 사이는 혈연으로 맺어진 것으로 이는 천륜이므로
끊거나 거부할 수 없다. 따라서 그 사이를 잇는 것은 ‘친親’이라는
개념이다.

본 편은 이를 설명한 것으로 모두 39장으로 이루어져 있다.

〈陶院落〉(明器) 1956 廣東 廣州 출토

014(2-1-1)
부모 섬기는 방법

〈내칙內則〉에 말하였다.

"아들로서 부모를 모심에는 첫닭이 울면, 모두 일어나 세수하고 양치질하며 머리 빗고 검은 띠를 두르고 비녀를 꽂고 머리를 묶으며, 다발머리를 털고 갓을 쓰고 갓끈을 매며, 현단을 가지런히 입고 띠를 두르고 홀笏을 꽂으며 좌우에 받아쓸 것을 차며 신을 졸라 신고 신 끈을 맨다.

며느리는 시부모 모시는 일을 부모 섬기는 일과 같이 하여 첫닭이 울면 모두 일어나 세수하고 양치질하며, 머리 빗고 검은 머리띠를 두르고 비녀 꽂고 머리를 묶으며 옷을 입고 띠를 띠고 좌우에 받아 적을 것을 패용하고, 향낭을 차고 신을 신고 신발 끈을 맨다.

그리고 부모가 계신 곳으로 가서 그곳에 이르면 숨소리를 낮추고 부드러운 목소리로 옷의 덥고 추움을 여쭙고, 아픈 곳이 있으신지 혹은 가려운 곳이 있으신지를 여쭙고, 가려운 곳은 공경히 우러러 긁어드린다. 출입에는 앞서기도 하고 뒤서기도 하여 공경하는 마음으로 붙잡아 부축해 드린다. 세숫물을 올릴 때에는 어린 자는 대야를 받쳐 들고 어른은 물을 받쳐 들고 물을 부으며 세수하기를 청하고, 세수가 끝나면 수건을 드린다. 음식은 잡수시고자 하는 것을 여쭈운 다음 공경히 올리며 이때에도 부드러운 표정으로 온화하게 해 드리며, 부모, 시부모가 음식의 맛을 보신 다음에 물러난다.

남녀로서 아직 관례나 계례筓禮를 올리지 않은 미성년자는 첫닭이 울면 모두 일어나 세수하고 양치질을 하고, 머리를 빗고 다발머리를 털고 머리를 뿔처럼 묶고 향낭을 차고 모두가 향기 나는 물건을 패용하고 아직 날이 새기 전에 찾아가 어떤 음식을 잡수셨는지를 여쭙는다. 만약 이미 식사를

끝내셨으면 물러나고, 만약 아직 식전이면 어른들의 식사 준비를 도와
드린다.”

〈內則〉曰: 「子事父母, 鷄初鳴, 咸盥漱, 櫛縰笄總, 拂髦冠緌纓,
端韠紳, 搢笏, 左右佩用, 偪屨著綦.

　婦事舅姑如事父母, 鷄初鳴, 咸盥漱, 櫛縰笄總, 衣紳, 左右佩用,
衿纓綦屨.

　以適父母舅姑之所, 及所, 下氣怡聲, 問衣燠寒, 疾痛苛癢, 而敬抑
搔之. 出入則或先或後, 而敬扶持之. 進盥, 少者奉槃, 長者奉水,
請沃盥, 盥卒授巾. 問所欲而敬進之, 柔色以溫之, 父母舅姑, 必嘗
之而後退. 男女未冠笄者, 鷄初鳴, 咸盥漱, 櫛縰, 拂髦, 總角, 衿纓,
皆佩容臭, 昧爽而朝, 問何食飮矣. 若已食則退, 若未食, 則佐長
者視具.」

【內則】《禮記》 제12번째 편명. 주로 집안에서 지켜야 할 예의범절을 기록한
　　것임. 孔穎達의 《禮記正義》에 “以閨門之內, 軌儀可則, 故曰內則”이라 하였고,
　　鄭玄의 《三禮目錄》에는 “以其記男女居室, 事保姆舅姑之法”이라 함.
【盥漱】 ‘관수’로 읽으며 세수(盥)와 양치질(漱).
【櫛縰】 ‘즐쇄’로 읽으며 빗질하고 머리싸개로 머리를 묶거나 싸맴.
【總】 머리를 묶어 상투를 틀어 올림.
【拂髦】 모(髦)는 어릴 때부터 머리를 깎되 이마 쪽에 조금 남겨둔 머리카락
　　다발. 이를 털어 가지런히 빗음을 말함.
【緌纓】 유(緌)는 갓끈을 매고 남는 부분을 아래로 가지런히 내림.
【端】 玄端, 元端. 정복을 말함. 사(士)의 신분 이상일 경우 위는 검은색, 아래
　　는 신분에 따라 다른 색의 바지를 입음.
【韠】 韠과 같음. 무릎 덮개. 蔽膝.
【搢笏】 紳(큰 허리띠)에 홀을 꽂음. 이는 간단한 기록이나 메모를 하기 위한
　　것임.

【左右佩用】〈集註〉에 “爲身之兩旁佩帨巾小刀之類, 以備用也”라 함.

【著綦】綦는 따로 분리되어 있던 신발 끈. 착(著)은 ‘매다’의 뜻. 〈集註〉에 “著, 猶結也; 綦, 鞋口帶也”라 함.

【衿纓】‘香囊을 차다’의 뜻. 纓은 향낭을 뜻함. 〈集註〉에 “衿, 結也; 纓, 香囊也”라 함.

【燠寒】입고 있는 의복의 덥고 차가운 정도. 〈集註〉에 “問衣之燠, 將減之也; 問衣之寒, 將加之也”라 함.

【槃】세숫대야. 세면기구.

【問所欲】먹고 싶어하는 것이 무엇인지를 여쭘. 〈集註〉에 “所欲, 意之所欲食者”라 함.

【冠笄】冠은 남자 20세, 笄는 여자 15세.

【總角】머리를 묶어 뿔처럼 한 상태. 〈集註〉에 “總角, 束髮爲角也”라 함.

【容臭】〈集註〉에 “臭, 香物也. 助爲容飾, 故曰容臭”라 함.

【昧爽】날이 샐 무렵. 〈集註〉에 “昧, 晦也; 爽, 明也. 爲欲明未明之時”라 함.

【視具】〈集註〉에 “視具, 謂察視饌具寒暖之節”이라 함.

1. 《禮記》 內則

后王命冢宰, 降德于衆兆民. 子事父母, 鷄初鳴, 咸盥漱, 櫛縰笄總, 拂髦冠緌纓, 端韠紳, 搢笏. 左右佩用, 左佩紛帨刀礪小觿金燧, 右佩玦捍管遰大觿木燧, 偪屨著綦. 婦事舅姑, 如事父母. 鷄初鳴, 咸盥漱, 櫛縰, 笄總, 衣紳. 左佩紛帨刀礪小觿金燧, 右佩箴管線纊, 施繁袠, 大觿木燧衿纓, 綦屨. 以適父母舅姑之所, 及所, 不氣怡聲, 問衣燠寒, 疾痛苛癢, 而敬抑搔之. 出入, 則或先或後, 而敬扶持之. 進盥, 少者奉槃, 長者奉水, 請沃盥, 盥卒授巾. 問所欲而敬進之, 柔色以溫之, 饘酏酒醴芼羹菽麥蕡稻黍粱秫唯所欲, 棗粟飴蜜以甘之, 堇荁枌楡免薧滫瀡以滑之, 脂膏以膏之, 父母舅姑必嘗之而后退. 男女未冠笄者, 鷄初鳴, 咸盥漱, 櫛縰, 拂髦總角, 衿纓, 皆佩容臭, 昧爽而朝, 問何食飮矣. 若已食則退, 若未食, 則佐長者視具.

2. 《家範》(4) 子上篇 司馬光

禮: 子事父母, 鷄初鳴而起, 左右佩服, 以適父母之所. 及所, 下氣怡聲, 問衣

燠寒, 疾痛苛癢, 而敬抑搔之. 出入則或先或後, 而敬扶持之. 進盥, 少者奉槃,
長者奉水, 請沃盥, 卒受巾. 問所欲而敬進之, 柔色以溫之. 父母之命, 勿逆勿退.
若飲之食之, 雖不嗜, 必嘗而待; 加之衣服, 雖不欲, 必服而待.

015(2-1-2)
첫닭이 울면

○무릇 안팎의 사람들은 첫닭이 처음 울면 모두가 세수하고 양치질하며, 옷을 입고 베개와 자리를 걷어 정리한다. 방과 마루 및 뜰을 물 뿌리고 청소하며 자리를 펴놓고 각기 자신의 일을 처리한다.

○凡內外鷄初鳴, 咸盥漱, 衣服, 斂枕簟; 灑掃室堂及庭, 布席, 各從其事.

【內外】 안팎의 모든 가족 구성원.

【盥漱】 관(盥)은 대야에 물을 받아 세수함. 수(漱)는 이를 닦고 양치질을 함.

【枕簟】 침(枕)은 베개, 점(簟)은 밤에 깔고 자는 돗자리의 일종. 함께 묶어 침구를 뜻함.

【灑掃】 쇄(灑)는 먼지가 날리지 않도록 물을 뿌림. 소(掃)는 빗자루로 쓸어 먼지나 쓰레기를 제거함. ‘洒埽’로도 표기하며 앞의 ‘盥漱’와 더불어 雙聲語로 표현하였음.

【布席】 어른이 앉을 수 있도록 하기 위한 자리를 준비함. 〈集註〉에 “席, 爲尊者之坐席”이라 함.

【各從其事】 남녀별로 각기 맡은 일을 함. 〈集註〉에 “若女服事于內, 男服事于外是也”라 함.

1. 《禮記》內則

凡内外, 鷄初鳴, 咸盥漱, 衣服, 斂枕簟; 灑掃室堂及庭, 布席, 各從其事.

016(2-1-3)
아침의 부모 모심

○ 부모나 시부모께서 아침에 일어나 장차 앉으려 할 때는 자리를 깔아 드리며 어느 쪽을 향할 것인가를 여쭙고, 저녁에 장차 누우려 하실 때에는 나이 많은 이는 자리를 깔아드리며 발을 어디로 할 것인가를 여쭙고, 젊은이는 침상을 잡고 함께 앉는 자세로 모시며, 일어나고자 할 때는 모시는 자가 궤几를 들고 자리와 깔개를 거두며, 이불은 널고, 베개는 상자에 넣으며, 깔개는 거두어 싼다.

〈晨起掃灑圖〉

부모와 시부모의 옷·이불·깔개·자리·베개·궤는 일정한 곳에 두어 옮기지 아니하며, 지팡이와 신발은 공경히 간수하여 감히 마구 다루지 않는다. 대敦와 모牟·치匜·이匜 등의 그릇은 먹다 남긴 것을 먹을 때가 아니면 감히 사용하지 않는다. 항상 드리던 음식이면 감히 마시거나 먹어서는 안 된다.

○ 父母舅姑, 將坐, 奉席請何鄉. 將衽, 長者奉席請何趾, 少者執床與坐, 御者擧几, 斂席與簟, 縣衾篋枕, 斂簟而襡之. 父母舅姑之衣衾簟席枕几不傳, 杖屨, 祗敬之, 勿敢近. 敦牟卮匜, 非餕, 莫敢用; 與恒食飲, 非餕, 莫之敢飲食.

【舅姑】 시부모. '舅'는 시아버지, '姑'는 시어머니를 일컫는 말.

【將坐】 아침에 일어나 의자의 자리에 앉을 때를 말함.

【何鄕】 '鄕'은 '向'과 같음.

【衽】 '袵'으로도 표기하며 요. 저녁에 잠자리에 들기 위하여 자리와 요를 폄. 〈集註〉에 "將衽, 謂將設臥席"이라 함.

【簟】 '점'으로 읽으며 돗자리 위에 다시 펴는 깔개.

【襡】 동사로 '싸다, 거두어말다'의 뜻. 음은 '독.' "襡, 音獨" 〈集註〉에 "篋, 以竹爲之; 襡, 以布爲之"라 함.

【不傳】 옮기지 않고 언제나 있던 그 자리에 둠. 〈集註〉에 "傳, 移也. 衣衾簟席枕几, 每日置之有常處, 不得輒移置他處也"라 함.

【祗】 공경을 다함.

【近】 〈集註〉에 "近, 謂挨逼之"라 히여 미구 다루는 것을 말함. 〈集註〉에 "杖屨服飾之重者, 尤須恭敬, 不敢挨逼之也"라 함.

【敦牟卮匜】 '敦'는 '대'로 읽으며, 敦牟는 黍稷을 담는 그릇. 치(卮)는 술을 담는 주전자. 이(匜)는 물을 담는 그릇. 모두 사당에 제사를 올릴 때 사용하는 祭器들을 말함.

【餕】 그릇에 남겨진 음식. 〈集註〉에 "食餘曰餕"이라 함.

＊〈集註〉에 "尊者所用之器, 非食其餘, 則不敢用之; 小常飮食之物, 非飮食之餘者, 則不敢飮食之"라 함.

참고 및 관련 자료

1. 《禮記》 內則

父母舅姑, 將坐, 奉席請何鄕? 將衽, 長者奉席請何趾? 少者執床與坐, 御者舉几, 斂席與簟, 縣衾篋枕, 斂簟而襡之. 父母舅姑之衣衾簟席枕几不傳, 杖屨, 祗敬之, 勿敢近. 敦牟卮匜, 非餕, 莫敢用; 與恒食飮, 非餕, 莫之敢飮食.

017(2-1-4)
부모나 시부모에게 취할 예절

○ 부모와 시부모가 계시는 곳에 모시고 있을 때에는 명령이 있으면 즉시 대답하며 공경히 대하여야 한다. 진퇴와 주선을 신중히 하고 가지런히 하며, 오르고 내리는 일, 들어가고 나오는 행동에 읍유揖遊한다. 감히 구역질이나 트림·재채기·기침·하품·기지개·기울게 서는 행동이나 곁눈으로 보는 시선 등을 해서는 안 된다. 그리고 침을 뱉거나 코를 푸는 일도 해서는 안 된다. 추워도 옷을 껴입지 않으며 가렵다고 긁어서도 안 된다. 경사敬事가 있지 않으며 감히 옷을 벗어 어깨를 드러낼 수 없으며 물을 건널 때가 아니라면 옷을 걷어 올려도 안 된다. 속옷이나 이불의 안쪽을 드러내어 보여서도 안 된다. 부모님의 침이나 콧물은 닦아 보이지 않도록 하며 모자나 띠에 때가 끼었을 때에는 잿물로 이를 씻기를 여쭙고 웃옷과 치마에 때가 끼었을 때에는 잿물로 세탁할 것을 여쭈우며, 옷의 바느질 자리가 터져 찢어졌으면 이를 바느질하여 꿰매어도 될 것인지를 청한다. 어린 나이로써 어른을 모시거나 신분이 낮은 이가 귀한 사람을 섬길 때에도 모두 이와 같은 예를 따른다.

○ 在父母舅姑之所, 有命之, 應唯敬對. 進退周旋, 愼齊; 升降出入, 揖遊. 不敢噦噫嚏咳欠伸跛倚睇視, 不敢唾洟. 寒不敢襲, 癢不敢搔. 不有敬事, 不敢袒裼, 不涉不撅. 褻衣衾, 不見裏. 父母唾洟不見, 冠帶垢, 和灰請漱; 衣裳垢, 和灰請澣; 衣裳綻裂, 紉箴請補綴. 少事長, 賤事貴, 共帥時.

【愼齊】삼가고 조심하여 가지런한 태도와 용모를 갖춤. 謹愼齊莊의 줄인 말.

【揖遊】앞으로 다가갈 때 읍을 하는 듯이 하고 물러설 때 약간 우러러 올려 봄을 말함. 〈集註〉에 “揖, 謂進而前, 其身略俯如揖也. 遊, 揚也. 謂退而後, 其身微仰而揚也”라 함.

【噦噫嚏咳欠伸跛倚睇視】왜(噦)는 口逆聲. 희체해(噫嚏咳)는 재채기 등. 흠(欠)은 하품. 신(伸)은 기지개. 파의(跛倚)는 비스듬히 서는 것. 제시(睇視)는 곁눈질로 보는 것.

【唾洟不見】‘唾洟’는 ‘타이’로 읽으며 침과 콧물. ‘不見’은 ‘불현’으로 읽으며 닦아서 보이지 않도록 함. 〈集註〉에 “不見, 刷去之”라 함.

【敬事】활쏘기 연습을 할 때 어깨를 벗어 드러내는 것. 〈集註〉에 “敬事, 謂習射袒裼露臂也”라 함.

【共帥時】‘共’은 ‘皆’와 같음. ‘帥’은 ‘솔’로 읽으며 ‘循’과 같은 뜻임. ‘時’는 ‘是’의 假借字. 〈集註〉에 “謂皆循是禮而行之”라 함.

<table>
<tr><td>참고 및 관련 자료</td></tr>
</table>

1. 《禮記》 內則

在父母舅姑之所, 有命之, 應唯敬對, 進退周旋愼齊, 升降出入揖遊, 不敢噦噫嚏咳欠伸跛倚睇視, 不敢唾洟; 寒不敢襲, 癢不敢搔; 不有敬事, 不敢袒裼, 不涉不撅, 褻衣衾不見裏. 父母唾洟不見, 冠帶垢, 和灰請漱; 衣裳垢, 和灰請澣; 衣裳綻裂, 紉箴請補綴. 五日, 則燂湯請浴, 三日具沐, 其間面垢, 燂潘請靧; 足垢, 燂湯請洗. 少事長, 賤事貴, 共帥時.

018(2-1-5)
혼정신성

○ 〈곡례曲禮〉에 말하였다.

"무릇 사람의 아들 된 자의 예는 겨울에는 따뜻이 해 드리고 여름에는 시원하게 해 드려야 한다. 저녁이면 어버이의 잠자리를 정해 드리고 아침이면 잘 주무셨는지를 살펴드려야 하며 외출할 때는 반드시 알려드리고, 돌아와서는 반드시 직접 얼굴을 보여드려야 한다. 외유할 일이 있으면 반드시 일정한 곳이 있어야 하고 익히는 바는 반드시 일정한 일이 있어야 하며, 평상시 자신이 늙었다는 말은 해서는 안 된다."

〈他日相呼圖〉

○ 〈曲禮〉曰: 「凡爲人子之禮, 冬溫而夏清, 昏定而晨省; 出必告, 反必面; 所遊必有常, 所習必有業; 恒言不稱老.」

【曲禮】《禮記》의 첫 번째 篇名으로 禮에 관한 節目과 여러 가지 상황에서 지켜야 할 도리를 낱낱이 적은 것으로 上下로 나뉘어져 있음. 鄭玄의 《三禮目錄》에 "名曰曲禮者, 以其篇記五禮之事, 祭祀之說, 吉禮也; 喪荒去國之說, 凶禮也; 致貢朝會之說, 賓禮也; 兵車旌鴻之說, 軍禮也; 事長敬老執贄納女之說, 嘉禮也"라 하였고, 陸德明은 《經傳釋文》에서 "曲禮者, 是儀禮之舊名, 委曲說禮之事"라 함.

【夏淸】 청(淸)은 여름에는 서늘하고 시원하게 해드려야 함을 말함.

【昏定而晨省】 부모님의 잠자리를 살펴드리는 일. 성어로 굳어졌음.

【告】 '곡'으로 읽으며 어른에게 외출함을 알려 드림.

【常】 언제라도 찾으면 찾을 수 있는 장소나 위치, 방향에 있어야 함을 뜻함.

【業】 평소 무슨 일을 하고 있는지 알 수 있도록 해야 함.

【恒言】 평상시의 언어.

【不稱老】 자신이 나이가 들었다는 말을 하지 않음.

＊〈集註〉에 "陳氏曰:「'遊有常', 身不他往也. '習有業', 心不妄用也. '恒言', 平常
言語也. 自以老稱, 則父母爲過於老矣. '不稱老', 欲安父母之心也.」"라 함.

참고 및 관련 자료

1. 《禮記》 曲禮(上)

凡爲人子之禮: 冬溫而夏淸, 昏定而晨省, 在醜夷不爭. 夫爲人子者, 三賜不及
車馬. 故州閭鄉黨稱其孝也, 兄弟親戚稱其慈也, 僚友稱其弟也, 執友稱其仁也,
交遊稱其信也. 見父之執, 不謂之進不敢進,
不謂之退不敢退; 不問, 不敢對. 此孝子之行也.
夫爲人子者: 出必告, 反必面, 所遊必有常,
所習必有業. 恒言不稱老.

2. 《家範》(4) 子上篇 司馬光

爲人子者, 出必告, 反必面, 所遊必有常. 所習
必有業. 恒言不稱老. 又爲人子之禮, 冬溫而
夏淸, 昏定而晨省, 在醜夷不爭.

3. 《明心寶鑑》 孝行篇(4-6)

《曲禮》曰:「夫爲人子者, 出必告, 反必面. 所遊
必有常, 所習必有業. 恒言不稱老. 年長以倍,
則父事之, 十年以長, 則兄事之, 五年以長,
則肩隨之.」

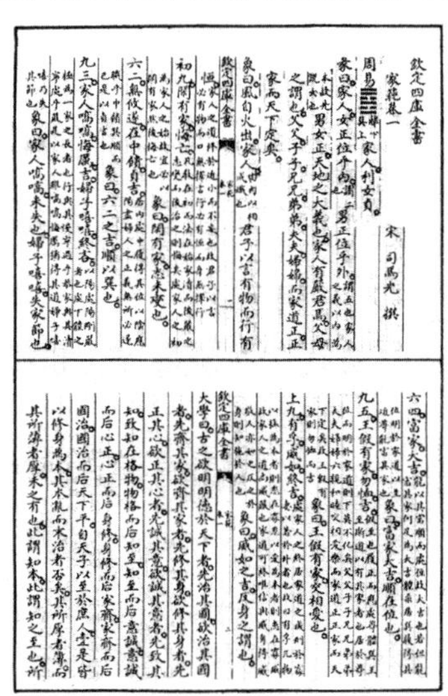

宋 司馬光 《家範》 四庫全書

019(2-1-6)
부드러운 얼굴로

○《예기禮記》에 실려 있다.

"효자로서 부모를 깊이 사랑하는 마음을 가진 자라면 반드시 온화한 기운을 띠어야 한다. 온화한 기운을 띠려면 반드시 즐거운 얼굴색이어야 하며, 즐거운 얼굴색을 가지려면 반드시 용모를 곱게 가져야 한다. 효자가 부모 모시기는 마치 옥을 잡고 있듯이, 가득 찬 것을 받들고 있듯이 하며, 통통촉촉히 하여 마치 이겨내지 못할 듯이, 마치 놓칠 듯이 하여야 한다. 엄격하고 위엄이 있으며 단엄하여 두려움을 느끼게 하는 것은 어버이를 섬기는 방법이 아니다."

○《禮記》曰:「孝子之有深愛者, 必有和氣. 有和氣者, 必有愉色. 有愉色者, 必有婉容. 孝子如執玉, 如奉盈, 洞洞屬屬然, 如弗勝, 如將失之. 嚴威儼恪, 非所以事親也.」

【禮記】三禮(禮記·儀禮·周禮) 중에 체계를 갖추지 아니하고 學術, 禮俗 등을 잡다하게 모은 것으로 공자 제자들이 輯錄한 것으로 보고 있음. 漢代에 이르러 《大戴禮記》(戴德)와 《小戴禮記》(戴聖)가 있었으며 대대가 古禮 204편을 85편으로 줄이고, 다시 소대가 49편으로 줄여 지금의 《예기》가 이루어진 것으로 보고 있음. 그러나 이설이 많아 정확한 編定 과정은 자세히 알 수 없음.

【洞洞屬屬】〈集註〉에 "洞洞, 質慤貌; 屬屬, 專一貌"라 함.

【嚴威儼恪】嚴肅·威重·儼正·謹恪. 이는 윗사람이 아랫사람에게 하는 행동임.
〈集註〉에 "嚴肅·威重·儼正·謹恪, 乃以上臨下之敬耳, 豈事親之道哉!"라 함.
＊〈集註〉에 "陳氏曰:「和氣·愉色·婉容, 皆愛心之所發; 如執玉·捧盈如弗勝,
如將失之, 皆敬心之所存, 愛敬兼至, 乃孝子之道.」"라 함.

참고 및 관련 자료

1.《禮記》祭義

孝子之有深愛者, 必有和氣; 有和氣者, 必有愉色; 有愉色者, 必有婉容. 孝子
如執玉, 如奉盈, 洞洞屬屬然, 如弗勝, 如將失之. 嚴威儼恪, 非所以事親也, 成人
之道也.

020(2-1-7)
어버이가 살아 계실 때

○〈곡례曲禮〉에 말하였다.

"무릇 자식 된 자는 어버이가 살아 계실 때는 평소 방의 서남 구석을 차지하지 아니하며, 앉을 때는 가운데 자리에 앉지 아니하며, 걸을 때는 길 가운데를 걷지 아니하며, 설 때는 문 중앙에 서지 아니한다. 음식과 잔치에 양을 제한하지 아니하며, 제사에 시동尸童 역할을 하지 아니한다. 부모님의 소리 없음도 들어야 하고 보이지 않음도 보아야 한다. 높은 곳에 오르지 않으며, 깊은 물가에 가지 말아야 한다. 구차하게 남을 헐뜯지 않으며, 억지웃음을 웃어서도 안 된다."

○〈曲禮〉曰:「凡爲人子者, 居不主奧, 坐不中席, 行不中道, 立不中門. 食饗不爲槪, 祭祀不爲尸. 聽於無聲, 視於無形. 不登高, 不臨深. 不苟訾, 不苟笑.」

【曲禮】《禮記》의 1, 2번째의 篇名으로 禮에 관한 節目과 여러 가지 상황에서 지켜야 할 도리를 낱낱이 적은 것으로 上下로 나뉘어져 있음. 鄭玄의 《三禮目錄》에 "名曰曲禮者, 以其篇記五禮之事, 祭祀之說, 吉禮也; 喪荒去國之說, 凶禮也; 致貢朝會之說, 賓禮也; 兵車旌鴻之說, 軍禮也; 事長敬老執贄納女之說, 嘉禮也"라 하였고, 陸德明은 《經傳釋文》에서 "曲禮者, 是儀禮之舊名, 委曲說禮之事"라 함.
【奧】방의 서남쪽. 〈集註〉에 "室西南爲奧, 尊者所居也"라 함.

【食饗】손님 초대나 잔치 따위에서 음식을 풍성히 마련함을 말함. 〈集註〉에 "食饗, 如延客奉祭之類"라 함.

【槩】양이나 수를 제한함을 말함. 〈集註〉에 "槩, 量. 饌具之多少, 當順親意, 不得自限量也"라 함.

【尸】제사에 神像의 역할을 하는 아이. 아버지의 제사에 아들이 시동이 될 경우 아버지가 아들에게 절을 하는 것이 되어 이는 불가한 것임. 〈集註〉에 "父主祭而子爲尸, 是父拜子也, 故不爲"라 함.

【聽於無聲】어버이가 말씀하시기 전에 이미 그 뜻을 알아야 함. 아래 '視於無形'도 같음. 〈集註〉에 "親雖未言亦聽之, 恐言而不及聞也; 親雖未動亦視之, 恐動而不及見也"라 함.

【訾】헐뜯음. 말로 남을 비방함.

＊〈集註〉에 "邵氏曰:「爲子之道, 旣當自申以尊其親, 又當自重以愛其身.」"이라 함.

참고 및 관련 자료

1. 《禮記》 曲禮(上)

爲人子者, 居不主奧, 坐不中席, 行不中道, 立不中門. 食饗不爲槩, 祭祀不爲尸. 聽於無聲, 視於無形. 不登高, 不臨深. 不苟訾, 不苟笑.

2. 《家範》(4) 子上篇 司馬光

又爲人子者, 居不主奧, 坐不中席, 行不中道, 立不中門. 食饗不爲槩, 祭祀不爲尸. 聽於無聲, 視於無形. 不登高, 不臨深. 不苟訾, 不苟笑. 孝子不服闇, 不登危, 懼辱親也」

021(2-1-8)
멀리 가지 말라

○ 공자가 말하였다.

"부모가 살아 계실 때에는 멀리 유행遊行해서는 안 된다. 유행해야 할 경우에는 반드시 그 위치를 알려드려야 한다."

○ 孔子曰:「父母在, 不遠遊. 遊必有方」

【遠遊】 멀리 여행함.
【有方】 방향·위치를 알림.
 *〈集註〉에 "范氏曰:「子能以父母之心爲心, 則孝矣.」"라 함.

참고 및 관련 자료

1.《論語》里仁篇
 子曰:「父母在, 不遠遊, 遊必有方」
2.《禮記》曲禮(上)에 「夫爲人子者: 出必告, 反必面, 所遊必有常」이라 하여 '方'과 '常'을 疊韻으로 썼으며, 玉藻에는 「親老, 出不易方」이라 하여 方向, 장소 두 가지의 뜻으로 보았음.
3.《明心寶鑑》孝行篇(4-7)
 子曰:「父母在, 不遠遊, 遊必有方.」

022(2-1-9)
친구를 위해 죽을 수 없다

○ 〈곡례曲禮〉에 말하였다.
"부모님께서 생존해 계시다면 친구를 위해 죽는 일은 허락되지 않는다."

○〈曲禮〉曰:「父母存, 不許友以死.」

【曲禮】《禮記》의 첫 번째 篇名으로 禮에 관한 節目과 여러 가지 상황에서 지켜야 할 도리를 낱낱이 적은 것으로 上下로 나뉘어져 있음. 鄭玄의 《三禮目錄》에 "名曰曲禮者, 以其篇記五禮之事, 祭祀之說, 吉禮也; 喪荒去國之說, 凶禮也; 致貢朝會之說, 賓禮也; 兵車旌鴻之說, 軍禮也; 事長敬老執贄納女之說, 嘉禮也"라 하였고, 陸德明은 《經傳釋文》에서 "曲禮者, 是儀禮之舊名, 委曲說禮之事"라 함.
【友以死】친구를 위해 충절·의리 등을 지키고자 함께 목숨을 바침.
＊〈集註〉에 "親在而以死許人, 是忘親矣. 黃氏曰:「許友以死, 雖父母不在, 亦不可.」"라 함.

참고 및 관련 자료

1.《禮記》曲禮(上)
孝子不服闇, 不登危, 懼辱親也. 父母存, 不許友以死. 不有私財.

023(2-1-10)
몸을 남에게 맡길 수 없다

○《예기禮記》에 실려 있다.

"부모님이 생존해 계실 때는 자신의 몸을 자신의 것으로 여길 수 없으며, 감히 재물을 자신의 사사로운 것으로 여길 수 없다. 이는 백성으로서 상하가 있음을 보인 것이다. 부모가 살아 계실 때라면 남에게 증여하거나 바칠 때에는 수레나 말까지 주고받아서는 안 된다. 이는 백성으로서 감히 자기 마음대로 할 수 없는 것이 있음을 보인 것이다."

○《禮記》曰:「父母在, 不敢有其身, 不敢私其財. 示民有上下也. 父母在, 饋獻不及車馬. 示民不敢專也」

【禮記】 三禮(禮記·儀禮·周禮) 중에 체계를 갖추지 아니하고 學術, 禮俗 등을 잡다하게 모은 것으로 공자 제자들이 輯錄한 것으로 보고 있음. 漢代에 이르러 《大戴禮記》(戴德)와 《小戴禮記》(戴聖)가 있었으며 대대가 古禮 204편을 85편으로 줄이고, 다시 소대가 49편으로 줄여 지금의 《예기》가 이루어진 것으로 보고 있음. 그러나 이설이 많아 정확한 編定 과정은 자세히 알 수 없음.
【示】 敎와 같음. 上下는 尊者에게 統率을 받아야 한다는 敎示.
【饋獻】 饋는 내가 남에게 주는 것. 獻은 아랫사람이 윗사람에게 바치는 것. 〈集註〉에 "自此遺彼曰饋, 自下奉上曰獻"이라 함.
【車馬】 〈集註〉에 "車馬, 物之重者, 故不敢專之以饋獻"이라 함.

1.《禮記》坊記

子云:「孝以事君, 弟以事長, 示民不貳也. 故君子有君不謀仕, 唯卜之日稱二君. 喪父三年, 喪君三年, 示民不疑也. 父母在, 不敢有其身, 不敢私其財, 示民有上下也. 故天子四海之內無客禮, 莫敢爲主焉. 故君適其臣, 升自阼階, 卽位於堂, 示民不敢有其室也. 父母在, 饋獻不及車馬, 示民不敢專也. 以此坊民, 民猶忘其親而貳其君.」

孔廟 大成殿(산동 곡부)

024(2-1-11)
먼저 부모님부터

○ 〈내칙內則〉에 말하였다.

"아들과 며느리로서 효자로서 부모를 공경하는 자는 부모와 시부모의
명령에 거역하거나 태만함이 없어야 한다. 만약 음식을 먹으라 준다면 비록
좋아하지 아니하는 것일지라도 반드시 맛을 보고 묻기를 기다리며, 의복을
주신다면 비록 마음에 들지 아니한다 해도 반드시 입고 나서 묻기를 기다
리며, 일을 시키셨다가 다른 사람에게 대신 시키면 비록 자신이 그렇게
하고 싶지 않을지라도 우선 그에게 일을 주고 나서 뒤에 다시 그 일을 돌려
받아야 한다."

○ 〈內則〉曰: 「子婦孝子敬者, 父母舅妻之命, 勿逆勿怠. 若飲食之,
雖不嗜, 必嘗而待. 加之衣服, 雖不欲, 必服而待. 加之事, 人代之,
己雖不欲, 姑與之, 而姑使之, 而後復之.」

【內則】《禮記》 제12번째 편명. 주로 집안에서 지켜야 할 예의범절을 기록한
　　것임. 孔穎達의 《禮記正義》에 "以閨門之內, 軌儀可則, 故曰內則"이라 하였고,
　　鄭玄의 《三禮目錄》에는 "以其記男女居室, 事保姆舅姑之法"이라 함.
【逆·怠】〈集註〉에 "逆, 謂不順; 怠, 謂不勤"이라 함.
【而待】그러고 나서 어떤가하는 어버이의 물음을 기다림. 즉시 싫다고 거부
　　해서는 안 됨을 말함.
【姑】'차'와 같음. '우선, 잠시'의 뜻.

【加之事, 人代之, 己雖不欲】〈集註〉에 "陳氏曰:「尊者任之以事, 己旣爲之矣.
或念其勞, 又使人代爲, 己雖不以爲勞而不欲人代, 然必順尊者之意, 且與之,
若慮其爲之以事, 不如己意, 且敎之, 及其果不能, 而後己復爲之.」"라 함.
＊〈集註〉에 "黃氏曰:「此兩節, 皆明弗逆弗怠之意.」"라 함.

1.《禮記》內則

子婦孝者敬者, 父母舅姑之命, 勿逆勿怠. 若飮食之, 雖不耆, 必嘗而待; 加之
衣服, 雖不欲, 必服而待; 加之事, 人代之, 己雖弗欲, 姑與之, 而姑使之, 而後
復之.

025(2-1-12)
사사로운 살림

○아들과 며느리는 사사로운 재물을 가지고 있어서는 안 되며, 사사로운 가축을 가지고 있어도 안 되며, 사사로운 그릇을 가지고 있어도 안 된다. 감히 사사롭게 남에게 빌려주어서도 안 되며, 감히 사사롭게 남에게 주어서도 안 된다. 며느리로서 혹 남이 음식·의복·포백布帛·패세佩帨·채란茝蘭을 주는 경우가 있으면 이를 받아 시부모에게 바쳐야 한다. 시부모가 이를 받고 즐거워하신다면 마치 물건을 새로 받았을 때처럼 기쁘게 여겨야 하며, 만약 이를 다시 내려주시면 사양하되 그래도 들어주지 않으시면 마치 다시 물건을 받은 듯이 여겨 이를 받아 시부모가 필요로 할 때를 위해 간직해 둔다. 며느리로서 만약 사사롭게 친정의 오라비 남동생, 자매가 있어 이들에게 그 물건을 주고자 한다면 반드시 그 물건을 시부모에게 청하여 허락을 받은 다음에 이를 주어야 한다.

〈庖廚〉畵像磚 東漢

○子婦無私貨, 無私畜, 無私器. 不敢私假, 不敢私與. 婦或賜之飮食·衣服·布帛·佩帨·茝蘭, 則受, 而獻諸舅姑. 舅姑受之則喜, 如新受賜; 若反賜之則辭, 不得命, 如更受賜, 藏以待乏. 婦若有私親兄弟, 將與之, 則必復請其故, 賜而後與之.

【布帛】베나 비단 따위의 옷감.
【佩帨】佩는 반짇고리 등, 帨는 수건 따위.
【茝蘭】향초, 난초 따위. 이들 물건은 모두 신혼 초 친정의 형제·자매가 선물
 하는 것들임. 〈集註〉에 "或賜之, 謂私親兄弟與之也"라 함.
【諸】'저'로 읽으며 '之於, 之乎'의 合音字.
【新受賜】여기서 '新'은 다시 형제·자매로부터 받은 듯이 즐거워함을 말함.
 〈集註〉에 "輔氏曰:「新, 初也. 如初受兄弟之賜也.」"라 함.
【不得命】자신이 사양함을 허락받지 못함. 즉 시부모가 극구 다시 며느리
 에게 돌려줌을 말함. 〈集註〉에 "不得命, 不允其辭也"라 함.
【待乏】〈集註〉에 "待乏者, 舅姑之空乏而獻之也"라 함.
【故】지난번 받았던 물건. 〈集註〉에 "故, 卽反賜之物也. 亦必再請於舅姑, 旣許,
 然後與之"라 함.
＊〈集註〉에 "鄭氏曰:「家事統於尊者也.」……黃氏曰:「不敢私受, 故獻諸舅姑;
 不敢私與, 故復請其故.」"라 함.

■ 참고 및 관련 자료 ■

1.《禮記》內則

凡婦, 不命適私室, 不敢退. 婦將有事, 大小必請於舅姑. 子婦無私貨, 無私畜,
無私器, 不敢私假, 不敢私與. 婦或賜之飲食衣服布帛佩帨茝蘭, 則受而獻諸舅姑,
舅姑受之則喜, 如新受賜, 若反賜之則辭, 不得命, 如更受賜, 藏以待乏. 婦若
有私親兄弟將與之, 則必復請其故, 賜而后與之.

2.《家範》(4) 子上篇 司馬光

又子婦無私貨, 無私畜, 無私器. 不敢私假, 不敢私與.

3.《家範》(10) 婦篇 司馬光

凡婦, 不命適私室, 不敢退. 婦將有事, 大小必請於舅姑. 子婦無私貨, 無私畜,
無私器, 不敢私假, 不敢私與. 婦或賜之飲食衣服布帛佩帨茝蘭, 則受而獻諸舅姑,
舅姑受之則喜, 如新受賜, 若反賜之則辭, 不得命, 如更受賜, 藏以待乏. 婦若
有私親兄弟將與之, 則必復請其故, 賜而后與之.

026(2-1-13)
부르실 때의 대답

○〈곡례曲禮〉에 말하였다.

"아버지께서 부르시면 느린 대답을 해서는 안 된다. 선생님이 부르셔도 느린 대답을 해서는 안 된다. 즉시 대답하고 일어나야 한다."

○〈曲禮〉曰:「父召, 無諾; 先生召, 無諾. 唯而起.」

【曲禮】《禮記》의 첫 번째 篇名으로 禮에 관한 節目과 여러 가지 상황에서 지켜야 할 도리를 낱낱이 적은 것으로 上下로 나뉘어져 있음. 鄭玄의《三禮目錄》에 "名曰曲禮者, 以其篇記五禮之事, 祭祀之說, 吉禮也; 喪荒去國之說, 凶禮也; 致貢朝會之說, 賓禮也; 兵車旌鴻之說, 軍禮也; 事長敬老執贄納女之說, 嘉禮也"라 하였고, 陸德明은《經傳釋文》에서 "曲禮者, 是儀禮之舊名, 委曲說禮之事"라 함.
【無諾】諾은 대답을 느릿느릿하여 반응을 즉시 나타내지 않음을 말함.
【先生】여기서는 선생님과 어른, 연장자 등의 의미를 가지고 있음.
【唯】'예'하고 즉시 대답하는 것.〈集註〉에 "諾, 應之緩; 唯, 應之速"이라 함.

1.《禮記》曲禮(上)
侍坐於先生: 先生問焉, 終則對. 請業則起, 請益則起. 父召無諾, 先生召無諾, 唯而起.

027(2-1-14)
사상견례

○ 〈사상견례士相見禮〉에 실려 있다.

"무릇 대인大人과 말을 나눌 때는 처음에는 얼굴을 보고, 다음에는 가슴을 보며, 끝에는 다시 얼굴을 본다. 이러한 순서를 바꾸지 않는다. 그 자리에 함께 한 대인들에게 모두 이와 같이 한다. 만약 어버이의 앞에서라면 눈길을 두루 할 수 있으나 아버지의 얼굴보다 위를 보아서는 안 되며, 띠 아래로 보아서도 안 된다. 만약 말씀이 없다면 자신이 서 있을 때라면 그의 발을 보고, 앉았을 때라면 그의 무릎을 보아야 한다."

○ 〈士相見禮〉曰: 「凡與大人言, 始視面, 中視抱, 卒視面. 毋改, 衆皆若是. 若父則遊目, 毋上於面, 毋下於帶. 若不言, 立則視足. 坐則視膝.」

【士相見禮】 三禮 중의 《儀禮》의 편명. 《儀禮》는 冠婚喪祭와 射鄕朝聘 등의 예를 주로 다룬 것으로 17편이 전함. 주공이 지었다는 설과 공자에 의해 이루어졌다는 두 가지 설이 있음. 13經의 하나이며 〈士相見禮〉는 선비 신분으로 서로 만날 때 예를 기록하고 있음.
【大人】 士보다 한 단계 높은 신분인 卿大夫를 가리킴.
【視面】 〈集註〉에 "觀其顏色, 可傳言未也"라 함.
【視抱】 〈集註〉에 "抱, 懷抱也. 視抱, 容其思之, 且爲敬也"라 함.
【卒視面】 〈集註〉에 "察其納己言否也"라 함.

【毋改】〈集註〉에 "毋改, 謂見答之間, 當正容體以待之, 毋自變動嫌懈惰不虛之心也"라 함.

【衆】그 자리에 함께 있는 대인들. 〈集註〉에 "衆, 謂諸卿大夫同在此者, 皆若是, 視之儀, 無異也"라 함.

【遊目】〈集註〉에 "子於父, 主孝不主敬. 故所視差, 廣目觀安否何如也"라 함.

【上·下】〈集註〉에 "記曰:「凡視上於面則敖, 下於帶則憂.」"라 함.

【足·膝】행동을 살피기 위한 것임. 〈集註〉에 "視足, 伺其行也; 視膝, 伺其起也"라 함.

참고 및 관련 자료

1.《儀禮》士相見禮

凡言非對也, 妥而後傳言. 與君言, 言使臣, 與大人言, 言事君, 與老者言, 言使弟子, 與幼者言, 言孝弟於父兄, 與衆言, 言忠信慈祥, 與居官者言, 言忠信. 凡與大人言, 始視面, 中視抱, 卒視面. 毋改, 衆皆若是. 若父則遊目, 毋上於面, 毋下於帶. 若不言, 立則視足, 坐則視膝.

〈人物交談圖〉(彩畫磚) 漢

028(2-1-15)
효자가 지켜야 할 예절

○《예기禮記》에 실려 있다.

"아버지가 부르시면 즉시 대답을 하며 느리게 대답을 해서는 안 된다. 손에 어떤 일을 하고 있었다면 이를 던지고 달려가야 하며, 식사 중이어서 입에 음식이 있다면 이를 뱉고 달려가뇌 느리게 가서는 안 된다.

어버이가 늙으셨으면 외출했을 때 그 방향을 바꾸지 아니하며, 돌아올 때는 때를 넘기지 아니한다. 어버이가 병환 중이면 낯빛과 얼굴을 펴지 아니하니 이것이 효자로서의 소략하나마 지켜야 할 기본적인 예절이다.

아버지가 돌아가신 다음에 아버지가 읽으시던 책을 능히 읽지 못하는 것은 아버지의 손때가 묻어 있기 때문이며, 어머니가 돌아가시고 나서 어머니가 쓰시던 배권杯圈으로 마시지 못하는 것은 어머니의 입김이 묻어 있기 때문이다."

○《禮記》曰:「父命呼, 唯而不諾; 手執業則投之, 食在口則吐之, 走而不趨. 親老, 出不易方, 復不過時. 親癠, 色容不盛, 此孝子之疏節也.

父沒而不能讀父之書, 手澤存焉爾. 母沒而杯圈不能飮焉, 口澤之氣存焉爾.」

【禮記】 三禮(禮記·儀禮·周禮) 중에 체계를 갖추지 아니하고 學術, 禮俗 등을 잡다하게 모은 것으로 공자 제자들이 輯錄한 것으로 보고 있음. 漢代에

이르러 《大戴禮記》(戴德)와 《小戴禮記》(戴聖)가 있었으며 대대가 古禮 204편을 85편으로 줄이고, 다시 소대가 49편으로 줄여 지금의 《예기》가 이루어진 것으로 보고 있음. 그러나 이설이 많아 정확한 編定 과정은 자세히 알 수 없음.

【唯·諾】 모두 대답이기는 하나 '唯'는 얼른 대답하는 것이며, '諾'은 머뭇거리며 한참 뒤에 대답하는 것으로 구분함. 〈集註〉에 "唯·諾, 皆應也. 而唯速於諾"이라 함.

【走·趨】 역시 모두 달려가는 것이기는 하나 '走'가 '趨'보다 빨리 달려가는 것. 〈集註〉에 "走·趨, 皆步也. 而走速於趨"라 함.

【不盛】 얼굴에 盛勢의 빛을 띠지 못함. 근심하는 표정을 가져야 함을 말함.

【疏節】 엉성하기는 하나 우선 기본적이며 초보적으로 지켜야 할 예절.

【杯圈】 잔이나 그릇. 桮棬과 같음. 《孟子》 注에 "桮棬, 屈木所爲, 若巵匜之屬"이라 하였으며 여기서는 어머니가 생전에 쓰시던 그릇들을 말함.

1. 《禮記》 玉藻

父命呼, 唯而不諾, 手執業則投之, 食在口則吐之, 走而不趨. 親老, 出不易方, 復不過時. 親癠色容不盛, 此孝子之疏節也. 父歿而不能讀父之書, 手澤存焉爾; 母歿而杯圈不能飲焉, 口澤之氣存焉爾.

〈祖像圖〉 民間 祭祀風俗 浙江 泰順

029(2-1-16)
서손을 대할 때

○ 〈내칙內則〉에 말하였다.

"부모에게 여종에게서 낳은 자식 및 서자庶子나 서손庶孫이 있어 이를 심히 사랑하였었다면 비록 부모님께서 돌아가셨다 해도 자신이 죽을 때까지 이들을 공경하기를 게을리 해서는 안 된다. 또 아들에게 두 사람의 첩이 있어 부모가 그 중 한 사람을 사랑하고 아들은 그 다른 첩을 사랑한다면 의복과 음식에 있어서나, 일을 시키는 면에 있어서나 부모가 사랑하던 그 첩을 감히 동일하게 보아서는 안 된다. 비록 부모님께서 죽고 없더라도 변함이 없어야 한다."

○ 〈內則〉曰: 「父母有婢子若庶子庶孫, 甚愛之, 雖父母沒, 沒身敬之不衰, 子有二妾, 父母愛一人焉, 子愛一人焉, 由衣服飮食, 由執事, 毋敢視父母所愛, 雖父母沒不衰.」

【內則】《禮記》 제12번째 편명. 주로 집안에서 지켜야 할 예의범절을 기록한 것임. 孔穎達의 《禮記正義》에 "以閨門之內, 軌儀可則, 故曰內則"이라 하였고, 鄭玄의 《三禮目錄》에는 "以其記男女居室, 事保姆舅姑之法"이라 함.
【婢子】 종의 몸에서 나온 자식.
【若】 '及'과 같음. '및'의 뜻.
【庶子·庶孫】 庶母나 妾의 몸에서 나온 자식.
【衰】 '替'와 같음. 바뀌거나 낮추어 변질시킴.

【由】‘自’와 같음.

【視】‘比’와 같음. 同等하게 여김.

＊〈集註〉에 “父母所愛, 當終身敬之, 非特愛之而已”라 함.

1.《禮記》內則

父母有婢子若庶子庶孫, 甚愛之, 雖父母沒, 沒身敬之不衰. 子有二妾, 父母愛一人焉, 子愛一人焉, 由衣服飮食, 由執事, 毋敢視父母所愛, 雖父母沒不衰.

030(2-1-17)
내쫓을 수 없는 아내

○ 아들이 그 처를 매우 훌륭하다고 여기더라도 부모가 그 며느리를 싫어한다면 내보내야 한다. 그러나 아들이 그 처를 훌륭하다 여기지 않더라도 부모가 "이 며느리는 나를 잘 섬긴다"라고 하면, 아들은 부부의 예를 시켜 목숨이 다할 때까지 변하지 말아야 한다.

○ 子甚宜其妻, 父母不說, 出; 子不宜其妻, 父母曰「是善事我」, 子行夫婦之禮焉. 沒身不衰.

【宜】 훌륭함, 마땅함. 〈集註〉에 "宜, 猶善也"라 함.
【不說】 '說'은 '悅'과 같음.
【不衰】 조금도 시들거나 변함이 없도록 지켜내어야 함.
＊〈集註〉에 "應氏曰:「父母以爲善, 子情雖替, 而夫婦之禮亦不可不行焉.」"이라 함.

참고 및 관련 자료

1. 《禮記》內則
子甚宜其妻, 父母不說, 出. 子不宜其妻, 父母曰: 是善事我. 子行夫婦之禮焉, 沒身不衰.

031(2-1-18)
부모님의 뜻이 우선

○ 증자曾子가 말하였다.

"효자로서 늙은 부모를 봉양할 때는 그 마음을 즐겁게 해드려 그 뜻에 위배됨이 없어야 하며, 그 이목을 즐겁게 해드려 그 잠자리와 거처를 안락하게 해드려야 한다. 음식으로써 정성을 다해 봉양해야 한다. 이 까닭으로 부모님께서 사랑하는 것이면 자신도 역시 사랑해야 하고, 부모님께서 존경하는 분이라면 아들 역시 존경해야 한다. 심지어 개나 말일지라도 모두 그렇게 해야 하거늘 하물며 사람에게 있어서랴!"

○ 曾子曰:「孝子之養老也, 樂其心, 不違其志, 樂其耳目, 安其寢處, 以其飮食, 忠養之, 是故父母之所愛, 亦愛之, 父母之所敬, 亦敬之, 至於犬馬盡然, 而况於人乎!」

【曾子】曾參. 자는 子輿. 南武城 사람으로 孔子의 수제자이며 효성으로 이름이 났었음. 아버지는 曾晳(曾點)이었으며 아들은 曾元이었음. 《孝經》을 정리한 것으로 알려짐.

【犬馬】"부모가 사랑하던 개나 말조차도 아들은 사랑해야 하는 것이니 부모님께서 아끼고 존경하던 사람이라면 더욱 말할 것도 없다"는 뜻. 〈集註〉에 "父母所愛之犬馬, 猶愛之, 況父母所愛敬之人乎!"라 함.

＊〈集註〉에 "方氏曰:「怡聲以問, 所以樂其耳; 柔色以溫, 所以樂其目. 昏定, 所以安其侵; 晨省, 所以安其處. 忠者, 盡己之心也.」"라 함.

1. 《禮記》內則

曾子曰:「孝子之養老也, 樂其心不違其志, 樂其耳目, 安其寢處, 以其飲食忠養
之孝子之身終, 終身也者, 非終父母之身, 終其身也; 是故父母之所愛亦愛之,
父母之所敬亦敬之, 至於犬馬盡然, 而況於人乎!」

曾子(曾參) 《三才圖會》

032(2-1-19)
총부의 임무와 권한

○ 〈내칙內則〉에 말하였다.

"시아버지가 죽고 나면 시어머니는 늙게 된다. 이에 총부冢婦는 제사를 받드는 일, 빈객을 모시는 일 등 매사를 반드시 시어머니에게 여쭈어야 하며, 개부介婦는 총부에게 물어야 한다.

시부모가 총부에게 일을 시키면 태만히 해서는 안 되며, 감히 개부에게 무례하기 굴어서도 안 된다. 시부모가 만약 개부에게 일을 시키면 감히 총부에게 맞서려 해서는 안 되며, 똑같이 행동해서도 안 되며, 명령을 대등하게 여겨서도 안 되며, 감히 나란히 앉아서도 안 된다.

무릇 며느리란 사실私室에 가도 좋다는 명령이 없으면 감히 물러날 수 없으며, 며느리에게 일이 있으면 대소를 막론하고 반드시 시부모에게 허락을 받아야 한다."

〈婦女剖魚〉雕磚(宋)

○ 〈內則〉曰:「舅沒則姑老, 冢婦所祭祀, 賓客, 每事必請於姑, 介婦請於冢婦. 舅姑使冢婦, 毋怠, 不友無禮於介婦; 舅姑若使介婦, 毋敢敵耦於冢婦, 不敢竝行, 不敢竝命, 不敢竝坐. 凡婦, 不命適私室, 不敢退, 婦將有事, 大小必請於舅姑」

【內則】《禮記》 제12번째 편명. 주로 집안에서 지켜야 할 예의범절을 기록한
 것임. 孔穎達의《禮記正義》에 "以閨門之內, 軌儀可則, 故曰內則"이라 하였고,
 鄭玄의《三禮目錄》에는 "以其記男女居室, 事保姆舅姑之法"이라 함.
【老】집안일을 맏며느리에게 넘겨줌을 뜻함. 나이가 늙었기 때문에 그러한
 것이 아니라 집안 질서를 위한 것임. 〈集註〉에 "老, 謂傳家事於冢婦, 非以
 年計也"라 함.
【冢婦】맏며느리. 〈集註〉에 "冢婦, 長婦也"라 함.
【介婦】맏며느리 이외의 작은 며느리들. 〈集註〉에 "介婦, 衆婦也"라 함.
【不友】'友'는 '敢'자의 오기. 〈集註〉에 "友, 當作敢"이라 함.
【無禮】〈集註〉에 "言舅姑以事使冢婦, 旣不可怠於事, 又不敢恃舅姑之命而無
 禮於介婦也"라 함.
【敵耦】대적함. 맞섬. 대항함. 〈集註〉에 "敵, 相抗也; 耦, 相竝也"라 함.
【私室】자신들만의 방. 각자 며느리들의 방.

1.《禮記》內則

舅沒則姑老, 冢婦所祭祀·賓客, 每事必請於姑, 介婦請於冢婦. 舅姑使冢婦, 毋怠
不友無禮於介婦. 舅姑若使介婦, 毋敢敵耦於冢婦, 不敢並行, 不敢並命, 不敢
並坐. 凡婦, 不命適私室, 不敢退. 婦將有事, 大小必請於舅姑. 子婦無私貨, 無
私畜, 無私器, 不敢私假, 不敢私與. 婦或賜之飮食衣服布帛佩帨茝蘭, 則受而
獻諸舅姑, 舅姑受之則喜, 如新受賜, 若反賜之則辭, 不得命, 如更受賜, 藏以
待乏. 婦若有私親兄弟將與之, 則必復請其故, 賜而后與之.

2.《家範》(10) 舅姑 司馬光

舅沒則姑老, 冢婦所祭祀·賓客, 每事必請於姑, 介婦請於冢婦. 舅姑使冢婦, 毋怠
不友無禮於介婦. 舅姑若使介婦, 毋敢敵耦於冢婦, 不敢並行, 不敢並命, 不敢
並坐.

033(2-1-20)
종부의 임무와 권한

○ 적자適子와 서자庶子는 공경스럽게 종자宗子와 종부宗婦를 모셔야 한다. 비록 자신이 부귀하다 해도 그 부귀함을 이유로 종자의 집에 마구 들어갈 수 없다. 그리고 비록 거느리고 간 수레와 도종徒從이 많다 해도 집 밖에 머물게 하고 적은 수로 줄여 들어가야 한다. 감히 그 부귀함을 가지고 부형과 종족에게 위엄을 가해서는 안 된다.

○ 適子·庶子, 祇事宗子, 宗婦. 雖貴富, 不敢以貴富入宗子之家; 雖衆車徒, 舍於外, 以寡約入, 不敢以貴富加於父兄·宗族.

【適子】嫡子와 같음. 한 세대별 맏아들. 여기서는 小宗을 가리킴. 〈集註〉에 "適子, 謂父及祖之適子, 是小宗也"라 함.
【庶子】적자의 아우들. 庶孼을 가리키는 것이 아님. 〈集註〉에 "庶子, 謂適子之弟"라 함.
【祇】공경을 뜻함. 《小學纂註》注에 "祇, 敬也"라 함.
【宗子】大宗子, 그 집안 문벌 전체의 宗統.
【宗婦】大宗子의 처.
【徒】從人. 그가 데리고 온 노복이나 수행원 무리들을 말함. 徒從.
【寡約】수를 적게 하고 줄임. 〈集註〉에 "寡, 少也; 約, 省也"라 함.
【父兄】아버지 항렬이나 형의 항렬들. 집안의 어른들을 총칭하여 부르는 말.
＊〈集註〉에 "言非惟不敢以富貴入宗子之家, 凡內外父兄宗族, 皆不敢以此加之"라 함.

1. 《禮記》 内則

適子庶子祇事宗子宗婦, 雖貴富, 不敢以貴富入宗子之家, 雖衆車徒舍於外, 以寡約入. 子弟猶歸器衣服裘衾車馬, 則必獻其上, 而后敢服用其次也; 若非所獻, 則不敢以入於宗子之門, 不敢以貴富加於父兄宗族. 若富, 則具二牲, 獻其賢者於宗子, 夫婦皆齊而宗敬焉, 終事而后敢私祭.

〈進食圖〉 嘉峪關 魏晉墓 벽화

034(2-1-21)
부모님께 간언할 때

○ 증자曾子가 말하였다.

"부모님께서 사랑해 주시거든 기쁘게 여겨 잊지 말 것이며, 부모가 싫어하시면 두렵게 여기고 원망하지 말 것이니라. 부모님께 허물이 있으면 간언을 하되 거역함이 있어서는 안 된다."

○ 曾子曰: 「父母愛之, 喜而弗忘; 父母惡之, 懼而無怨; 父母有過, 諫而不逆.」

【曾子】曾參. 자는 子輿. 南武城 사람으로 孔子의 수제자이며 효성으로 이름이 났었음. 아버지는 曾晳(曾點)이었으며 아들은 曾元이었음. 《孝經》을 정리한 것으로 알려짐.
【惡之】'오지'로 읽으며 싫어함. 부모가 자신의 잘못을 고쳐주고자 미워함.
【諫而不逆】간언을 하되 거역하지는 않음.
＊〈集註〉에 "朱子曰: 「諫而不逆, 謂委曲作道理以諫, 不唐突以觸父母之怒也.」"라 함.

참고 및 관련 자료

1.《禮記》祭義
曾子曰: 「樹木以時伐焉, 禽獸以時殺焉. 夫子曰: 斷一樹, 殺一獸, 不以其時, 非孝也. 孝有三: 小孝用力, 中孝用勞, 大孝不匱. 思慈愛忘勞, 可謂用力矣. 尊仁

安義, 可謂用勞矣. 博施備物, 可謂不匱矣. 父母愛之, 嘉而弗忘; 父母惡之,
懼而無怨, 父母有過, 諫而不逆; 父母旣沒, 必求仁者之粟以祀之. 此之謂禮終.」

035(2-1-22)
부모님의 과실

○ 〈내칙內則〉에 말하였다.

"부모님께 과실이 있으면 기운을 가라앉히고 편안한 얼굴빛을 하여 부드러운 음성으로 간언을 한다. 간언이 만약 채택되지 않으면 공경함과 효성을 다시 일으키되 즐거워하실 때 다시 간언을 한다. 그러나 그래도 즐거워하지 않으신다면 향당鄕黨과 주려州閭에 죄를 짓느니 차라리 더욱 무르익도록 간언을 해야 한다. 부모님이 그 일로 노하여 불쾌히 여기며 매질을 가하여 피를 흘릴지라도 감히 미워하거나 원망해서는 안 되며 공경과 효성을 더욱 흥기시켜야 한다."

○ 〈內則〉曰:「父母有過, 下氣怡色, 柔聲以諫. 諫若不入, 起敬起孝, 說則復諫; 不說, 與其得罪於鄕黨州閭, 寧孰諫; 父母怒不說, 而撻之流血, 不敢疾怨, 起敬起孝」

【內則】《禮記》 제12번째 편명. 주로 집안에서 지켜야 할 예의범절을 기록한 것임. 孔穎達의 《禮記正義》에 "以閨門之內, 軌儀可則, 故曰內則"이라 하였고, 鄭玄의 《三禮目錄》에는 "以其記男女居室, 事保姆舅姑之法"이라 함.
【州閭】고대의 행정 단위. 州는 큰 마을. 閭는 작은 閭里(閭巷). 2천5백 집을 州라 하며, 25 집을 閭(里)라 함.
【鄕黨】역시 행정 단위. 1만 2천5백 집을 鄕이라 하며, 5백 집을 黨이라 함.
【起敬起孝】공경과 효성을 일으킴. 강조하는 표현.
【不說】'不悅'과 같음.

【與其~寧~】 "~하느니 차라리 ~함"을 나타내는 구문 구조.

【罪】 부모의 잘못으로 인해 향당에 집안 명예가 실추됨. 이렇게 되도록 하
 느니 차라리 매를 맞을지언정 아들 된 도리를 다하여 간언을 하는 편이
 낫다는 뜻.

【孰】 熟과 같음.

＊〈集註〉에 "諫以父母不悅, 其罪輕; 不諫而父母得罪於人, 其罪重. 二者之間,
 寧可孰諫"이라 함.

1. 《禮記》 內則

父母有過, 下氣怡色柔聲以諫, 諫若不入, 起敬起孝, 說則復諫, 不說, 與其得
罪於鄕黨州閭, 寧孰諫. 父母怒不說, 而撻之流血, 不敢疾怨, 起敬起孝.

〈聊齋圖〉(부분)

036(2-1-23)
세 번 간언

○ 〈곡례曲禮〉에 말하였다.

"아들로서 어버이를 모심엔 세 번 간언을 하여 듣지 않으시면 부르짖어 울면서 그대로 따라야 한다."

○ 〈曲禮〉曰:「子之事親也, 三諫而不聽, 則號泣而隨之.」

【曲禮】《禮記》의 첫 번째 篇名으로 禮에 관한 節目과 여러 가지 상황에서 지켜야 할 도리를 낱낱이 적은 것으로 上下로 나뉘어져 있음. 鄭玄의 《三禮目錄》에 "名曰曲禮者, 以其篇記五禮之事, 祭祀之說, 吉禮也; 喪荒去國之說, 凶禮也; 致貢朝會之說, 賓禮也; 兵車旌鴻之說, 軍禮也; 事長敬老執贄納女之說, 嘉禮也"라 하였고, 陸德明은 《經傳釋文》에서 "曲禮者, 是儀禮之舊名, 委曲說禮之事"라 함.

【三諫】부모님의 과실을 고치도록 세 번을 간언함.

【號泣】소리가 나도록 욺. 속으로 울지 않고 겉으로 그 울음을 표현함을 말함. 혹 감동하여 들어주시게 될 것을 기대하는 울음.

* 〈集註〉에 "將以感動親心, 庶或能聽也"라 함.

참고 및 관련 자료

1.《禮記》曲禮(下)

爲人臣之禮: 不顯諫. 三諫而不聽, 則逃之. 子之事親也: 三諫而不聽, 則號泣而隨之.

037(2-1-24)
부모님이 병환 중일 때

○ "부모님께서 병환 중이시면 관을 쓴 자는 빗질을 하지 아니하며, 걸을 때는 나는 듯이 하지 아니하며, 농담이나 오만한 말을 하지 아니하고, 금슬^{琴瑟} 따위의 악기도 다루지 않는다. 고기를 먹어도 맛을 바꾸어가며 먹지 아니하며, 술을 먹어도 일굴색이 변할 정도로 믹어서는 안 된다. 웃어도 이빨이 드러날 정도로 웃어서는 안 되며, 화가 나도 남을 꾸짖어서는 안 된다. 병환이 그쳤다면 그 때는 다시 평소처럼 해도 된다."

○「父母有疾, 冠者不櫛, 行不翔, 言不惰, 琴瑟不御. 食肉不至變味, 飮酒不至變貌, 笑不至矧, 怒不詈. 疾止復故.」

【翔】펄펄 나는 듯이 걸음.
【惰】농담이나 戱謔, 오만한 말 따위. 〈集註〉에 "惰, 戱慢也"라 함.
【琴瑟】거문고나 비파 따위.
【變味】고기 맛을 달리 즐기기 위하여 다른 고기를 먹음. 〈集註〉에 "變, 易也" 라 함
【矧】음은 '신.' 이빨이 보일 정도로 크게 웃음. 〈集註〉에 "見齒曰矧"이라 함.
【詈】음은 '리.' 노하여 남을 꾸짖음. 〈集註〉에 "怒罵曰詈"라 함.
【復故】옛날 평소의 상태로 되돌아감.
＊〈集註〉에 "孝子之事親, 病則致其憂: 不櫛, 憂不爲飾也; 不翔, 憂不爲容也; 不惰, 憂不爲謔也; 不御, 憂不爲樂也; 不變味, 憂不擇食也; 不變貌, 憂不多 飮也. 大笑則見矧, 怒甚則至詈, 亦爲忘憂, 故戒之. 復故, 復常也. 疾止則憂散, 故復常"이라 함.

1. 《禮記》曲禮(上)

父母有疾, 冠者不櫛, 行不翔, 言不惰, 琴瑟不御, 食肉不至變味, 飮酒不至變貌,
笑不至矧, 怒不至詈. 疾止復故.

038(2-1-25)
부모님께 드리는 약

○ 임금께서 질환이 있어 약을 드셔야 할 경우, 신하가 먼저 그 맛을 보며, 아버지가 질환이 있어 약을 드셔야 할 경우, 아들이 먼저 맛을 보아야 한다. 의사로서 세 세대를 계속해온 집안이 아니라면 그러한 자가 처방한 약은 복용하지 않는다

○ 君有疾, 飮藥, 臣先嘗之; 親有疾, 飮藥, 子先嘗之. 醫不三世, 不服其藥.

【嘗】 '嚐'과 같음. 약의 유독 여부, 溫涼, 濃度 등을 미리 점검하여 마시도록 해야 함을 말함.
【三世】 할아버지와 아버지 및 자신에 이르기까지 3대 이상 의약 처방과 제조의 업을 이어온 의원. 대대로 의원을 하여 안정감을 가지고 있는 약만을 복용함.
＊〈集註〉에 "呂氏曰:「醫至三世, 活人多矣. 用藥熟矣. 然後服之. 謹疾之道也.」 方氏曰:「經之所言, 道其常而已, 非世傳而自得未及三世固在所取也.」"라 함.

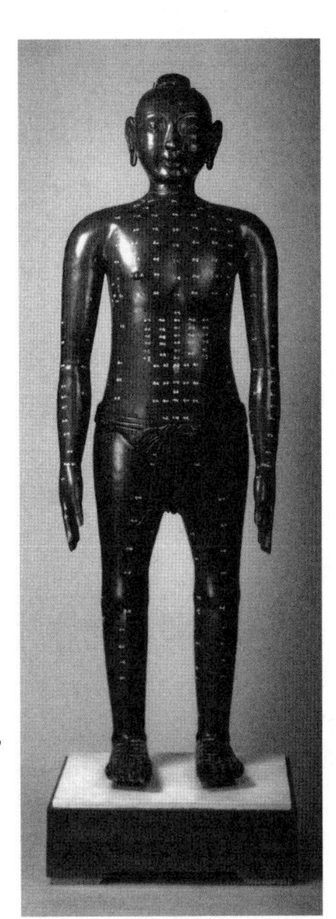

〈鍼灸銅人〉(宋)

1. 《禮記》 曲禮(下)

君有疾, 飮藥, 臣先嘗之. 親有疾, 飮藥, 子先嘗之. 醫不三世, 不服其藥.

039(2-1-26)
아버지의 도를 바꾸지 않아야

○ 공자가 말하였다.

"아버지가 살아 계실 때는 그가 그 아들 된 자로서의 지향志向하는 바가 아버지의 뜻에 맞는지를 볼 것이요, 아버지가 돌아가신 후에는 그 자식 된 자로서의 행동이 이버지의 그것과 부합되는지 볼 것이로다. 3년간은 아버지의 도를 바꾸지 않아야 가히 효孝라고 할 수 있느니라."

○ 孔子曰:「父在, 觀其志; 父沒, 觀其行; 三年無改於父之道, 可謂孝矣.」

【觀其志】其는 '그의 아들.' 아버지가 살아 계신 경우, 그 아들 된 자가 어떤 일을 지향할 때, 먼저 그 아버지를 염두에 두는지 살펴보아야 한다는 뜻.
【三年】여기서는 오직 3년을 뜻하는 것이 아니라, 장기간을 의미한다고 보기도 함. 그러나 朱子는 3년간은 부모의 잘잘못에 관계없이 아버지의 뜻을 고치거나 바꿈이 없어야 한다는 뜻으로 보았음.
＊〈集註〉에 "朱子曰:「父在子不得自專而志, 則可知父沒然後其行可見, 故觀此足以知其人之善惡. 然又必能三年無改於父之道, 乃見其孝, 不然則所行雖善, 亦不得爲孝矣.」이라 함.

1.《論語》學而篇

子曰:「父在, 觀其志; 父沒, 觀其行; 三年無改於父之道, 可謂孝矣.」

2.《論語》里仁篇

子曰:「三年無改於父之道, 可謂孝矣.」

040(2-1-27)
부모님 생각을 먼저

○ 〈내칙內則〉에 말하였다.

"비록 부모님께서 이미 돌아가셨다 해도 착한 일을 하고자 할 때에는
부모님의 아름다운 이름을 높일 것임을 생각하여 반드시 실행에 옮겨야
한다. 그리고 선하지 못한 일일 경우 역시 부모님에게 부끄러움과 치욕을
줄 것임을 생각하여 결코 하지 말아야 한다."

○ 〈內則〉曰:「父母雖沒, 將爲善, 思貽父母令名, 必果, 將爲不善,
思貽父母羞辱, 必不果.」

【內則】《禮記》 제12번째 편명. 주로 집안에서 지켜야 할 예의범절을 기록한
　　것임. 孔穎達의 《禮記正義》에 "以閨門之內, 軌儀可則, 故曰內則"이라 하였고,
　　鄭玄의 《三禮目錄》에는 "以其記男女居室, 事保姆舅姑之法"이라 함.
【貽】 영향 등을 끼침.
【令名】 아름다운 이름. '令'은 '아름답다'의 뜻.
【果】 〈集註〉에 "果, 謂果決爲之"라 함.

1. 《禮記》 內則
父母雖沒, 將爲善, 思貽父母令名, 必果. 將爲不善, 思貽父母羞辱, 必不果.

2. 《家範》(5) 子下篇 司馬光

〈内則〉曰:「父母雖沒, 將爲善, 思貽父母令名, 必果. 將爲不善, 思貽父母羞辱, 必不果.」

041(2-1-28)
서리와 이슬이 내리면

○ 〈제의祭義〉에 말하였다.

"서리와 이슬이 이윽고 내리면 군자는 이를 밟으면서 틀림없이 처창悽愴한 심사를 느끼게 될 것이니 이는 그 추위를 두고 하는 말이 아니다.

봄에 비와 이슬이 이윽고 만물을 적셔주면 군자가 이를 밟으면서 틀림없이 출척怵惕한 심정을 느끼게 될 것이니 이는 마치 부모님의 모습이 보이는 듯하기 때문이다."

○ 〈祭義〉曰: 「霜露旣降, 君子履之, 必有悽愴之心, 非其寒之謂也; 春雨露旣濡, 君子履之, 必有怵惕之心, 如將見之」

【祭義】《禮記》 제24번째 편명. 鄭玄의 《三禮目錄》에 "以其記祭祀齋戒薦羞之義也"라 하여 제사와 재계, 천수(종묘와 제사에 올리는 제수와 제물) 등에 대한 뜻을 기록한 것으로 〈祭法〉(23)과 상호 보완을 이루고 있음.

【悽愴】슬프고 안타까움을 나타내는 雙聲連綿語. 즉 부모님이 계시지 않아 슬픔을 느끼는 것임.

【濡】음은 '유.' 봄비와 봄 이슬이 만물을 적셔 생동하게 함.

【怵惕】놀랍고 두려우며 안타까움을 표현하는 雙聲連綿語. 만물이 소생하여 부모님께서 마치 살아 돌아오실 것 같은 심사를 자아내게 함을 뜻함.

＊〈集註〉에 "此言君子感時思親也. ……履霜露而悽愴, 故祭於秋; 履雨露而怵惕, 故祭於春"이라 함.

1. 《禮記》 祭義

祭不欲數, 數則煩, 煩則不敬. 祭不欲疏, 疏則怠, 怠則忘. 是故, 君子合諸天道: 春禘秋嘗. 秋, 霜露旣降, 君子履之, 必有悽愴之心, 非其寒之謂也. 春, 雨露旣濡, 君子履之, 必有怵惕之心, 如將見之. 樂以迎來, 哀以送往, 故禘有樂而嘗無樂.

042(2-1-29)
부부가 함께 제사를 받들어야

○〈제통祭統〉에 말하였다.

"무릇 제사에 있어서는 반드시 부부가 직접 받들어 거행해야 한다. 안팎의 맡은 일들이 갖추어지도록 하기 위함이니 그들이 갖추어지면 제수의 물건들도 모두 구비되는 것이다."

○〈祭統〉曰:「夫祭也者, 必夫婦親之, 所以備外內之官也, 官備則具備.」

【祭統】《禮記》 제25번째 편명. 제사에 관한 총괄적인 근본 내용을 다루고 있음. 鄭玄의 《三禮目錄》에 "名曰祭統者, 以其其祭祀之本也"라 하였고, 孫希旦의 《禮記集解》에는 "統, 猶本也. 祭有物, 有禮, 有樂, 有時, 而其本則統於一心, 故以祭統名篇"이라 함.

【外內之官】남자들이 할 일과 부인들이 할 일의 구분을 뜻함. 나라의 제사는 卿大夫가 임금을 돕고, 命婦가 夫人을 돕듯이 집안에서의 제사는 衆子가 宗子를 도와 시행함. 이들을 外官이라 하며, 衆婦가 宗婦를 도와 제사를 준비함을 內官이라 함.

【具】祭需의 물건들을 갖춤.

1.《禮記》祭統

旣內自盡, 又外求助, 昏禮是也. 故國君取夫人之辭曰: 請君之玉女, 與寡人共有
敝邑, 事宗廟社稷. 此求助之本也. 夫祭也者, 必夫婦親之, 所以備外內之官也;
官備則具備. 水草之菹, 陸産之醢, 小物備矣; 三牲之俎, 八簋之實, 美物備矣;
昆蟲之異, 草木之實, 陰陽之物備矣. 凡天之所生, 地之所長, 苟可薦者, 莫不
咸在, 示盡物也. 外則盡物, 內則盡志, 此祭之心也. 是故, 天子親耕於南郊,
以共齊盛; 王后蠶於北郊, 以共純服. 諸侯耕於東郊, 亦以供齊盛; 夫人蠶於
北郊, 以共冕服. 天子諸侯非莫耕也, 王后夫人非莫蠶也, 身致其誠信, 誠信之
謂盡, 盡之謂敬, 敬盡然後暇以事神明, 此祭之道也.

〈孝經圖〉 민간 제사 풍속

043(2-1-30)
제사는 직접 임해야

○ 군자의 제사에는 반드시 자신이 직접 임해야 한다. 어쩔 수 없는
변고가 있다면 남을 시켜도 된다.

○君子之祭也, 必身親蒞之, 有故則使人可也.

【蒞】 '涖'와 같으며 '臨'의 뜻. 雙聲互訓임. 어떤 일에 임함. 〈集註〉에 "蒞, 臨也.
　必身親臨之者, 致其如在之誠也"라 함.
【有故】 疾病 등 부득이한 경우. 〈集註〉에 "有故, 謂疾病或不得已之事"라 함.
【使人可也】 제사를 거를 수는 없음을 말함. 〈集註〉에 "已旣不克與而時, 又不
　可失, 則使他人攝之可也"라 함.

참고 및 관련 자료

1. 《禮記》祭統
故曰: 禘嘗之義大矣. 治國之本也, 不可不知也. 明其義者, 君也; 能其事者,
臣也. 不明其義, 君人不全; 不能其事, 爲臣不全. 夫義者, 所以濟志也, 諸德之
發也. 是故, 其德盛者, 其志厚. 其志厚者, 其義章. 其義章者, 其祭也敬. 祭敬,
則竟內之子孫莫不敬矣. 是故, 君子之祭也, 必身親涖之; 有故, 則使人可也.
雖使人也, 君不失其義者, 君明其義故也. 其德薄者, 其志輕, 疑於其義, 而求祭;
使之必敬也, 弗可得已. 祭而不敬, 何以爲民父母矣.

044(2-1-31)
제사에서 재계의 단계

○ 〈제의祭義〉에 말하였다.

제사의 기일이 다가오면 집안에서의 생활은 치재致齊하고, 바깥 생활에서는 산재散齊를 한다. 재계하는 날에는 부모님의 평소 거처하던 생활을 생각하고, 웃음과 말소리를 생각하며, 그 뜻과 의사를 떠올리며, 즐거워하시던 바를 생각하여 좋아하시던 기호를 떠올린다. 이렇게 재계한 지 사흘이 지나면 이에 재계한 내용이 드러나 보일 것이다. 제삿날이 되어 사당의 실내로 들어오면 아련히 그 신위에 모습을 틀림없이 보게 될 것이며, 한 바퀴 돌아 나올 때면 숙연히 그 용모와 음성이 틀림없이 들리게 될 것이다. 그리고 문을 나서서 들으면 개연愾然히 그 탄식하시는 소리를 틀림없이 듣게 될 것이다. 이러한 까닭으로 선왕先王께서 효를 실천하심에 어버이의 안색이 눈에서 잊히지 않으며, 어버이의 음성이 귀에서 끊어지지 않았으며, 어버이의 마음과 뜻, 기호와 하시고자 하시던 일이 자신의 마음에서 잊히지 않았던 것이다. 사랑을 다하면 실제처럼 존재는 것이요, 정성을 다하면 드러나는 것이다. 이처럼 잊지 않고 있는 마음에 존재하고 드러나는 것이니 어찌 경건함을 다하지 않을 수 있겠는가!

○ 〈祭義〉曰:「致齊於內, 散齊於外. 齊之日, 思其居處, 思其笑語, 思其志意, 思其所樂, 思其所嗜. 齊三日, 乃見其所爲齊者. 祭之日入室, 僾然必有見乎其位; 周還出戶, 肅然必有聞乎其容聲; 出戶而聽, 愾然必有聞乎其嘆息之聲. 是故先王之孝也, 色不忘乎目, 聲不絶

乎耳, 心志嗜欲不忘乎心. 致愛則存, 致慤則著. 著存不忘乎心, 夫安
得不敬乎!」

【祭義】《禮記》 제24번째 편명. 鄭玄의 《三禮目錄》에 "以其記祭祀齋戒薦羞之
　義也"라 하여 제사와 재계, 천수(종묘와 제사에 올리는 제수와 제물) 등에
　대한 뜻을 기록한 것으로 〈祭法〉(23)과 상호 보완을 이루고 있음.
【致齊】 '齊'는 '齋'와 같음. '재'로 읽음. 아래도 모두 '齋'자의 假借字임. 〈集註〉
　에 "致齊, 於內若心不苟慮之類"라 하여 안에서 재계하는 것.
【散齊】 밖의 생활에서 술이나 훈채 등을 마시거나 먹지 않으며 삼가는 행동.
　〈集註〉에 "散齊, 於外若不飮酒·不茹葷之類"라 함.
【入室】 제사를 위해 廟室로 들어감.
【優然】 비슷한 모습. 髣髴과 같음.
【周還】 '주선'으로 읽으며 周旋과 같음.
【不忘乎心】 〈集註〉에 "輔氏曰:「先王能存其心, 故親之容色, 自不忘乎目, 親之
　聲音, 自不絶乎耳, 親之心志嗜欲, 自不忘乎心.」"이라 함.
【著存】 나타나서 존재함. '著'는 '저'로 읽음.
＊〈集註〉에 "陳氏曰:「致愛, 極其愛親之心也; 致慤, 極其敬親之誠也. 存以
　上文三者, 不忘而言, 著以上文見乎其位, 以下三者而言.」 輔氏曰:「著存不忘
　乎心, 則洋洋乎如在其上, 如在其左右. 夫安得不敬乎!」"라 함.

1. 《禮記》 祭義

致齊於內, 散齊於外. 齊之日: 思其居處, 思其笑語, 思其志意, 思其所樂, 思其
所嗜. 齊三日, 乃見其所爲齊者. 祭之日: 入室, 優然必有見乎其位, 周還出戶,
肅然必有聞乎其容聲, 出戶而聽, 愾然必有聞乎其嘆息之聲. 是故, 先王之孝也,
色不忘乎目, 聲不絶乎耳, 心志耆欲不忘乎心. 致愛則存, 致慤則著. 著存不忘
乎心, 夫安得不敬乎?

2. 《家範》(4) 子上篇 司馬光

古之祭禮詳矣. 不可徧擧. 孔子曰:「祭如在君子, 死如事生, 事亡如事存, 齋三日,

乃見其所爲齋者. 祭之日: 樂如哀半, 饗之, 必樂已至, 必哀外盡物, 內盡志, 入室,
僾然必有見乎其位, 周還出戶, 肅然必有聞乎其容聲, 出戶而聽, 愾然必有聞乎
其嘆息之聲. 是故, 先王之孝也, 色不忘乎目, 聲不絶乎耳, 心志嗜欲不忘乎心.
致愛則存, 致愨則著. 著存不忘乎心, 夫安得不敬乎? 齊齊乎其敬也, 愉愉乎其
忠也. 勿勿諸其欲其饗之也. 詩曰:『神之格思, 不可度思, 矧可斁思.』此其大
畧也.」

045(2-1-32)
제기는 팔아먹지 않는다

○〈곡례曲禮〉에 말하였다.

"군자는 비록 가난하다 해도 제기祭器를 팔아먹지 않으며, 아무리 춥다
해도 제복祭服을 아무 때나 입지 않으며, 집을 짓겠다고 조상 무덤의 나무
를 베지는 않는다."

○〈曲禮〉曰:「君子雖貧不粥祭器, 雖寒不衣祭服, 爲宮室, 不斬
於邱木.」

【曲禮】《禮記》의 첫 번째 篇名으로 禮에 관한 節目과 여러 가지 상황에서
지켜야 할 도리를 낱낱이 적은 것으로 上下로 나뉘어져 있음. 鄭玄의 《三禮
目錄》에 "名曰曲禮者, 以其篇記五禮之事, 祭祀之說, 吉禮也; 喪荒去國之說,
凶禮也; 致貢朝會之說, 賓禮也; 兵車旌鴻之說, 軍禮也; 事長敬老執贄納女
之說, 嘉禮也"라 하였고, 陸德明은 《經傳釋文》에서 "曲禮者, 是儀禮之舊名,
委曲說禮之事"라 함.
【粥】'륙(鬻)'의 代替字. '팔다'(賣)의 뜻.
【宮室】집. 고대에는 일반 서민의 집도 모두 宮室이라 불렀음.
【邱木】'邱'는 조상의 분묘를 말함. 邱木으로도 표기하며 그 무덤가에 심어
놓은 나무.
＊〈集註〉에 "君子寧其身之困, 而不忍慢其先, 孝敬之至也"라 함.

1. 《禮記》 曲禮(下)

君子將營宮室: 宗廟爲先, 廏庫爲次, 居室爲後. 凡家造: 祭器爲先, 犧賦爲次, 養器爲後. 無田祿者不設祭器; 有田祿者, 先爲祭服. 君子雖貧, 不粥祭器; 雖寒, 不衣祭服; 爲宮室, 不斬於丘木.

046(2-1-33)
제기는 빌려 쓰지 않는다

○ 〈왕제王制〉에 말하였다.

"대부라면 제기를 빌려 쓰지 않는다. 제기가 아직 마련되지 않았는데도
연기燕器를 만들어서도 안 된다."

○ 〈王制〉曰:「大夫祭器不假, 祭器未成, 不造燕器.」

【王制】《禮記》 제5번째 편목. 고대 선왕들의 문물제도, 예악전장에 관한 내용
  을 모은 것임. 鄭玄의 《禮記目錄》에 "名曰王制者, 以其記先王班爵·授祿·祭祀·
  養老之法度"라 함.
【大夫】 경대부. 일반 서민과는 달리 백성의 모범이 되어야 하는 직책임을
  지칭한 것. 〈集註〉에 "大夫有田祿, 祭器當自具, 故不可造爲也"라 함.
【假】 임시로 빌려 사용함. '假'는 '借'와 같음.
【燕器】 평소 자신에게 편하게 살고자 만드는 그릇이나 도구들. 우선 제기
  부터 마련한 다음 그러한 것을 갖추어야 함을 말함.
＊〈集註〉에 "燕器, 自奉之器. 祭器未成, 則不造, 先神而後己也"라 함.

1. 《禮記》 王制

道路: 男子由右, 婦人由左, 車從中央. 父之齒隨行, 兄之齒雁行, 朋友不相踰.
輕任幷, 重任分, 斑白不提挈. 君子耆老不徒行, 庶人耆老不徒食. 大夫祭器不假.
祭器未成, 不造燕器.

047(2-1-34)
신체발부

○ 공자가 증자曾子에게 말하였다.

"신체발부身體髮膚는 부모로부터 받은 것이니 감히 훼상毁傷하지 아니하는
것이 효도의 시작이며, 자신을 세우고 도를 실천하여 후세에 그 이름을
드날려 이로써 부모님을 드러나도록 하는 것이 효의 마침이다. 무릇 효도란
어버이를 섬기는 데에서 시작하여 임금을 섬기고 그 중간에 할 일이며
자신을 세우는 것이 그 마침이다.

어버이를 사랑하는 사람은 감히 남을 미워할 수 없을 것이며, 어버이를
공경하는 자는 감히 남에게 오만하게 굴 수 없을 것이다. 사랑과 공경을
어버이 섬김에 다하면서 그 덕을 백성의 교화에 더한다면 사해四海에 법칙
이 될 것이니 이것이 바로 천자天子의 효이다.

윗자리에 있으면서 교만하지 아니하면 높은 자리에 있어도 위험하지
아니할 것이며 절제하고 조절하여 법도를 삼간다면 가득 찬 것을 가지고
있어도 넘치지 않을 것이다. 그런 연후에야 능히 그 사직社稷을 보전하여
그 백성들을 화목하게 할 수 있을 것이니 이것이 바로 제후諸侯의 효이다.

선왕先王이 제정한 의복제도가 아니면 감히 입지 아니하고, 선왕이 법
으로 여긴 말이 아니면 감히 말하지 아니하며, 선왕이 이루신 덕행이 아
니면 감히 실행하지 아니한 연후에야 능히 그 종묘宗廟를 보전할 수 있을
것이니 이것이 경대부卿大夫의 효이다.

효로써 임금을 섬기면 충성이 될 것이요, 공경으로써 어른을 섬기면
공순恭順이 될 것이니 충과 순을 잃지 않고 그 윗사람을 섬긴 연후에야
능히 그 제사를 지켜낼 수 있을 것이니 이것이 사士의 효이다.

하늘의 도를 사용하고 땅의 이익을 근거로 하며, 자신을 삼가고 비용을

절약하여 부모를 모셔야 하나니 이것이 서인庶人의 효이다.

그러므로 천자로부터 서인에 이르기까지 효에 대하여 끝마침과 시작을 제대로 하지 않았는데도 화환禍患이 그에게 미치지 않은 예란 있어본 적이 없었다."

○ 孔子謂曾子曰:「身體髮膚, 受之父母, 不敢毀傷, 孝之始也. 立身行道, 揚名於後世, 以顯父母, 孝之終也. 夫孝始於事親, 中於事君, 終於立身.

愛親者不敢惡於人, 敬親者不敢慢於人, 愛敬盡於事親, 而德敎加於百姓, 刑於四海, 此天子之孝也.

在上不驕, 高而不危; 制節謹度, 滿而不溢. 然後能保其社稷, 而和其民人, 此諸侯之孝也.

非先王之法服不敢服, 非先王之法言, 不敢道, 非先王之德行, 不敢行, 然後能保其宗廟, 此卿大夫之孝也.

以孝事君則忠, 以敬事長則順, 忠順不失, 以事其土, 然後能守其祭祀, 此土之孝也.

用天之道, 因地之利, 謹身節用, 以養父母, 此庶人之孝也.

故自天子至於庶人, 孝無終始, 而患不及者, 夫之有也」

【曾子】曾參. 자는 子輿. 南武城 사람으로 孔子의 수제자이며 효성으로 이름이 났었음. 아버지는 曾晳(曾點)이었으며 아들은 曾元이었음. 《孝經》을 정리한 것으로 알려짐.

【身體髮膚】이는 《孝經》 開宗明義章에 曾子의 질문에 孔子가 대답해준 내용임.

【中於事君】어버이를 섬겨 효도를 먼저 실행 다음 이를 바탕으로 임금을 섬기는 것이라는 뜻.

【刑于四海】刑은 法과 같음. 사해에 법과 모범이 됨. 〈集註〉에 "刑, 儀法也"
라 함. 〈集註〉에 "眞氏曰:「孝者, 不出乎愛敬而已. 推愛親之心以愛人, 而無所
疾惡; 推敬親之心以敬人, 而無所慢易. 則躬行於上而德敎, 自刑於天下之人,
無不皆愛敬其親矣.」此大孝尊親之事."라 함.

【法服】제도와 규정을 만들어 그에 맞는 복장.

【不敢道】'道'는 '言'과 같음.

【宗廟】조상의 신위를 모셔 제사를 받드는 곳.

【卿大夫】諸侯의 上大夫를 卿이라 하며 흔히 正卿의 수가 정해져 있었음.

【孝無終始】終始가 없다는 것은 連環을 이루어 계속 이어짐을 말함.

【未之有也】없다는 뜻을 강조하여 쓰는 말.

　＊〈集註〉에 "事親而不能有終有始, 災及其身必矣"라 함.

참고 및 관련 자료

1.《孝經》開宗明義章

仲尼居. 曾子侍. 子曰:「先王有至德·要道, 以順天下, 民用和睦, 上下無怨. 汝知
之乎?」曾子避席曰:「參不敏, 何足以知之?」子曰:「夫孝, 德之本也. 敎之所
由生也. 復坐! 吾語汝. 身體髮膚, 受之父母, 不敢毁傷, 孝之始也; 立身行道,
揚名於後世, 以顯父母, 孝之終也. 夫孝, 始於事親, 中於事君, 終於立身.〈大雅〉
云:『無念爾祖? 聿脩厥德.』」

2.《孝經》天子章

子曰:「愛親者, 不敢惡於人; 敬親者, 不敢慢於人. 愛敬盡於事親, 而德敎加
於百姓, 刑于四海, 蓋天子之孝也.〈甫刑〉云:『一人有慶, 兆民賴之.』」

3.《孝經》卿大夫章

「非先王之法服, 不敢服; 非先王之法言, 不敢道; 非先王之德行, 不敢行. 是故
非法不言, 非道不行; 口無擇言, 身無擇行. 言滿天下無口過, 行滿天下無怨惡.
三者備矣, 然後能守其宗廟, 蓋卿·大夫之孝也. 詩云:『夙夜匪懈, 以事一人.』」

4.《孝經》士章

「資於事父以事母, 而愛同; 資於事父以事君, 而敬同. 故母取其愛, 而君取其敬,
兼之者父也. 故以孝事君, 則忠; 以敬事長, 則順. 忠順不失, 以事其上, 然後能
保其祿位, 而守其祭祀, 蓋士之孝也.《詩》云:『夙興夜寐, 無忝爾所生.』」

5. 《**孝經**》庶人章

「用天之道, 分地之利, 謹身節用, 以養父母, 此庶人之孝也. 故自天子至於庶人, 孝無終始, 而患不及者, 未之有也.」

6. 《**家範**》(4) 子上篇 司馬光

經曰:「身體髮膚, 受之父母, 不敢毀傷, 孝之始也.」

7. 《**家範**》(5) 子下篇 司馬光

經曰:「立身行道, 揚名於後世, 以顯父母, 孝之終也.」又曰:「事親者, 居上不驕, 爲下不亂, 在醜不爭. 居上而驕則亡, 爲下而亂則刑, 在醜而爭則兵. 三者不除, 雖日用三牲之養, 猶爲不孝也.」

孝經注疏序

孝經者百行之宗五教之要自昔孔
子述作垂範將來奧旨微言已備解
論今特剪截元疏旁引諸書分義盡討
經會合歸趣一依講說次第解釋號
之爲講義也

翰林侍講學士朝請大夫守國子祭酒上柱國賜紫金
魚袋臣邢　昺　等奉　勅校定注疏
成都府學主鄉貢傅注
奉　右　撰

夫孝經者孔子之所述作也述作之旨者
昔聖人蘊大聖德生不偶時適值周室衰
微王綱失墜君臣僣亂禮樂崩穨居上位
者貴罰罰不行居下位者襃貶無作孔子遂
乃定禮樂刪詩書讚易道以明道德仁義
之源修春秋以正君臣父子之法又慮雖
知其法未知其行遂說孝經一十八章以
明君臣父子之行所寄知其法者修其行
知其行者謹其法故孝經緯曰孔子云欲
觀我襃貶諸侯之志在春秋崇人倫之行

《**孝經**》十三經注疏本

048(2-1-35)
패덕과 패례

○ 공자가 말하였다.

"부모님께서 나를 낳아주셨으니 나에게 있어서 대를 잇는 일보다 더 큰 일이란 없다. 임금과 어버이가 나를 직접 가르치고 다스리시니 후함이 이보다 더 중한 것은 없다. 이 까닭으로 그 어버이를 사랑하지 아니하면서 남을 사랑한다면 이를 일러 패덕悖德이라 하고, 그 어버이를 공경하지 아니하면서 남을 공경한다면 이를 일러 패례悖禮라 한다."

孔子像

○ 孔子曰:「父母生之, 續莫大焉; 君親臨之, 厚莫重焉. 是故不愛其親而愛他人者, 謂之悖德; 不敬其親而敬他人者, 謂之悖禮.」

【悖德】'悖'는 '逆'의 뜻. 위배됨. 悖逆스러움.
【臨之】임금은 백성인 나를 받아 다스려주고 어버이는 나를 기르고 가르쳐줌.
＊〈集註〉에 "眞氏曰:「父母生我者也, 我則嗣續乎父母者, 天性之恩, 孰大焉? 君之臨臣, 父之臨子, 所以治而敎之也. 其厚乎我, 孰重焉? 合君親而並言, 而見君臣其義一也.」"라 함.

1. 《孝經》 聖治章

曾子曰:「敢問聖人之德, 無以加於孝乎?」 子曰:「天地之性, 人爲貴; 人之行, 莫大於孝, 孝莫大於嚴父. 嚴父莫大於配天, 則周公其人也. 昔者, 周公郊祀后稷以配天, 宗祀文王於明堂以配上帝. 是以四海之內, 各以其職來祭. 夫聖人之德, 又何以加於孝乎? 故親生之膝下, 以養父母日嚴. 聖人因嚴以敎敬, 因親以敎愛. 聖人之敎, 不肅而成, 其政不嚴而治, 其所因者本也. 父子之道天性也, 君臣之義也. 父母生之, 續莫大焉; 君親臨之, 厚莫重焉. 故不愛其親而愛他人者, 謂之悖德; 不敬其親而敬他人者, 謂之悖禮. 以順則逆, 民無則焉. 不在於善, 而皆在於凶德, 雖得之, 君子不貴也. 君子則不然, 言思可道, 行思可樂. 德義可尊, 作事可法, 容止可觀, 進退可度, 以臨其民; 是以其民畏而愛之, 則而象之; 故能成其德敎, 而行其政令.《詩》云:『淑人君子, 其儀不忒.』」

2. 《家範》(1) 治家篇 司馬光

孔子曰:「不愛其親而愛他人者, 謂之悖德; 不敬其親而敬他人者, 謂之悖禮. 以順則逆, 民無則焉. 不在於善, 而皆在於凶德, 雖得之, 君子不貴也. 故欲愛其身而棄宗族, 烏在其能愛身也?」

049(2-1-36)
삼생으로 봉양한다 해도

○ 효자로서 부모를 섬김에는 평소 그 공경을 지극히 하고, 봉양함에는 그 즐거움을 지극히 해드리며, 병이 났을 때는 그 근심을 지극히 하며, 상을 당해서는 그 슬픔을 지극히 하고, 제사에는 그 엄숙함을 지극히 해야 한다. 이 다섯 가지를 구비한 연후에야 능히 어버이를 잘 모셨다 하는 것이다.

어버이를 섬기는 자는 남의 위에 있어도 교만하지 아니하며, 남의 아래에 있어도 패란한 짓을 하지 아니하며, 무리와 함께 하면서는 다투지 아니해야 한다. 윗자리에 있으면서 교만하면 망하고, 남 아래에 있으면서 패란한 짓을 하면 형벌을 받게 되며, 무리와 함께 하면서 다투면 흉기에 다치게 된다. 이 세 가지를 제거하지 아니하면 비록 날마다 삼생三牲으로써 봉양한다 해도 오히려 불효가 되고 마는 것이다.

○ 孝子之事親, 居則致其敬, 養則致其樂, 病則致其憂, 喪則致其哀, 祭則致其嚴, 五者備矣, 然後能事親.

事親者, 居上不驕, 爲下不亂, 在醜不爭. 居上而驕則亡, 爲下而亂則刑, 在醜而爭則兵. 三者不除, 雖日用三牲之養, 猶爲不孝也.

【亂】悖亂한 짓을 함.
【醜】‘類, 儔’ 등과 같음. 疊韻互訓. 무리들, 같은 부류의 동료를 뜻함.
【兵】병기, 흉기. 서로 싸우다가 흉기에 몸을 다침을 뜻함.

【三牲】소·양·돼지 셋을 잡아 대접을 하는 것.
＊〈集註〉에 "三者不除, 災將及親, 其爲不孝大矣. 口體之奉, 豈足贖哉!"
라 함.

1.《孝經》紀孝行章

子曰:「孝子之事親也, 居則致其敬, 養則致其樂, 病則致其憂, 喪則致其哀, 祭則
致其嚴. 五者備矣, 然後能事親. 事親者, 居上不驕, 爲下不亂, 在醜不爭. 居上
而驕則亡, 爲下而亂則刑, 在醜而爭則兵. 三者不除, 雖日用三牲之養, 猶爲不
孝也.」

2.《家範》(4) 子上篇 司馬光

君子之事親也, 居則致其敬, 養則致其樂, 病則致其憂, 喪則致其哀, 祭則致其嚴.

050(2-1-37)
다섯 가지 불효

○《맹자孟子》에 실려 있다.

"세속에 이른바 불효라는 것이 다섯 가지가 있으니 사지四支를 게을리 하면서 부모 봉양을 거들떠보지 않는 것이 첫째 불효이며, 노름에 빠지고 술 마시기를 좋아하면서 부모 봉양을 돌아보지 않는 것이 둘째 불효이며, 재물을 좋아하고 처자만을 사사롭게 잘해주면서 부모 봉양을 돌아보지 않는 것이 세 번째 불효이며, 이목耳目의 욕구에 방종하여 이것이 부모에게 치욕이 되도록 하는 것, 이것이 네 번째 불효이며, 용맹을 좋아하여 싸움이나 일삼아 부모를 위험에 빠뜨리는 것, 이것이 다섯 번째 불효이다."

○《孟子》曰:「世俗所謂不孝者五:

惰其四支, 不顧父母之養, 一不孝也.

博奕好飮酒, 不顧父母之養, 二不孝也.

好貨財, 私妻子, 不顧父母之養, 三不孝也.

從耳目之欲, 以爲父母戮, 四不孝也.

好勇鬪狠, 以危父母, 五不孝也.」

【四支】四肢와 같음. 전혀 손발을 놀리지 아니하고 게으름을 뜻함.
【博奕】장기나 바둑 따위. '奕'은 '弈'으로도 표기함.〈集註〉에 "博, 局戲, 弈 圍 碁"라 함.
【私妻子】사사롭게 아내와 자식만 위해 잘 해주면서 부모는 멀리함.

【從】‘縱’과 같음.

【耳目】〈集註〉에 “耳欲聲, 目欲色也”라 함.

【戮】恥辱을 뜻함.

【狠】‘한’으로 읽으며 忿戾함을 뜻함.

＊〈集註〉에 “新安陳氏曰:「五不孝之序, 從輕漸說至重.」”이라 함.

1.《孟子》離婁(下)

公都子曰:「匡章, 通國皆稱不孝焉. 夫子與之遊, 又從而禮貌之, 敢問何也?」

孟子曰:「世俗所謂不孝者五: 惰其四支, 不顧父母之養, 一不孝也; 博弈好飮酒, 不顧父母之養, 二不孝也; 好貨財, 私妻子, 不顧父母之養, 三不孝也; 從耳目之欲, 以爲父母戮, 四不孝也; 好勇鬪很, 以危父母, 五不孝也. 章子有一於是乎? 夫章子, 子父責善而不相遇也. 責善, 朋友之道也; 父子責善, 賊恩之大者. 夫章子, 豈不欲有夫妻子母之屬哉? 爲得罪於父, 不得近. 出妻屛子, 終身不養焉. 其設心以爲不若是, 是則罪之大者, 是則章子已矣.」

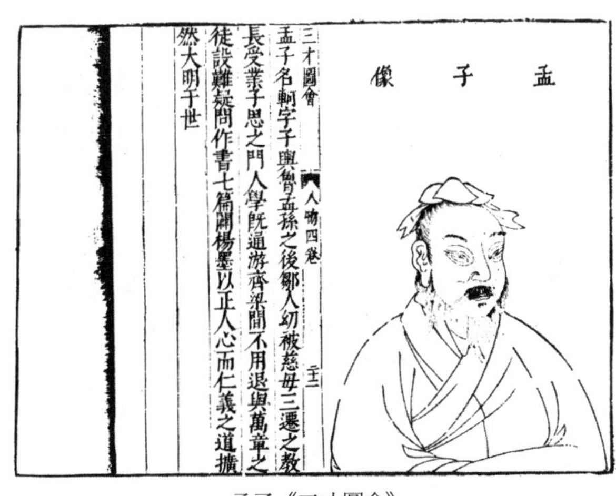

孟子《三才圖會》

051(2-1-38)
완수해야 할 다섯 가지 효도

○ 증자曾子가 말하였다.

"나의 몸이란 부모가 남겨주신 물체이다. 부모님께서 남겨주신 물체를 행사하면서 감히 공경스럽게 여기지 않을 수 있겠는가! 평소 거처에서 장중히 하지 않는다면 이는 효가 아니며, 임금을 섬기면서 충성되지 않는다면 이는 효가 아니며, 관직에 임하여 경건히 하지 않는다면 이는 효가 아니며, 친구를 사귀면서 믿음이 없다면 이는 효가 아니며, 전쟁과 진영에서 용맹을 떨치지 않는다면 이는 효가 아니다. 이 다섯 가지를 제대로 완수하지 못하면 그 재앙이 어버이에게 이를 것이니 감히 공경을 다하지 않을 수 있겠는가!"

○ 曾子曰:「身也者, 父母之遺體也, 行父母之遺體, 敢不敬乎! 居處不莊, 非孝也; 事君不忠, 非孝也; 莅官不敬, 非孝也; 朋友不信, 非孝也; 戰陳無勇, 非孝也. 五者不遂, 裁及其親, 敢不敬乎!」

【曾子】曾參. 자는 子輿. 南武城 사람으로 孔子의 수제자이며 효성으로 이름이 났었음. 아버지는 曾晳(曾點)이었으며 아들은 曾元이었음.《孝經》을 정리한 것으로 알려짐.
【遺體】부모님에게 물려받은 몸.
【莅】'蒞'로도 표기하며 '臨'과 같음. 雙聲互訓.

【陳】陣과 같음. 고대 ‘陣’은 모두 ‘陳’자로 표기하였으며 東晉 王羲之에
이르러 ‘陣’자를 달리 써서 陣營, 軍陣의 의미로 구분하였다 함. 《顔氏
家訓》書證篇 참조.

【裁】‘災, 灾’와 같음. 災殃을 의미함.

＊〈集註〉에 “曰莊曰忠曰敬曰信曰勇, 皆持身以敬也. 一有不敬, 小則欲親, 大則
禍親矣”라 함.

1. 《禮記》祭義

曾子曰:「身也者, 父母之遺體也. 行父母之遺體, 敢不敬乎? 居處不莊, 非孝也;
事君不忠, 非孝也; 涖官不敬, 非孝也; 朋友不信, 非孝也; 戰陳無勇, 非孝也;
五者不遂, 裁及於親, 敢不敬乎? 亨孰饘薌, 嘗而薦之, 非孝也, 養也. 君子之
所謂孝也者, 國人稱願然曰: 幸哉有子! 如此, 所謂孝也已. 衆之本敎曰孝, 其行
曰養. 養, 可能也, 敬爲難; 敬, 可能也, 安爲難; 安, 可能也, 卒爲難. 父母旣沒,
愼行其身, 不遺父母惡名, 可謂能終矣. 仁者, 仁此者也; 禮者, 履此者也; 義者,
宜此者也; 信者, 信此者也; 强者, 强此者也. 樂自順此生, 刑自反此作.」

2. 《家範》(5) 子下篇 司馬光

曾子曰:「身也者, 父母之遺體也, 行父母之遺體, 敢不敬乎! 居處不莊, 非孝也;
事君不忠, 非孝也; 莅官不敬, 非孝也; 朋友不信, 非孝也; 戰陳無勇, 非孝也.
五者不備, 裁及其親, 敢不敬乎!」

052(2-1-39)
오형

○ 공자가 말하였다.
"오형五刑에 속하는 것이 3천 가지나 되지만 불효보다 더 큰 것은 없다."

○ 孔子曰:「五刑之屬三千, 而罪莫大於不孝」

【五刑】 墨刑·의형(劓刑)·荆刑·宮刑·大辟. 묵형은 이마에 문신을 하여 죄인임을 나타내는 것(刺面). 의형은 코를 베는 것(割鼻). 비형은 刖刑이라고도 하며 뒤꿈치를 자르는 것(刖足). 궁형은 생식기를 제거하는 것(去勢). 대벽은 사형. 고대의 아주 큰 다섯 가지 형벌.
【三千】 고대 오형에 속한 범죄의 가짓수가 3천여 가지나 되었음을 말함. 《尚書》呂刑篇 참조.
＊〈集註〉에 "刑所以罰惡, 惡莫大於不孝, 故罪亦莫大於不孝"라 함.

1.《孝經》五行章
子曰:「五刑之屬三千, 而罪莫大於不孝. 要君者無上, 非聖人者無法, 非孝者無親, 此大亂之道也.」
2.《尚書》呂刑
墨罰之屬千, 劓罰之屬千, 荆罰之屬五百, 宮罰之屬三百, 大辟之罰, 其屬二百, 五刑之屬三千. 上下比罪, 無僭亂辭. 勿用不行, 惟察惟法, 其審克之.

3.《家範》⑷ 子上篇 司馬光

又曰:「五刑之屬三千, 而罪莫大於不孝.」

〈吊人銅矛〉(서한) 1956 雲南 晉寧縣 滇王墓 출토

右明父子之親

이상은 부자지친父子之親의 내용을 밝혀 설명한 것이다.

2. 명군신지의 明君臣之義

　‘군신君臣’ 사이는 ‘의義’로써 맺어진 것으로 그 때문에 의義의 여부에 따라 끊어지거나 거부할 수도 있다. 따라서 그 사이를 잇는 것은 오직 ‘의義’일 뿐이므로 옳고 바르게 상하의 개념이 설정되어야 하는 것이다.

　본 편은 이를 설명한 것으로 모두 20장으로 이루어져 있다.

〈七牛虎耳銅貯貝器〉(서한) 1956 雲南 晉寧縣 滇王墓 출토

053(2-2-1)
임금을 뵙기 전의 준비

《예기禮記》에 실려 있다.

"장차 임금이 계신 곳에 가기로 되어 있으면 미리 재계齊戒하고, 외침外寢에서 목욕하고 나면, 사史가 상홀象笏을 올린다. 거기에 임금에게 진언한 말과 명령에 대답할 내용을 적는다. 이윽고 옷을 입고 자신의 용모와 의관儀觀, 패옥 소리 등을 연습하고 나서 이에 출발한다."

《禮記》曰:「將適公所, 宿齊戒, 居外寢沐浴. 史進象笏, 書思對命. 旣服, 習容觀玉聲, 乃出.」

【禮記】三禮(禮記·儀禮·周禮) 중에 체계를 갖추지 아니하고 學術, 禮俗 등을 잡다하게 모은 것으로 공자 제자들이 輯錄한 것으로 보고 있음. 漢代에 이르러 《大戴禮記》(戴德)와 《小戴禮記》(戴聖)가 있었으며 대대가 古禮 204편을 85편으로 줄이고, 다시 소대가 49편으로 줄여 지금의 《예기》가 이루어진 것으로 보고 있음. 그러나 이설이 많아 정확한 編定 과정은 자세히 알 수 없음.
【公所】임금이 계신 곳. 임금이 행정을 처리하는 곳.
【宿】미리 대비하여 기다림. 〈集註〉에 "宿, 前期也"라 함.
【齊戒】齋戒와 같음. 齊는 '재'(莊皆切)로 읽음. 재계는 몸을 정결히 하고 마음을 경건히 하여 어떤 일에 대비하거나 기다리는 자세.
【外寢】임금의 공소 밖에 있는 방으로 대기실을 의미함.
【史】文史를 관장하는 사람.

【笏】임금의 지시를 받아 적기 위한 상아, 옥, 대나무 등으로 만든 板. 〈集註〉
에 "笏者, 忽也. 書事以備忽忘者也"라 함. '象笏'은 象牙로 만든 홀.
【容觀】임금 앞에 보일 자신의 용모와 觀態, 儀觀.
【玉聲】자신이 차고 있는 옥에서 나는 소리.

참고 및 관련 자료

1.《禮記》玉藻

將適公所, 宿齊戒, 居外寢, 沐浴, 史進象笏, 書思對命, 旣服, 習容觀玉聲, 乃出,
揖私朝, 煇如也, 登車則有光矣.

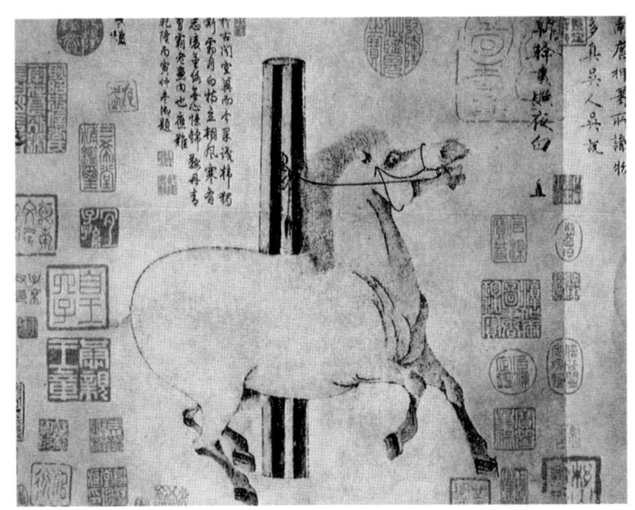

〈照夜白圖〉韓幹(唐) 미국 뉴욕메트로미술관 소장

054(2-2-2)
임금의 심부름

○ 〈곡례曲禮〉에 말하였다.

"무릇 임금의 심부름을 맡은 자는 명을 받기를 마치면 임금의 말씀을
자신의 집에 묵혀두지 않는다. 그리고 임금의 말씀을 받을 집에서는 사신
을 통해 임금의 말씀이 다다르면 주인은 나가서 임금께서 욕되게 말씀을
내려주심에 절을 하고 받으며, 그 사신이 돌아갈 때면 반드시 문 밖까지
배웅을 해야 한다. 만약 사람을 시켜 임금에게 심부름을 보내야 할 경우가
있다면 반드시 조복을 입고 이를 명해야 하며, 그 심부름꾼이 돌아왔을
때는 반드시 뜰아래에 내려서서 임금의 회답 명령을 받아야 한다."

○ 〈曲禮〉曰:「凡爲君使者, 已受命, 君言不宿於家, 君言至, 則主
人出拜君言之辱, 使者歸, 則必拜送于門外. 若使人於君所, 則必
朝服而命之, 使者反, 則必下堂而受命.」

【曲禮】《禮記》의 첫 번째 篇名으로 禮에 관한 節目과 여러 가지 상황에서
　　지켜야 할 도리를 낱낱이 적은 것으로 上下로 나뉘어져 있음. 鄭玄의 《三禮
　　目錄》에 "名曰曲禮者, 以其篇記五禮之事, 祭祀之說, 吉禮也; 喪荒去國之說,
　　凶禮也; 致貢朝會之說, 賓禮也; 兵車旌鴻之說, 軍禮也; 事長敬老執贄納女
　　之說, 嘉禮也"라 하였고, 陸德明은 《經傳釋文》에서 "曲禮者, 是儀禮之舊名,
　　委曲說禮之事"라 함.
【宿】묵힘. 임금의 심부름 업무를, 맡은 이튿날 그 일을 해도 된다고 여길
　　수 없음.

【主人】왕의 명령을 사신을 통해 받게 되는 자를 말함.
【朝服】임금 앞에서 조회할 때의 正服. 禮服.
＊〈集註〉에 "陳氏曰:「至則拜命, 歸則拜送, 皆敬君也.」"라 함.

참고 및 관련 자료

1.《禮記》曲禮(上)

凡爲君使者, 已受命, 君言不宿於家. 君言至, 則主人出拜君言之辱; 使者歸,
則必拜送於門外. 若使人於君所, 則必朝服而命之; 使者反, 則必下堂而受命.

孔子墓(산동 곡부)

055(2-2-3)
임금이 부르신 국빈

○ 임금이 불러 국빈을 접대하는 임무를 맡기면, 얼굴빛을 긴장시켰으며 걸음도 조심하였다. 서로 마주하여 서서 읍을 하되 좌우의 손을 잡고 옷의 앞과 뒤를 가지런히 하며, 빠른 걸음으로 나갈 때에는 날개를 편 것 같이 하였다. 손님이 물러가고 나면 반드시 이렇게 복명復命을 하였다.
"손님이 뒤돌아봄이 없이 잘 갔습니다."

○《論語》曰: 君召使擯, 色勃如也, 足躩如也. 揖所與立, 左右手, 衣前後, 襜如也. 趨進, 翼如也. 賓退, 必復命曰:「賓不顧矣.」

【擯】 손님을 접대함. 그 임무.
【勃如】 얼굴을 변하여 상기된 모습. 긴장된 모습.
【足躩】 조심스럽게 빨리 걷는 것. 皇侃의 《論語義疏》에 江熙의 말을 引用하여 「不暇閒步, 躩, 速貌也」라 함. 躩은 음이 '확.' 본음은 '각.'
【趨進】 臧琳의 《經義雜記》에 「史記孔子世家作沒階趨進; 儀禮聘禮注引論語同. 趨進者, 趨前之謂也. 進字不作入字解, 舊有此字, 非誤」라 함.
＊〈集註〉에 "此一節, 記孔子爲君擯相之容"이라 함.

참고 및 관련 자료

1. 《論語》鄕黨篇
君召使擯, 色勃如也, 足躩如也. 揖所與立, 左右手, 衣前後, 襜如也. 趨進, 翼如也. 賓退, 必復命曰:「賓不顧矣.」

056(2-2-4)
궁궐에서의 예절

○ 궁문에 들어서서는 국궁鞠躬하되 마치 용납지 못할 듯이 하였다. 문의 중간에 서지 아니하며, 드나들 때에는 문지방을 밟지 않았다. 자리를 지나갈 경우에는 긴장하여 걸음이 조심스럽고, 그 언어는 마치 족하지 못한 듯 아끼었다. 옷의 아랫자락을 잡고 당에 올라서는 국궁하며 숨을 막아 마치 숨 쉬지 않는 듯이 하였다. 나와서는 섬돌 한 층을 내려서서 안색을 펴고 편안한 모습을 하였다. 계단을 다 내려와서는 빠른 걸음으로 날개를 편 듯이 하였다. 자신의 자리에 돌아와서도 축척踧踖하는 모습이었다.

○ 入公門, 鞠躬如也, 如不容. 立不中門, 行不履閾. 過位, 色勃如也, 足躩如也, 其言似不足者. 攝齊升堂, 鞠躬如也, 屛氣似不息者. 出, 降一等, 逞顏色, 怡怡如也. 沒階, 趨進翼如也. 復其位, 踧踖如也.

【公門】임금이 계신 宮門. 관공서의 대문, 정문.
【鞠躬】허리를 굽혀 절하는 모습. 雙聲語. 혹은 謹愼恭敬히 하는 모습일 뿐, 허리를 굽히는 것은 아니라고도 함(楊伯峻).
【閾】문지방. 門坎. 음은 '역.'
【過位】임금의 자리를 지나갈 때.
【踧踖】긴장과 공경을 다하는 모습을 나타내는 雙聲連綿語로써 '축척'으로 읽음.
＊〈集註〉에 "此一節, 記孔子在朝之容"이라 함.

1.《論語》鄉黨篇

入公門, 鞠躬如也, 如不容. 立不中門, 行不履閾. 過位, 色勃如也, 足躩如也, 其言似不足者. 攝齊升堂, 鞠躬如也, 屏氣似不息者. 出, 降一等, 逞顔色, 怡怡如也. 沒階, 趨進翼如也. 復其位, 踧踖如也.

2.《論語》鄉黨篇

朝, 與下大夫言, 侃侃如也; 與上大夫言, 誾誾如也. 君在, 踧踖如也, 與與如也.

057(2-2-5)
임금이 하사한 수레나 말

○《예기禮記》에 기록되어 있다.

"임금께서 수레나 말을 하사하시면 절하고 받아 이튿날 타고 가서 하사하심에 인사를 올린다. 의복을 하사하시면 역시 즉시 절하며 받고 이튿날 입고 가서 하사하신에 감사의 인사를 올린다. 임금의 명령이 없으면 감히 즉시 수레에 오르거나 옷을 입지 못한다."

○《禮記》曰:「君賜車馬, 乘以拜賜; 衣服, 服以拜賜. 君未有命, 弗敢卽乘服也.」

【禮記】 三禮(禮記·儀禮·周禮) 중에 체계를 갖추지 아니하고 學術, 禮俗 등을 잡다하게 모은 것으로 공자 제자들이 輯錄한 것으로 보고 있음. 漢代에 이르러 《大戴禮記》(戴德)와 《小戴禮記》(戴聖)가 있었으며 대대가 古禮 204편을 85편으로 줄이고, 다시 소대가 49편으로 줄여 지금의 《예기》가 이루어진 것으로 보고 있음. 그러나 이설이 많아 정확한 編定 과정은 자세히 알 수 없음.

【乘而拜賜】 임금이 하사한 수레를 절하고 받으며 이튿날 이를 타고 다시 임금께 가서 고마움을 표함. 〈集註〉에 "陳氏曰:「君賜及門, 旣拜受矣. 明日又乘服詣君所, 而拜謝其賜, 敬之至也.」"라 함.

【未有命】 수레나 의복을 가지고 있더라도 임금이 허락을 하지 아니하면 타거나 입을 수 없음.

＊〈集註〉에 "輔氏曰:「君雖賜之, 而未有命使之乘服, 則亦不敢卽乘服也. 意者, 古之人君賜臣下以車服, 又必命之乘服與.」"라 함.

1. 《禮記》玉藻

君賜車馬, 乘以拜賜; 衣服, 服以拜賜; 君未有命, 弗敢卽乘服也. 君賜, 稽首,
據掌致諸地; 酒肉之賜, 弗再拜. 凡賜, 君子與小人不同日.

058(2-2-6)
임금이 하사한 과일

○ 〈곡례曲禮〉에 말하였다.
"임금 앞에서 과일을 하사받았을 때는 그것이 씨가 있는 것일 경우 그 씨를 몸에 품고 간직한다."

○ 〈曲禮〉曰:「賜果於君前, 其有核者, 懷其核.」

【曲禮】《禮記》의 첫 번째 篇名으로 禮에 관한 節目과 여러 가지 상황에서 지켜야 할 도리를 낱낱이 적은 것으로 上下로 나뉘어져 있음. 鄭玄의 《三禮目錄》에 "名曰曲禮者, 以其篇記五禮之事, 祭祀之說, 吉禮也; 喪荒去國之說, 凶禮也; 致貢朝會之說, 賓禮也; 兵車旌鴻之說, 軍禮也; 事長敬老執贄納女之說, 嘉禮也"라 하였고, 陸德明은 《經傳釋文》에서 "曲禮者, 是儀禮之舊名, 委曲說禮之事"라 함.
【核】과일의 씨.
【懷其核】임금이 내려주심을 공경하는 뜻으로 그 씨를 마구 버리지 않음.
＊〈集註〉에 "敬君賜也"라 함.

참고 및 관련 자료

1. 《禮記》曲禮(上)
長者賜, 少者賤者不敢辭. 賜果於君前, 其有核者懷其核.

059(2-2-7)
# 임금을 모시고 식사를 할 때

○ 임금을 모시고 식사를 할 때 임금께서 나머지를 내려주시면 씻을 수 있는 그릇일 경우 이를 옮겨 담지 아니하며, 그 외의 그릇일 경우 이를 모두 옮겨 담아 먹는다.

○ 御食於君, 君賜餘, 器之漑者不寫, 其餘皆寫.

【漑】그릇을 씻음. 洗滌. 〈集註〉에 "陶器木器, 可以洗滌, 則就本器食之; 若萑竹所織之器, 不可洗滌, 則傾寫於別器而食之. 陳氏曰:「不欲口澤之瀆也.」"라 함.

【寫】'瀉'와 같음. 기울여 옮겨 담음.

* 〈集註〉에 "陳氏曰:「不欲口澤之瀆也.」"라 함.

참고 및 관련 자료

1.《禮記》曲禮(上)

御食於君, 君賜餘, 器之漑者不寫, 其餘皆寫. 餕餘不祭. 父不祭子, 夫不祭妻.

060(2-2-8)
임금이 내리신 음식과 날고기

○ 임금이 음식을 내리면 반드시 자리를 바르게 하고 먼저 맛을 보았으며, 임금이 날고기를 내리면 반드시 익혀 이를 조상신에게 올렸다. 임금이 살아 있는 것을 내리면 반드시 이를 길렀다.

○《論語》曰:「君賜食, 必正席先嘗之. 君賜腥, 必熟而薦之. 君賜生, 必畜之.」

【腥】生肉을 뜻. 고대 제사를 지낸 뒤 임금이 신하에게 내리는 고기.
【薦】祖上의 祠堂에 바침.
＊〈集註〉에 “朱子曰:「食恐或餕, 故不以薦, 正席先嘗, 如對君也. 言先嘗, 則餘當頒賜矣. 腥, 生；肉, 熟.

〈食肉串圖〉嘉峪關 魏晉 6호묘 벽화

而薦之祖考, 榮君賜也. 畜之者, 人君之惠, 無故不敢殺也.」”라 함.

참고 및 관련 자료

1.《論語》鄕黨篇
君賜食, 必正席先嘗之. 君賜腥, 必熟而薦之. 君賜生, 必畜之.

061(2-2-9)
임금의 제례

○ 임금을 모시고 식사를 할 경우에는, 임금이 제례를 행하는 사이에 먼저 맛을 보았다.

○ 侍食於君, 君祭, 先飯.

【先飯】 먼저 맛을 보아 이상의 유무를 점검함.
【祭】 처음 음식을 만든 인류의 조상에게 감사하는 뜻을 표함을 말함. 〈集註〉에 "祭謂祭先代始爲飮食之人"이라 함.
＊〈集註〉에 "朱子曰：「侍食者, 君祭, 則己不祭而先飯, 若爲君嘗食, 然不敢當客禮也.」"라 함.

> 참고 및 관련 자료

1. 《論語》鄕黨篇
侍食於君, 君祭, 先飯.

062(2-2-10)
공자를 문병 온 임금

○ 공자가 병이 나서 임금이 문병을 오자, 머리를 동쪽으로 하고 조복을
위에 걸치고 띠를 그 위에 얹었다.

○ 疾, 君視之, 東首, 加朝服, 拖紳.

【東首】 고대 병자는 머리를 동쪽으로 하고 임금은 문안을 와서 서쪽을 향해
앉음. 〈集註〉에 "朱子曰:「東首以受生氣也」"라 함.
【拖紳】 拖는 '얹다'의 뜻. 紳은 고대 관직을 가진 자가 띠던 폭이 넓은 허리 띠.
＊〈集註〉에 "病臥不能著衣束帶, 又不可以褻服見君. 故加朝服於身, 又引大
帶於上也"라 함.

참고 및 관련 자료

1. 《論語》鄉黨篇
疾, 君視之, 東首, 加朝服, 拖紳.

063(2-2-11)
임금이 부르실 때

○ 임금이 명하여 부르면 수레의 준비를 기다리지 않고 서둘러 나섰다.

○ 君命召, 不俟駕行矣.

【駕】 수레에 멍에를 매어 준비함. 여기서는 그러한 시간까지 기다리지 않고 서둘러 나섰음을 뜻함. 〈集註〉에 "朱子曰:「急趨君命行出, 而駕車隨之.」"라 함.
＊〈集註〉에 "此四條, 皆記孔子事君之禮"라 함.

참고 및 관련 자료

1.《論語》鄕黨篇
君命召, 不俟駕行矣.
2.《孟子》公孫丑(下)
景子曰:「否. 非此之謂也. 禮曰:『父召無諾; 君命召, 不俟駕.』固將朝也, 聞王命而遂不果, 宜與夫禮若不相似然.」
3.《孟子》萬章(下)
萬章曰:「孔子, 君命召, 不俟駕而行. 然則孔子非與?」

064(2-2-12)
길월

○ 길월吉月에는 반드시 조복을 입고 하례에 참석하였다.

○ 吉月, 必朝服而朝.

【吉月】 매월 초하루. 月朔을 뜻함(王引之 《經義述聞》·兪樾 《群經平議》). 한 달에 한 번씩 거행되는 조회.
【朝服】 조회에 참석할 때 입는 正服.
＊〈集註〉에 "朱子曰:「吉月, 月朔也. 孔子在魯致仕時如此.」"라 함.

[참고 및 관련 자료]

1. 《論語》 鄕黨篇
吉月, 必朝服而朝.

孔廟大文 (산동 곡부)

065(2-2-13)
상하가 능히 친할 수 있도록

○ 공자가 말하였다.

"군자가 그 윗사람을 모심에는 나가서는 충성을 다할 것을 생각하고 물러나서는 자신의 허물을 고칠 것을 생각하여 장차 그 아름다운 미덕에 따르고 그 악에 대하여는 바로잡아주고 구제해 준다. 그러므로 상하가 능히 서로 친히 할 수 있는 것이다."

○孔子曰:「君子事君, 進思盡忠, 退思補過, 將順其美, 匡救其惡, 故上下能相親.」

【事君】임금을 모심.
【進】임금에게 나가 알현함. 벼슬길에 나감을 뜻함.
【退】물러나 집에 거함. 벼슬길에서 물러남을 뜻함.
【匡救其惡】그 악함을 바르게 고쳐주고 구제해줌. '匡'은 糾正을 뜻함.

참고 및 관련 자료

1.《孝經》事君章
子曰:「君子之事上也. 進思盡忠, 退思補過, 將順其美, 匡救其惡, 故上下能相親也.《詩》云:『心乎愛矣, 遐不謂矣; 中心藏之, 何日忘之!』

066(2-2-14)
임금과 신하

○ "임금이 신하를 부리되 예로써 하고, 신하는 임금을 섬기되 충으로써 해야 하지요."

○「君使臣以禮, 臣事君以忠」

【禮·忠】〈集註〉에 "朱子曰:「二者皆理之當然, 若欲自盡而已.」"라 함.

참고 및 관련 자료

1. 《論語》八佾篇
定公問:「君使臣, 臣事君, 如之何?」孔子對曰:「君使臣以禮, 臣事君以忠.」

067(2-2-15)
대신

○ 대신大臣이란 도道로써 임금을 섬기되 불가하면 그만두는 것이다.

○ 大臣以道事君, 不可則止.

【大臣】'具臣'과 상대되는 말. '具臣'이란 臣下의 숫자에 맞추어 있을 뿐 큰
임무는 수행하지 못하는 평범한 신하를 말함.
【不可則止】가능하지 않다고 여기면 그쳐야 함.
＊〈集註〉에 "朱子曰:「'以道事君'者, 不從君之欲; '不可則止'者, 必行己
之志.」又曰:「不可則止, 謂不合則去也.」"라 함.

참고 및 관련 자료

1. 《論語》先進篇
季子然問:「仲由·冉求可謂大臣與?」子曰:「吾以子爲異之問, 曾由與求之問.
所謂大臣者, 以道事君, 不可則止. 今由與求也, 可謂具臣矣.」曰:「然則從之
者與?」子曰:「弒父與君, 亦不從也.」

068(2-2-16)
임금 섬기는 일

○ 자로子路가 임금 섬기는 일을 여쭙자, 공자가 이렇게 말하였다.
"속임이 없도록 하라, 그러고 나서 얼굴을 붉히는 간쟁이 있어야 한다."

○ 子路問事君. 子曰:「勿欺也, 而犯之.」

【子路】仲由. 공자 제자.
【犯之】임금의 잘못에 과감히 그 안색을 침범함. 諫言을 뜻함.
＊〈集註〉에 "朱子曰:「犯, 謂犯顔諫爭.」"이라함.

〈子路〉

참고 및 관련 자료

1. 《論語》憲問篇
子路問事君. 子曰:「勿欺也, 而犯之.」
2. 《禮記》檀弓(上)
「事君有犯而無隱.」

069(2-2-17)
함께 임금을 섬길 수 없는 자

○ 공자가 말하였다.

"비루한 자와 함께 임금을 섬길 수 있겠는가? 벼슬을 얻지 못하였을 때에는 얻겠다고 안달하고, 이미 얻고 나서는 잃을까 봐 안달하느니라. 이렇게 진실로 잃을까 걱정만 하는 자라면 하지 못할 짓이 없게 된다."

○ 鄙夫, 可與事君也與哉? 其未得之也, 患得之; 旣得之, 患失之. 苟患失之, 無所不至矣.

【鄙夫】 비루한 사나이. 庸惡陋劣함을 뜻함.
【患得之】 王符의 《潛夫論》 愛日篇에 「孔子疾夫未之得也, 患不得之; 旣得之, 患失之者」라 하여 「患不得之」로 보았으며, 《荀子》 子道篇과 《說苑》 雜言篇에도 「孔子曰: 小人者, 其未得也, 則憂不得; 旣已得之, 又恐失之」라 하였음. 宋代 沈作喆의 《寓簡》에도 역시 「東坡解云: 患得之, 當作患不得之」라 하여, '얻지 못함을 걱정하다'의 뜻으로 보았음. 그러나 여기서는 "얻겠다고 걱정하다"로 풀이하였음. 그밖에 臧琳의 《經義雜言》에도 「古人之言, 多氣急而文簡: 如論語『其未得之也, 患得之』, 以『得』爲『不得』; 猶尙書以『可』爲『不可』」라 함.
＊〈集註〉에 "朱子曰:「小則吮癰舐痔, 大則弑父與君, 皆生於患失而已.」"라 함.

1. 《論語》陽貨篇

子曰:「鄙夫, 可與事君也與哉? 其未得之也, 患得之; 旣得之, 患失之. 苟患失之,
無所不至矣.」

070(2-2-18)
임금 섬기는 세 가지 표준

○《맹자孟子》에 말하였다.

"임금에게 해내기 어려운 것을 책임지우는 것을 일러 공恭이라 하고, 선을 펼쳐 사악함을 막도록 하는 것을 일러 경敬이라 하며, 우리 임금은 해낼 수 없다고 여기는 것을 일러 적賊이라 한다."

○《孟子》曰：「責難於君, 謂之恭; 陳善閉邪, 謂之敬; 吾君不能, 謂之賊.」

【責難】堯舜과 같은 덕정을 베풀기를 요구하며 책임을 지움.
【閉邪】임금이 사악함에 빠지지 않도록 미리 예방해줌.
【不能】우리 임금은 그렇게 하지 못할 것이라 미리 단정함.
＊〈集註〉에 "范氏曰：「人臣以難事責於君, 使其君爲堯舜之君者, 尊君之大也; 開陳善道以禁閉君之邪心, 唯恐其君或陷於有過之地者, 敬君之至也; 謂其君不能善道而不以告者, 賊害其君之甚也.」"라 함.

1.《孟子》離婁(上)

事君無義, 進退無禮, 言則非先王之道者, 猶沓沓也. 故曰：『責難於君謂之恭, 陳善閉邪謂之敬, 吾君不能謂之賊.』

071(2-2-19)
관직이 맞지 않으면

○ 관직을 가지고 직책을 지키는 자는 그 직책에 맞지 않으면 떠나야 하고, 말로써 자신의 책임을 다해야 하는 자는 그 말이 맞지 않으면 떠나야 한다.

○ 有官守者, 不得其職則去; 有言責者, 不得其言則去.

【官守】 관직을 지키는 것으로써 자신의 직책을 다해야 하는 자. 〈集註〉에 "朱子曰:「官守, 以官爲守者.」"라 함.
【言責】 말로 자신의 업무를 다해야 하는 직책.
＊〈集註〉에 "言責, 以言爲責者"라 함.

참고 및 관련 자료

1.《孟子》公孫丑(下)
公都子以告. 曰:「吾聞之也: 有官守者, 不得其職則去; 有言責者, 不得其言則去. 我無官守, 我無言責也, 則吾進退, 豈不綽綽然有餘裕哉?」

072(2-2-20)
충신과 열녀

○ 왕촉王蠋이 말하였다.

"충신은 두 임금을 섬기지 아니하고, 열녀는 두 지아비를 바꾸어 모시지
아니한다."

○ 王蠋曰:「忠臣不事二君, 烈女不更二夫.」

【王蠋】戰國 시대 齊나라 畫邑 사람으로 고결한 절개를 가지고 있었음. 燕
　　나라 장수 樂毅의 유혹을 받고 나라 망함을 비통해하다가 자결함.
【忠臣·烈女】〈集註〉에 "忠義之臣, 始終一心; 貞烈之女, 始終一志. 不以利害易,
　　不以生死變"이라 함. 《史記》 원문에는 '烈女'가 '貞女'로 되어 있음.

참고 및 관련 자료

1.《明心寶鑑》立教篇
王蠋曰:「忠臣不事二君, 烈女不更二夫.」
2.《史記》田單列傳
燕之初入齊, 聞畫邑人王蠋賢, 令軍中曰「環畫邑三十里無入」, 以王蠋之故. 已而
使人謂蠋曰:「齊人多高子之義, 吾以子爲將, 封子萬家」蠋固謝. 燕人曰:「子不
聽, 吾引三軍而屠畫邑」王蠋曰:「忠臣不事二君, 貞女不更二夫. 齊王不聽吾諫,
故退而耕於野. 國旣破亡, 吾不能存; 今又劫之以兵爲君將, 是助桀爲暴也. 與其
生而無義, 固不如烹!」遂經其頸於樹枝, 自奮絕脰而死. 齊亡大夫聞之, 曰:

「王蠋, 布衣也, 義不北面於燕, 況在位食祿者乎!」乃相聚如莒, 求諸子, 立爲襄王.

3.《家範》(8) 妻上篇 司馬光

忠臣不事二主, 貞女不事二夫.

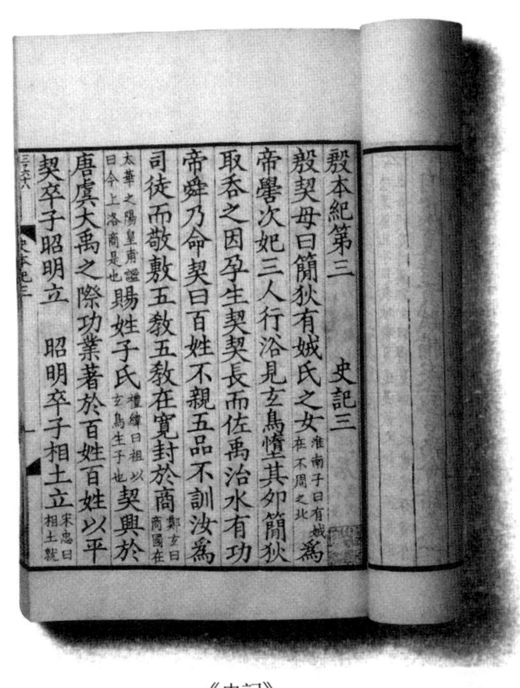

《史記》

右明君臣之義

이상은 군신지의君臣之義를 밝혀 설명한 것이다.

3. 명부부지별 明夫婦之別

‘부부夫婦’ 사이는 각기 업무의 구별로 맺어진 것으로 이는 구분
된 의무를 실천함으로써 가정을 이루어 이어가게 되는 것이다.
따라서 그 사이를 잇는 것은 ‘별別’이라는 개념이다.

본 편은 이를 설명한 것으로 모두 8장으로 이루어져 있다.

신강투루판 아스타나 唐墓에서 출토된 〈胡服女人像〉

073(2-3-1)
아내는 동성을 취하지 않는다

〈곡례曲禮〉에 말하였다.

"남녀는 중매쟁이가 오가지 아니하고는 서로 이름을 알아서는 안 되며, 폐백幣帛을 받지 아니한 상태에서는 서로 사귀거나 친히 여겨서는 안 된다. 그러므로 날짜를 써서 임금에게 보고하고 재계齋戒하여 귀신에게 고하며, 주식을 차려 향당鄕黨과 동료, 친구를 불러 잔치를 열어 그 부부유별의 뜻을 중후하게 한다. 아내를 취함에 동성同姓을 택하지 아니하니 그 때문에 첩을 살 때에는 그의 성씨를 알지 못하면 점을 치는 것이다."

〈曲禮〉曰:「男女非有行媒, 不相知名; 非受幣, 不交不親. 故日月以告君, 齊戒以告鬼神, 爲酒食以召鄕黨僚友, 以厚其別也. 取妻不取同姓. 故買妾, 不知其姓, 則卜之.」

【曲禮】《禮記》의 첫 번째 篇名으로 禮에 관한 節目과 여러 가지 상황에서 지켜야 할 도리를 낱낱이 적은 것으로 上下로 나뉘어져 있음.
【受幣】폐백을 받음. 納幣와 같음. 고대 婚禮는 納采·問名·納吉·納徵·請期·親迎의 여섯 단계를 거쳐 이루어졌음.
【日月】아내(며느리)를 얻을 날짜를 기록하여 이를 임금(관가)에 보고함.
【齊戒】'齋戒'와 같음. '齊'는 '재'로 읽음.
【鬼神】조상의 귀신.
【鄕黨】고대의 행정 단위. 1만 2천5백 집을 鄕이라 하며, 5백 집을 黨이라 함.
【僚友】'僚'는 같은 관직이나 직장의 동료. '友'는 친구나 벗, 친지.

【別】五倫 가운데 夫婦有別을 뜻함.

【卜之】첩으로 들어올 여자가 자신의 성씨를 모를 경우 이를 점을 쳐서 알
아봄.

＊〈集註〉에 "不娶同姓, 爲其近禽獸; 卜者, 卜其吉凶也"라 함.

1.《禮記》曲禮(上)

男女非有行媒, 不相知名. 非受幣, 不交不親. 故日月以告君, 齊戒以告鬼神, 爲酒
食以召鄕黨僚友, 以厚其別也. 取妻不取同姓. 故買妾不知其姓則卜之. 寡婦之子,
非有見焉, 弗與爲友.

畵像磚(宋)〈婦女剖魚圖〉

074(2-3-2)
사혼례

○ 〈사혼례土昏禮〉에 말하였다.

아버지가 아들에게 술을 부어 주며 이렇게 명한다.

'가서 너를 도와 우리의 종사宗事를 계승할 자를 맞이하여 오너라. 힘써 공경으로써 인솔하여 너의 어머니를 잇고 너는 언제나 변함이 없도록 하라.'

아들은 이에 이렇게 대답한다.

'네. 오직 그것을 감당하지 못할까 두려워할 뿐 감히 잊지 않도록 하겠습니다.'

아버지로서 딸을 보낼 때는 이렇게 명한다.

'경계하고 공경히 할지니라. 이른 아침부터 밤늦도록 명령에 위배됨이 없도록 하라.'

어머니는 딸에게 띠를 매어주고 수건을 걸어주면서 이렇게 당부한다.

'힘쓰고 공경히 할지니라. 이른 아침부터 밤늦도록 집안일에 위배됨이 없도록 하라.'

서모庶母는 문 안으로 다가와 큰 띠를 띠어주며 다시 부모의 명령을 반복하여 신신당부하면서 이렇게 말한다.

'공경을 다하여 너의 부모 말씀을 듣도록 하라. 이른 아침부터 밤늦도록 허물이 없도록 하여 이 띠와 큰 띠를 보면서 말씀을 떠올려라.'

○ 〈士昏禮〉曰:「父醮子, 命之曰:『往迎爾相, 承我宗事, 勗帥以敬. 先妣之嗣, 若則有常.』子曰:『諾, 唯恐弗堪, 不敢忘命.』父送女,

命之曰:『戒之敬之, 夙夜無違命.』 母施衿結帨曰:『勉之敬之,
夙夜無違宮事.』 庶母及門內施鞶, 申之以父母之命, 命之曰:『敬恭
聽宗爾父母之言, 夙夜無愆, 視諸衿鞶.』」

【士昏禮】 三禮 중 《儀禮》의 편명. 士의 혼례에 관한 예를 기록한 것임.
【醮】 醮禮. 술을 주고 그로부터 다시 술잔을 받지 아니하는 것을 醮라 하며
  이 의식은 親迎 때 실시함. 〈集註〉에 “酌而無酬酢曰醮. 蓋醮子而親迎也”라 함.
【爾·若】 모두 ‘너’라는 뜻의 인칭대명사.
【勖】 ‘부지런히 힘쓰다’의 뜻.
【先妣】 옛날 쓰던 칭호로 어머니를 뜻함 〈集註〉에 “母曰先妣, 蓋古稱也”라 함.
【衿·帨】 衿은 띠, 帨는 수건. 〈集註〉에 “衿, 衣帶; 帨, 佩巾”이라 함.
【宮事】 집안일. 고대 일반 서민의 집도 宮이라 하였음. 〈集註〉에 “宮事, 謂閨
  內之事也”라 함.
【庶母】 아버지의 첩들.
【鞶】 큰 띠. 〈集註〉에 “鞶, 大帶”라 함. 혹은 큰 가죽 주머니라고도 함. 〈集註〉
  에 “視衿鞶者, 欲其常覩之以憶父母之言而不忘也”라 함.
＊〈集註〉에 “眞氏曰: 夫之道在敬身以帥其夫婦之道. 在敬身以承其夫, 故父之
  醮子曰:『勉帥以敬』親之送女曰:『戒之敬之』夫婦之道, 盡於此矣.”라 함.

참고 및 관련 자료

1. 《儀禮》 士昏禮

父醮子, 命之曰:「往迎爾相, 承我宗事. 勗帥以敬, 先妣之嗣. 若則有常」 子曰:
「諾. 唯恐弗堪, 不敢忘命」 賓至, 擯者請, 對曰:「吾子命某以茲初昏, 使某將
請承命」 對曰:「某固敬具以須」 父送女命之曰:「戒之敬之, 夙夜毋違命」 母施
衿結帨曰:「勉之敬之, 夙夜無違宮事」 庶母及門內施鞶, 申之以父母之命, 命之
曰:「敬恭聽宗爾父母之言, 夙夜無愆, 視諸衿鞶」 婿授綏, 姆辭曰:「未敎, 不足
與爲禮也」

075(2-3-3)
혼례의 의미

○《예기禮記》에 말하였다.

"무릇 혼례昏禮란 만세萬世를 이어가는 시작이다. 이성異姓에서 취하는 것은 먼 자는 가까이 오게 하고 가까운 혈연에 대한 구별은 크게 하기 위함이다. 폐물은 반드시 성의를 다해 하면서도 '변변치 않습니다'라고 말하지 않는 것은 사실대로 말하여 믿음을 얻기 위함이니 사람을 섬김에 대한 믿음이며 신부新婦의 덕에 대한 믿음이다. 한번 이렇게 초례醮禮를 치르고 나면 종신토록 고치지 않으며 그 때문에 남편이 죽어도 다시 개가 하지 않는 것이다.

남자가 친영親迎을 하며 남자가 여자보다 먼저 찾아가는 것은 강유剛柔의 뜻이 있다. 하늘이 땅보다 앞서며 임금이 신하보다 앞서는 것은 그 뜻이 하나이다. 집지執摯로써 서로 만나는 것은 공경하여 구별이 있음을 밝히는 것이다. 남녀는 구별이 있으니 그런 연후에야 부자父子의 친함이 있는 것이며 부자의 친함이 있은 연후에야 군신지의君臣之義가 생겨나는 것이며, 의가 생겨난 이후에야 예禮가 마련되는 것이며, 예가 갖추어진 연후에야 만물이 안정을 얻는 것이다. 구별도 없고 의義도 없는 것은 금수禽獸나 하는 짓이다."

〈淸人嫁娶圖〉(부분)

○《禮記》曰:「夫昏禮, 萬世之始也. 取於異姓, 所以附遠厚別也; 幣必誠, 辭無不腆, 告之以直信; 信, 事人也; 信, 婦德也. 一與之齊, 終身不改, 故夫死不嫁.

男子親迎, 男先於女, 剛柔之義也; 天先乎地, 君先乎臣, 其義一也. 執摯以相見, 敬章別也. 男女有別, 然後父子親, 父子親, 然後義生, 義生, 然後禮作, 禮作, 然後萬物安. 無別無義, 禽獸之道也.」

【禮記】 三禮(禮記·儀禮·周禮) 중에 체계를 갖추지 아니하고 學術, 禮俗 등을 잡다하게 모은 것으로 공자 제자들이 輯錄한 것으로 보고 있음. 漢代에 이르러 《大戴禮記》(戴德)와 《小戴禮記》(戴聖)가 있었으며 대대가 古禮 204편을 85편으로 줄이고, 다시 소대가 49편으로 줄여 지금의 《예기》가 이루어진 것으로 보고 있음. 그러나 이설이 많아 정확한 編定 과정은 자세히 알 수 없음.

【昏禮】 婚禮와 같음. 고대 혼인식을 날이 어두워진 저녁에 하여 昏禮라 하였으며 뒤에 그 의미가 婚姻으로 바뀌자 部首 '女'를 넣어 '婚'자로 쓰게 된 것임.

【萬世】 가족이나 혈통, 가계 등이 萬 世代를 두고 이어감. 〈集註〉에 "有夫婦然後有父子; 父子所以傳世, 故曰萬世之始"라 함.

【附遠厚別】 먼 남남의 관계는 附着시키고, 가까운 혈연관계는 엄격히 크게(厚) 구별함.

【不腆】 '腆'은 '厚하다'의 뜻. 원래 남에게 물건을 보낼 때 쓰는 謙辭. 여기서는 혼례에는 이러한 말을 쓰지 않음을 뜻함.

【一與之齊】 齊는 醮의 假借字. 醮禮를 치름. 처음 남녀가 술을 한 잔씩 마셔 부부가 됨을 맹세하는 혼인 의식의 하나.

【親迎】 신랑이 신부집에 가서 신부를 맞이하여 오는 일. 〈集註〉에 "馬氏曰: 「男子親迎, 而男先於女子, 剛先於柔之義也. 豈獨婚姻之際如此? 天造始而地代終, 君主倡而臣主和, 亦此義也.」"라 함.

【執摯】 摯는 선물류. 폐백류를 가리킴. 여기서는 奠鴈의 예를 거행함을 뜻함. 전안은 신랑이 기러기를 안고 신부집에 바치는 절차. 기러기는 짝을 바꾸지 않는다고 여겨 이와 같이 하는 것임.

【義】君臣之義를 말함.

＊〈集註〉에 “朱子曰:「漢武帝溺於聲色, 游燕後宮, 父子不親, 遂致戾太子之變, 此亦夫婦無別而父子不親之一證.」”이라 함.

1. 《禮記》郊特牲

天地合而后萬物興焉. 夫昏禮, 萬世之始也. 取於異姓, 所以附遠厚別也. 幣必誠, 辭無不腆. 告之以直信; 信, 事人也; 信, 婦德也. 壹與之齊, 終身不改. 故夫死不嫁. 男子親迎, 男先於女, 剛柔之義也. 天先乎地, 君先乎臣, 其義一也. 執摯以相見, 敬章別也. 男女有別, 然後父子親. 父子親, 然後義生. 義生, 然後禮作. 禮作, 然後萬物安. 無別無義, 禽獸之道也. 壻親御授綏, 親之也. 親之也者, 親之也. 敬而親之, 先王之所以得天下也. 出乎大門而先, 男帥女, 女從男, 夫婦之義由此始也. 婦人, 從人者也. 幼從父兄, 嫁從夫, 夫死從子. 夫也者, 夫也; 夫也者, 以知帥人者也. 玄冕齊戒, 鬼神陰陽也. 將以爲社稷主, 爲先祖後, 而可以不致敬乎? 共牢而食, 同尊卑也. 故婦人無爵, 從夫之爵, 坐以夫之齒. 器用陶匏, 尙禮然也. 三王作牢用陶匏. 厥明, 婦盥饋; 舅姑卒食, 婦餕餘; 私之也. 舅姑降自西階, 婦降自阼階; 授之室也. 昏禮不用樂, 幽陰之義也. 樂, 陽氣也. 昏禮不賀, 人之序也.

076(2-3-4)
사흘 음악을 울리지 않는 이유

○ 아내를 맞이하는 집에서는 사흘 동안 음악을 연주하지 않는다. 이는 어버이를 이어 계승해야 할 각오에 잠기기 때문이다.

혼례에서 축하를 하지 않는 것은 사람으로서 차례가 바뀌는 것이기 때문이디.

○ 取婦之家, 三日不擧樂, 思嗣親也. 昏禮不賀, 人之序也.

【取婦】'取'는 '娶'와 같음. 장가들어 아내, 즉 어버이 입장에서의 며느리를 데려옴을 말함.

【不擧樂】어버이를 대신하여 아내에게 정성을 쏟게 됨은 어버이에게 효성이 줄어드는 것으로 여겨 음악으로 즐겁게 여기는 일을 하지 않은 것임.

＊〈集註〉에 "取妻以代父母, 有可感傷者, 故不擧樂"이라 함.

【昏禮】婚禮와 같음. 고대에는 저녁 때 혼인의 예를 치렀음.

【人之序】世代가 교체됨을 말함.

＊〈集註〉에 "在子, 則代父; 在婦, 則代姑. 故不賀"라 함.

> 참고 및 관련 자료

1. 본장은 조선시대 《小學諺解》와 原本集註《小學》(世昌書館, 明文堂 印本) 및 《小學纂注》(漢文大系本), 《小學》(漢籍國字解全書, 早稻田大學編輯部)등에는 모두 "昏禮不賀, 人之序也."를 별개의 장으로 처리하여 분리하였다.

이는 그 원문의 출처가 각기 《禮記》의 曾子問篇과 郊特牲篇으로 전혀 다른 곳에서 취한 구절로 연결되는 문장은 아니다. 아마 그 때문에 이를 분리한 것이 아닌가 한다. 그러나 四庫全書본 《御定小學集註》에는 하나의 장으로 연결되어 있으며 明倫篇 주에 "凡百七篇"이라 하여 이를 분리할 경우 108편이 된다. 따라서 《御定小學集註》에 따라 본 역주에서는 하나의 장으로 연결 처리하였음을 밝힌다.

2. 《禮記》 曾子問

孔子曰: 「嫁女之家, 三夜不息燭, 思相離也. 取婦之家, 三日不擧樂, 思嗣親也. 三月而廟見, 稱來婦也. 擇日而祭於禰, 成婦之義也.」 曾子問曰: 「女未廟見而死, 則如之何?」 孔子曰: 「不遷於祖, 不祔於皇姑, 壻不杖不菲不次, 歸葬于女氏之黨, 示未成婦也.」

3. 《禮記》 郊特牲

昏禮不用樂, 幽陰之義也. 樂, 陽氣也. 昏禮不賀, 人之序也.

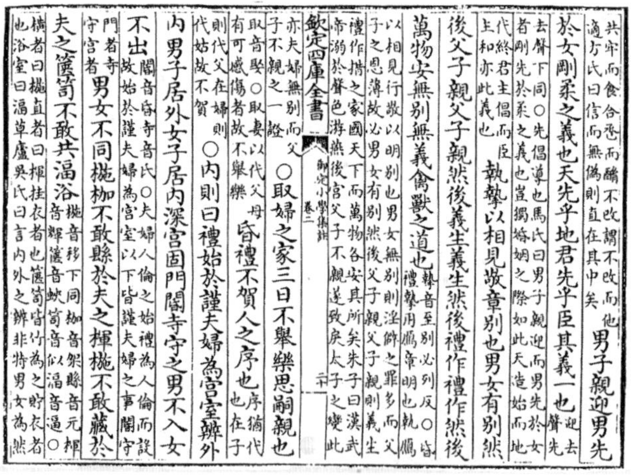
共牢而食合巹而酳不改謂不改而他
適方氏曰信而無偽則直在其中矣 男子親迎男先
於女剛柔之義也天先乎地君先乎臣其義一也 迎去 聲先
去聲下同○先倡導也馬氏曰男子親迎而男先於女
者剛先於柔之義也豈獨婚姻之際如此天造始而地
代終君主倡而臣
主和亦此義也 執摯以相見敬章別也男女有別然
後父子親父子親然後義生義生然後禮作禮作然後
萬物安無別無義禽獸之道也 摯音至別必列反○昏
禮摯用鴈章明也執鴈
以相見行敬以明別也男女無別則淫僻之罪多而父
子之恩薄故必男女有別然後父子親父子親則義生
禮作措之家國天下而萬物各安其所矣朱子曰漢武
帝溺於聲色游燕後宮父子不親遂致戾太子之變此
欽定四庫全書 御定小學集註 卷二
亦夫婦無別而父
子不親之一證 ○取婦之家三日不舉樂思嗣親也
取音娶○取妻以代父母
有可感傷者故不舉樂 昏禮不賀人之序也 序猶代
也在子
則代父在婦則
代姑故不賀 ○內則曰禮始於謹夫婦為宮室辨外
內男子居外女子居內深宮固門閽寺守之男不入女
不出 閽音昏寺音氏○夫婦人倫之始禮為人倫而設
故始於謹夫婦為宮室以下皆謹夫婦之事閽守
門者寺
守宮者 男女不同椸枷不敢縣於夫之楎椸不敢藏於
夫之篋笥不敢共湢浴 椸音移下同枷音架縣音元楎
音輝篋音蛺笥音似湢音逼○
椸者曰椸直者曰楎挂衣者也篋笥皆竹為之貯衣者
也浴室曰湢草廬吳氏曰言內外之辨非特男女為然

〈四庫全書本〉에는 본장이 分章되지 않았음.

077(2-3-5)
조심해야 할 부부 사이의 예절

○ 〈내칙內則〉에 말하였다.

"예는 부부 사이를 조심하는 데에서 시작된다. 집을 지을 때는 내외를 구분하여 남자는 밖에 거하고 여자는 안에 거한다. 집안을 깊이 하여 문을 단단히 하고 혼시閽寺가 이를 지켜 남자는 안으로 들어갈 수 없고 여자는 밖으로 나올 수 없도록 한다. 남녀는 횃대를 같이 쓰지 아니하며 남편의 옷걸이에 감히 옷을 걸지 못하며, 감히 남편의 옷상자에 옷을 함께 넣지 못하며, 감히 욕실을 함께 사용하지 못한다. 남편이 없을 때는 베개는 상자에 넣고, 삿자리와 돗자리는 싸서 이를 보관한다. 젊은 사람이 어른을 모시거나, 신분이 낮은 자가 귀한 자를 모실 때에는 모두 이와 같이 한다. 비록 비첩일지라도 의복과 음식은 반드시 어른 다음에 한다. 아내가 없을 때라도 첩은 처의 차례인 남편 모시는 밤을 자신이 차지할 수 없다."

○〈內則〉曰:「禮始謹於夫婦, 爲宮室辨內外, 男子居外, 女子居內, 深宮固門, 閽寺守之, 男不入, 女不出. 男女不同椸枷, 不敢縣於夫之楎椸, 不敢藏於夫之篋笥, 不敢共湢浴. 夫不在, 斂枕篋, 簟席, 襡器而藏之. 少事長, 賤事貴, 咸如之. 雖婢妾, 衣服, 飮食, 必後長者, 妻不在, 妾御莫敢當夕」

【內則】《禮記》 제12번째 편명. 주로 집안에서 지켜야 할 예의범절을 기록한 것임. 孔穎達의 《禮記正義》에 "以閨門之內, 軌儀可則, 故曰內則"이라 하였고,

鄭玄의 《三禮目錄》에는 "以其記男女居室, 事保姆舅姑之法"이라 함.

【宮室】 고대는 일반 서민의 집도 宮室이라 하였음.《說文解字》 참조.

【閽寺】 '혼시'로 읽으며 中門에서 안팎의 출입을 구분하여 지키는 內侍.

【椸枷】 '이가'로 읽으며 옷을 거는 횟대.

【縣】 懸과 같음.

【楎椸】 '휘이'로 읽으며 남편의 옷을 거는 옷걸이. 疊韻連綿語의 物名.

【篋笥】 고리짝. 옷을 담는 상자.

【湢浴】 '벽욕'으로 읽으며 목욕간을 말함.

【歛枕篋】 베개를 거두어 베개 넣는 상자에 넣음.

【簟席】 삿자리와 돗자리.

【褻器】 '촉기'로 읽으며 천으로 만든 자루나 기구.

【妾御莫敢當夕】 처의 차례에 그가 없다고 첩이 대신 남편의 잠자리를 모실 수 없음을 말함. 〈集註〉에 "古者, 妻妾之御各有夕. 當夕者, 當妻之夕也"라 함.

1. 《禮記》 內則

禮, 始於謹夫婦, 爲宮室, 辨內外. 男子居外, 女子居內, 深宮固門, 閽寺守之, 男不入, 女不出. 男女不同椸枷, 不敢懸於夫之楎椸, 不敢藏於夫之篋笥, 不敢共湢浴. 夫不在, 斂枕篋簟席褻器而藏之. 少事長, 賤事貴, 咸如之. 夫婦之禮, 唯及七十, 同藏無間. 故妾雖老, 年未滿五十, 必與五日之御. 將御者, 齊, 漱澣, 愼衣服, 櫛縰笄總, 角拂髦, 衿纓綦屨. 雖婢妾, 衣服飮食, 必後長者. 妻不在, 妾御莫敢當夕.

남자는 집 안 일을 거론하지 않는다

○ 남자는 집 안의 일을 말하지 아니하며 여자는 밖의 일을 거론하지 않는다. 제사나 상례가 아닌 경우 남녀는 서로 그릇을 주고받지 아니한다. 서로 주고받아야 할 때 여자는 광주리로 이를 받고 광주리가 없으면 모두가 앉아서 땅에 그릇을 놓은 다음 그 뒤에 이를 가져가야 한다. 안팎이 우물을 함께 쓰지 아니하며 목욕실을 공동으로 사용하지 않는다. 침실을 서로 터놓지 아니하며 서로의 물건을 빌리거나 빌려주지 않는다. 남자와 여자는 의상을 서로 공동으로 입지 아니한다. 남자가 내실로 들어서서는 휘파람을 불거나 손가락질을 해서는 안 된다. 밤에 다닐 때는 촛불을 들고 들어가며 촛불이 없을 때는 들어가지 않는다. 여자가 대문을 나설 때면 반드시 얼굴을 가리고 나가며 밤에 다닐 때에는 촛불을 밝히고 나선다. 촛불이 없으면 나가지 않는다. 길을 갈 때는 남자는 오른쪽으로 가고 여자는 왼쪽으로 통행한다.

〈耕織圖〉(淸) 焦秉貞(畫)

○ 男不言內, 女不言外; 非祭非喪, 不相授器. 其相授, 則女受以篚; 其無篚, 則皆坐奠之, 而後取之. 外內不共井, 不共湢浴; 不通寢席, 不通乞假. 男女不通衣裳. 男子入內, 不嘯不指. 夜行以燭,

無燭則止. 女子出門, 必擁蔽其面; 夜行以燭, 無燭則止. 道路, 男子
由右, 女子由左.

【坐奠】꿇어 앉아 땅에 놓음. 〈集註〉에 "坐, 跪也; 奠, 置也"라 함.
【湢浴】'湢'은 '벽'으로 읽음. 목욕함.
【乞假】빌리고 빌려주는 일. 〈集註〉에 "乞, 求也; 假, 借也"라 함.
【不嘯不指】휘파람이나 손가락 통신으로 혐의를 입을까 하여 이를 피하는
 것임.
【道路】〈集註〉에 "道路之法, 其右以行男子, 其左以行女子. 地道尊右, 故男右
 而女左"라 함.

1.《禮記》內則

男不言內, 女不言外. 非祭非喪, 不相授器. 其相授, 則女受以篚, 其無篚, 則皆
坐奠之而后取之. 外內不共井, 不共湢浴, 不通寢席, 不通乞假, 男女不通衣裳,
內言不出, 外言不入. 男子入內, 不嘯不指, 夜行以燭, 無燭則止. 女子出門, 必擁
蔽其面, 夜行以燭, 無燭則止. 道路, 男子由右, 女子由左.

2.《家範》(1) 治家篇 司馬光

又男女非祭非喪, 不相授器. 其相授, 則女受以篚; 其無篚, 則皆坐奠之, 而后
取之. 外內不共井, 不共湢浴; 不通寢席, 不通乞假. 男子入內, 不嘯不指. 夜行
以燭, 無燭則止. 女子出門, 必擁蔽其面; 夜行以燭, 無燭則止. 道路, 男子由右,
女子由左.

079(2-3-7)
삼종지도와 칠거지악

○ 공자孔子가 말하였다.

"아내는 남에게 복종하는 신분이다. 이 까닭으로 자신 마음대로 결정할 수는 없으며 삼종三從의 도가 있다.

시집가기 전에는 아버지를 따르고, 시집가서는 지아비를 따르며, 지아비가 죽고 나면 아들을 따를 뿐 감히 스스로의 뜻대로 할 수 있는 것은 없다.

그의 교훈이나 명령은 규문閨門 밖으로 나갈 수 없으며 하는 일은 밥 짓는 일에 있을 뿐이다. 이 까닭으로 여자는 규문 안에서 날을 보내며 백 리 밖까지 달려가 문상하는 것도 안 된다. 일은 마음대로 처리할 수 없고 행동도 홀로 무엇을 이루고자 해도 안 된다. 다른 사람을 참여시켜 알도록 한 이후에야 행동할 수 있으며, 증거가 확실한 것인 이후에야 말을 할 수 있다. 낮에는 뜰에 나와 놀지 아니하며, 밤에는 불을 밝혀야 다닐 수 있다.

이는 부덕婦德을 바르게 하기 위함이다.

여자에게는 시집갈 수 없는 대상이 다섯이 있다.

반역의 집안 아들에게는 시집가지 못하며, 윤상을 어지럽힌 집안 아들에게는 시집가지 못하며, 대대로 형벌을 받은 집 아들에게는 시집가지 못하며, 대대로 악질이 있는 집안에는 시집가지 못하며, 아버지를 잃은 맏아들에게는 시집가지 못한다.

부인에게는 칠거七去가 있다.

부모에게 불순한 아내는 내쫓으며, 아들을 낳지 못하는 아내는 내쫓으며, 음란한 아내는 내쫓으며, 투기하는 아내는 내쫓으며, 악질이 있는 아내는 내쫓으며, 말이 많은 아내는 내쫓으며, 도적질하는 아내는 내쫓을 수 있다.

어떠한 경우에도 내쫓을 수 없는 경우가 세 가지이다.

내가 받아들일 때에는 그가 돌아갈 곳이 있었으나 지금은 돌아갈 곳이 없는 경우 이를 내쫓지 못한다. 함께 부모의 삼년상을 치렀을 경우 내쫓지 못한다. 처음에는 빈천하였으나 뒤에 부귀하게 된 경우 내쫓지 못한다.

무릇 이상은 성인聖人이 남녀 사이를 순조롭게 하며, 혼인의 시작을 신중히 여기도록 하기 위한 것이다."

○ 孔子曰:「婦人伏於人也, 是故無專制之義.

有三從之道: 在家從父, 適人從夫, 夫死從子, 無所敢自遂也.

教令不出閨門, 事在饋食之間而已矣. 是故女及日乎閨門之內, 不百里而奔喪. 事無擅爲, 行無獨成; 參知而後動, 可驗而後言; 晝不遊庭, 夜行以火, 所以正婦德也.

女有五不取: 逆家子不取, 亂家子不取, 世有刑人不取, 世有惡疾不取, 喪父長者不取.

婦有七去: 不順父母去, 無子去, 淫去, 妬去, 有惡疾去, 多言去, 竊盜去.

有三不去: 有所取無所歸不去, 與更三年喪不去, 前貧賤後富貴不去.

凡此聖人所以順男女之際, 重婚姻之始也.」

【專制】 자신만의 생각으로 일을 처리하거나 결정함.

【適人】 남에게 시집감. 아내의 신분이 됨.

【及日】 終日과 같음.

【參知】 남이 참여하여 알도록 함. 공개적으로 일을 처리함.

【無所歸】 처음 장가들 때에는 처갓집이 있었으나 뒤에 그 집안이 없어져 아내를 쫓아내어도 돌아갈 곳이 없음. 〈集註〉에 "謂其嫁有所受命, 後無父兄, 無可回之地也"라 함.

1.《大戴禮記》本命

女者, 如也, 子者, 孳也. 女子者, 言如男子之敎而長其義理者也. 故謂之婦人.
婦人, 伏於人也. 是故無專制之義, 有三從之道. 在家從父, 適人從夫, 夫死從子,
無所敢自遂也. 敎令不出閨門, 事在饋食之閒而正矣, 是故女及日乎閨門之内,
不百里而犇喪, 事無獨爲, 行無獨成之道. 參之而後動, 可驗而後言, 宵行以燭,
宮事必量, 六畜蕃於宮中, 謂之信也, 所以正婦德也.

2.《明心寶鑑》婦行篇(20-1)

子曰:「婦人伏於人也, 是故無專制之義. 有三從之道: 在家從父, 適人從夫,
夫死從子. 無敢自遂也: 敎令不出閨門, 事在饋食之間而已矣.」是故女及笄, 於閨
門之内不百里而奔喪; 事無擅爲, 行無獨成; 參知而後動, 可驗而後言; 晝不
遊庭, 夜行以火. 所以止婦德也.

080(2-3-8)
과부의 아들

○〈곡례曲禮〉에 말하였다.

"과부의 아들로서 드러난 덕행이 있는 자가 아니라면 그와 더불어 벗하지 말라."

○〈曲禮〉曰:「寡婦之子, 非有見焉, 弗與爲友.」

【曲禮】《禮記》의 첫 번째 篇名으로 禮에 관한 節目과 여러 가지 상황에서 지켜야 할 도리를 낱낱이 적은 것으로 上下로 나뉘어져 있음. 鄭玄의 《三禮目錄》에 "名曰曲禮者, 以其篇記五禮之事, 祭祀之說, 吉禮也; 喪荒去國之說, 凶禮也; 致貢朝會之說, 賓禮也; 兵車旌鴻之說, 軍禮也; 事長敬老執贄納女之說, 嘉禮也"라 하였고, 陸德明은 《經傳釋文》에서 "曲禮者, 是儀禮之舊名, 委曲說禮之事"라 함.
【見】'현'으로 읽으며 특이한 덕행이나 재능이 드러남을 말함.
【弗與爲友】그와 더불어 친구로 사귀지 아니함.
＊〈集註〉에 "見, 謂才德著見; 不著見, 則不友, 避好色之嫌也"라 함.

1.《禮記》曲禮(上)
取妻不取同姓. 故買妾不知其姓則卜之. 寡婦之子, 非有見焉, 弗與爲友.

右明夫婦之別

이상은 부부지별夫婦之別의 뜻을 밝힌 것이다.

〈婦人開門圖〉 山東 歷城 宋金代

4. 명장유지서 明長幼之序

‘장유長幼’ 사이는 질서로 맺어진 것으로 이는 상하의 질서에 의해서 그 관계가 이루어지는 것이다. 따라서 그 사이를 잇는 것은 ‘서序’라는 개념이다.

본 편은 이를 설명한 것으로 모두 20장으로 이루어져 있다.

李家山 〈雙牛銅枕〉 1972 雲南 李家山 古墓群 17호 출토

081(2-4-1)
아무리 어린아이라 해도

《맹자孟子》에 말하였다.

"손을 잡고 끌어야 하는 어린아이라 해도 그 어버이를 사랑할 줄 모르는 아이란 없다. 그가 자라서도 역시 그 형을 공경해야 함을 알지 못하는 자가 없다."

《孟子》曰:「孩提之童, 無不知愛其親, 及其長也, 無不知敬其兄也.」

【孩提之童】 孩笑할 줄 아는 나이이며 동시에 아직 제대로 걷지 못하여 손을 잡고 이끌어야 하는 두세 살 사이의 어린아이. 〈集註〉에 "孩提, 二三歲之間, 知孩笑可提抱者也"라 함.
【愛·敬】 〈集註〉에 "孝弟之心, 人皆有之. 堯舜所以世爲天下法, 亦充此而已矣"라 함.

참고 및 관련 자료

1. 《孟子》盡心(上)
孟子曰:「人之所不學而能者, 其良能也; 所不慮而知者, 其良知也. 孩提之童, 無不知愛其親者; 及其長也, 無不知敬其兄也. 親親, 仁也; 敬長, 義也. 無他, 達之天下也.」

082(2-4-2)
제와 부제

○ 자신보다 윗사람의 뒤를 천천히 걷는 것을 일러 제弟라 하고, 윗사람을 앞질러 빨리 먼저 걷는 것을 일러 부제不弟라 한다.

○ 徐行後長者, 謂之弟; 疾行先長者, 謂之不弟.

【弟】'悌'와 같음. 형뻘 정도의 연장자에 대하여 아우로서 갖추어야 할 禮를 가리킴. 〈集註〉에 "善事兄長者爲弟"라 함.
【長者】자신보다 나이가 많은 연장자나 윗사람, 어른.

참고 및 관련 자료

1.《孟子》告子(下)

曰:「奚有於是? 亦爲之而已矣. 有人於此, 力不能勝一匹雛, 則爲無力人矣; 今曰擧百鈞, 則爲有力人矣. 然則擧烏獲之任, 是亦爲烏獲而已矣. 夫人豈以不勝爲患哉? 弗爲耳. 徐行後長者謂之弟, 疾行先長者謂之不弟. 夫徐行者, 豈人所不能哉? 所不爲也. 堯舜之道, 孝弟而已矣. 子服堯之服, 誦堯之言, 行堯之行, 是堯而已矣; 子服桀之服, 誦桀之言, 行桀之行, 是桀而已矣.」

083(2-4-3)
아버지의 친구

○〈곡례曲禮〉에 말하였다.

"아버지의 친구를 뵐 때는 앞으로 나오라 말하지 않으면 감히 그에게 다가가지 못하며, 그가 물러가라 말하지 않으면 감히 물러나지 못한다. 그가 먼저 질문하지 않으면 감히 대답하지 못한다."

○〈曲禮〉曰:「見父之執, 不謂之進, 不敢進; 不謂之退, 不敢退; 不敢退, 不問, 不敢對」

【曲禮】《禮記》의 첫 번째 篇名으로 禮에 관한 節目과 여러 가지 상황에서 지켜야 할 도리를 낱낱이 적은 것으로 上下로 나뉘어져 있음.
【見父之執】'見'은 '현'으로 읽음. '父之執'은 아버지와 뜻을 같이 하는 아버지의 친구.
＊〈集註〉에 "陳氏曰, 父之執, 父同志之友也"라 함.

〔 참고 및 관련 자료 〕

1. 《禮記》曲禮(上)
見父之執, 不謂之進, 不敢進; 不謂之退, 不敢退; 不問, 不敢對. 此孝子之行也.

084(2-4-4)
나이 차이에 따른 예절

○나이가 두 배 이상일 경우 아버지뻘로 모시며, 나이가 10년 위의 경우 형뻘로 모셔야 하며, 5년 정도 위일 경우라면 어깨를 마주하고 조금 뒤에서 따라야 한다.

○年長以倍, 則父事之; 十年以長, 則兄事之; 五年以長, 則肩隨之.

【倍】자신의 나이에 배가 됨. 〈集註〉에 "人生以十年爲一節, 倍之則二十年也"라 함.

【肩隨之】어깨를 가까이 하되 조금 뒤에서 따름. 〈集註〉에 "並行而稍退也"라 함.

> 참고 및 관련 자료

1. 《禮記》曲禮(上)
年長以倍則父事之, 十年以長則兄事之, 五年以長則肩隨之, 羣居五人, 則長者必異席.

085(2-4-5)
어른에게 질문을 드리러 갈 때

○ 어른에게 어떤 일을 질문 드리러 갈 때라면 반드시 그의 지팡이와 궤几를 가지고 가야 한다. 어른이 물었을 때 아무런 사양도 없이 대답하는 것은 예가 아니다.

○ 謀於長者, 必操几杖以從之; 長者問, 不辭讓而對, 非禮也.

【操】 그 어른이 편히 대답하고 논의에 응해줄 수 있도록 예물을 가지고 감.
【几杖】 노인들이 앉을 때 앉는 의자, 혹은 案席, 또는 팔을 걸어 편안히 기대는 궤.
【從之】 '從'은 '就'와 같음. 그에게 찾아감. 다가감.
【辭讓】 말을 공손히 하여 어른이 좋은 의견을 내도록 함. 자신이 이미 알고 있는 것이나 마음속의 결정을 거침없이 말하여 어른이 의견을 낼 수 없도록 하는 것은 예가 아님을 말함.
＊〈集註〉에 "曾子曰「參不敏, 何足以知之?」, 公西華曰「非曰能之, 願學焉」, 皆辭讓之言也"라 함.

1.《禮記》曲禮(上)
謀於長者, 必操几杖以從之. 長者問, 不辭讓而對, 非禮也.

086(2-4-6)
선생님을 마주쳤을 때

○ 선생님을 따를 때는 길을 넘어서서 남과 말하지 아니하며, 선생님을
길에서 마주쳤을 때는 달려가 단정히 손을 모으고 선다. 선생님께서 더
불어 말을 해 오시면 대답을 하고 만약 말을 걸어오지 않으시면 곧바로
뛰어 물러서야 한다.

어른을 모시고 언덕을 오를 때면 반드시 어른이 보는 시선을 향하여야
한다.

○ 從於先生, 不越路而與人言; 遭先生於道, 趨而進, 正立拱手.
先生與之言, 則對; 不與之言, 則趨而退. 從長者而上邱陵, 則必
鄕長者所視.

【邱陵】 '丘陵'으로도 표기함. 언덕. 〈集註〉에 "土高曰邱, 大阜曰陵"이라 함.
【鄕長者所視】 '鄕'은 '向'과 같음. 만약 어른이 질문을 하면 같은 곳을 보고
있어야 즉시 대답을 할 수 있기 때문임.
＊〈集註〉에 "向長者, 所視恐其因所見而問, 則可卽所見以對也"라 함.

참고 및 관련 자료

1. 《禮記》 曲禮(上)
從於先生, 不越路而與人言. 遭先牲於道, 趨而進, 正立拱手. 先生與之言則對;
不與之言則趨而退. 從長者而上丘陵, 則必鄕長者所視. 登城不指, 城上不呼.

087(2-4-7)
어른이 손을 잡아주면

○ 어른이 나와 더불어 손을 잡으면 어린아이는 두 손을 모두 모아 어른의 손을 잡아야 한다. 어른이 칼을 차듯 옆에 끼고 입 가까이 대고 말씀을 하면 어린아이는 입을 손으로 가리고 그에게 대답하여야 한다.

○ 長者與之提携, 則兩手奉長者之手, 負劍辟咡詔之, 則掩口而對.

【提携】'提攜'로도 표기함. 손을 잡거나 이끎.
【負劍】佩劍, 帶劍과 같음. 어른이 칼을 옆에 차듯이 어린아이를 끼고 다정히 대함. 〈集註〉에 "負劍, 卽帶劍, 謂長者旁挾幼者, 狀如帶劍也"라 함.
【辟咡】辟은 '몸을 굽혀 기울이다'의 뜻. 이(咡)는 입 언저리. 어른이 귀엽다고 입 언저리까지 가까이 기울여 말을 걺. 〈集註〉에 "辟, 偏也. 咡, 口旁也"라 함.
【詔】어른의 말. 〈集註〉에 "詔, 猶語也"라 함.
【掩口】입김이 어른에게 가지 않도록 함을 말함. 〈集註〉에 "掩口, 謂以手障口, 不使氣觸長者"라 함.

참고 및 관련 자료

1.《禮記》曲禮(上)
幼子常視毋誑, 童子不衣裘裳. 立必正方. 不傾聽. 長者與之提攜, 則兩手奉長者之手. 負劍辟咡詔之, 則掩口而對.
2.《家範》(3) 父母篇 司馬光
長者與之提攜, 則兩手奉長者之手. 負劍辟咡詔之, 則掩口而對.

088(2-4-8)
어른 앞에서 청소를 할 때

○무릇 어른을 위하여 청소하는 예의는 반드시 빗자루를 쓰레받기 위에 얹고 가서, 소매로 이를 가리고 뒤로 물러서면서 쓸어 먼지가 어른에게 날아가지 않도록 해야 한다. 그리고 쓰레받기는 자신에게로 향하여 쓸어 담는다.

○凡爲長者糞之禮, 必加帚於箕上, 以袂拘而退, 其塵不及長者, 以箕自鄉而扱之.

【糞】'拚'이나 假借字. 먼지나 쓰레기를 쓸어 청소함.
【帚】'箒'와 같음. 빗자루.
【箕】원래는 곡식 낟알을 까부는 키. 여기서는 쓰레받기를 뜻함.
【袂】소매의 옷깃. '袖'와 같음. 소매로써 먼지가 날아가지 않도록 막음.
【鄉】'嚮', '向'과 같음. 쓰레받기의 입구가 자신을 향하도록 함.
【扱】모아서 쓸어 담음.
＊〈集註〉에 "初則帚於箕上, 得以兩手擧箕. 掃地之時, 則一手執帚, 一手障袖, 卻步而行, 不使塵及長者. 終則以箕自向斂取其塵, 不以箕向長者, 皆敬也"라 함.

참고 및 관련 자료

1.《禮記》曲禮(上)
凡爲長者糞之禮, 必加帚於箕上, 以袂拘而退. 其塵不及長者, 以箕自向而扱之.

089(2-4-9)
수업 중의 태도와 예절

○ 선생님 앞에서 자리에 앉을 때에는 부끄러워하는 얼굴을 하지 말고 두 손으로 옷을 걷어올려 꿰맨 부분이 땅에서 한 자쯤 올라오도록 나란히 한다. 옷자락이 펄럭이도록 하지 말며, 발은 넘어질 듯한 자세를 취해서는 안 된다. 선생님의 책과 거문고 등이 자신 앞에 놓여 있을 경우 앉아서 이를 옮겨놓아야 하며 타넘어서는 안 된다. 앉을 때는 반드시 너의 안정된 자세로 얼굴빛을 편안히 가지며 어른의 말이 끝나지 않았으면 다른 말을 거들어서는 안 된다. 너의 얼굴을 바르게 하며, 강론을 들을 때는 공손히 하며, 남의 설을 가로채어서는 안 되며 부화뇌동해서도 안 된다. 반드시 옛날 이론을 근거로 하고 그 때에는 선왕先王의 가르침으로써 칭해야 한다.

○ 將卽席, 容毋怍, 兩手摳衣, 去齊尺, 衣毋撥, 足毋蹶. 先生書策, 琴瑟在前, 坐而遷之, 戒勿越. 坐必安執爾顔, 長者不及, 毋儳言. 正爾容, 聽必恭, 毋勦說, 毋雷同, 必則古昔, 稱先王.

【怍】너무 부끄럽고 두렵게 여겨 당황한 분위기를 만들어서는 안 됨.
【齊尺】제는 옷의 아랫단 바느질 부분. 옷의 아랫단이 한 자쯤 뜨게 걷어올림.
【蹶】넘어질 듯 다급하게 걷는 모습이나 자세.
【執爾顔】이는 '너', 백화어의 '你'와 같음.
【不及】'及'은 '終'과 같음. 선생님께서 아직 말을 마치지 아니함.
【儳言】'儳'은 뒤엉켜 정리되지 아니한 상태를 말함.
【勦說】'勦'는 남의 말을 가로채어 자신의 논리인 듯이 여김을 말함.

【雷同】附和雷同과 같음. 아무런 비판이나 분석도 없이 그저 남의 의견을
 따르고 찬성하는 것.
【稱先王】옛 성현의 이론을 칭송하고 인용하며 그에 맞추어 말함.
 ＊〈集註〉에 "法則古昔, 稱述先王, 則言有據而非剿說雷同矣"라 함.

참고 및 관련 자료

1.《禮記》曲禮(上)

將卽席, 容毋怍. 兩手摳衣去齊尺. 衣毋撥, 足毋蹶. 先生書策琴瑟在前, 坐而
遷之, 戒勿越. 虛坐盡後, 食坐盡前. 坐必安, 執爾顔. 長者不及, 毋儳言. 正爾容,
聽必恭. 毋勦說, 毋雷同. 必則古昔, 稱先王.

〈孔子講學圖〉

090(2-4-10)
수업을 받을 때의 예절

○ 선생님을 모시고 앉았을 때 선생님께서 물으시면 선생님의 질문이 끝나고 나서야 대답한다. 수업을 청할 때는 일어서며 설명을 더 해주시기를 청할 때도 일어선다.

○ 侍坐於先生, 先生問焉, 終則對. 請業則起, 請益則起.

【終】 선생님의 질문의 말이 끝남. 〈集註〉에 "陳氏曰:「問欲盡聞所問之旨, 且不 敢參雜先生之言也」"라 함.
【請業】 수업, 학업. 〈集註〉에 "請業者, 求當習之事"라 함.
【請益】 〈集註〉에 "再問未盡之蘊, 起所以致敬"이라 함.

> 참고 및 관련 자료

1.《禮記》曲禮(上)
侍坐於先生: 先生問焉, 終則對. 請業則起, 請益則起. 父召無諾, 先生召無諾, 唯而起.

091(2-4-11)
개를 꾸짖지 않으며

○ 존귀한 손님 앞에서는 개를 꾸짖지 아니하며 음식을 사양할 때는 침을 뱉지 아니한다. 군자를 모시고 앉았을 때에 만약 군자가 하품을 하거나 기지개를 하거나, 지팡이나 신발을 만지거나, 날이 이른지 저문지 해를 보면, 모시고 앉았던 이들은 물러서기를 청하여야 한다.

○ 尊客之前, 不叱狗, 讓食不唾. 侍坐於君子, 君子欠伸, 撰杖屨, 視日蚤莫, 侍坐者, 請出矣.

【欠伸】 하품과 기지개.
【撰杖屨】 撰은 만짐. 지팡이와 신을 만지는 것은 곧 갈 것임을 표시하는 것.
【蚤莫】 '蚤'는 '早'와 같으며 '莫'는 '暮'와 같음. '莫'는 '모'로 읽음.
＊〈集註〉에 "四者, 皆厭倦之容, 故請退而息之"라 함.

참고 및 관련 자료

1.《禮記》曲禮(上)
燭不見跋. 尊客之前不叱狗. 讓食不唾. 侍坐於君子, 君子欠伸, 撰杖屨, 視日蚤莫, 侍坐者請出矣. 侍坐於君子, 君子問更端, 則起而對. 侍坐於君子, 若有告者曰: 少間, 願有復也; 則左右屛而待.

092(2-4-12)
군자를 모시고 있을 때

○ 군자를 모시고 앉았을 때 군자가 묻다가 그 단서를 고쳐 물으면 일어나서 대답한다.

○侍坐於君子, 君子問更端, 則起而對.

〈村童鬧學圖〉(송대 그림)

【問更端】질문의 端緒를 바꿈. 말의 실마리를 바꾸어 다른 쪽을 물음.
* 〈集註〉에 "問更端, 易事端而見問也, 起所以致敬"이라 함.

[참고 및 관련 자료]

1.《禮記》曲禮(上)
侍坐於君子, 君子欠伸, 撰杖屨, 視日蚤莫, 侍坐者請出矣. 侍坐於君子, 君子問更端, 則起而對.

093(2-4-13)
어떤 이가 군자를 찾아오면

○ 군자를 모시고 앉았을 때 만약 군자에게 고하는 자가 "잠깐 틈을 내어 알릴 말씀이 있습니다"라고 하면 좌우로 물러나 기다린다.

○ 侍坐於君子, 若有告者, 曰:「少間願有復也」 則左右屛而待.

【少間】 잠깐 틈을 냄.
【復】 白과 같음. 어른에게 아룀을 뜻함.
【左右】 군자를 모시고 앉았던 사람들이 좌우로 피함.
【屛】 '退'와 같음. 물러나 자리를 비켜줌.
＊〈集註〉에 "居左則屛於左, 居右則屛於右, 而且待者. 屛所以遠人之私語, 待所以防君子之召"라 함.

  참고 및 관련 자료

1.《禮記》曲禮(上)
侍坐於君子, 若有告者曰:「少間, 願有復也.」 則左右屛而待.

094(2-4-14)
어른과 식사를 할 때의 예절

○어른을 모시고 식사를 할 때는 술이 나오면 일어서서 술동이가 놓인 곳에서 절을 하고 받아야 한다. 만약 어른이 그렇게 하는 것을 말리면 젊은이는 자리로 돌아와 마시되, 어른이 잔을 들어 다 마시지 아니하였다면 젊은이는 감히 마시지 못한다.

○侍飲於長者, 酒進則起, 拜受於尊所, 長者辭, 少者反席而飲, 長者擧未醋, 少者不敢飲.

【尊所】 '尊'은 '樽'과 같음. 술동이를 뜻함. 술동이가 놓인 장소. 〈集註〉에 "尊, 酒樽也"라 함.
【辭】 그렇게 하지 않도록 말림. 〈集註〉에 "辭, 止之也"라 함.
【醋】 '조/초'(醮)로 읽으며 술잔을 다 비움을 말함. "盡酒曰醋"라 함.

참고 및 관련 자료

1.《禮記》曲禮(上)
侍飲於長者, 酒進則起, 拜受於尊所. 長者辭, 少者反席而飲. 長者擧, 未醋, 少者不敢飲.

095(2-4-15)
어른이 하사하면

○ 어른이 어떤 물건을 하사하시면 나이 어린 자나 신분이 천한 자는 감히 사양해서는 안 된다.

○ 長者賜, 少者·賤者, 不敢辭.

【少者】 나이가 어린 자.
【賤者】 신분이 천한 자.
＊〈集註〉에 "不敢抗禮也"라 함.

참고 및 관련 자료

1.《禮記》曲禮(上)
長者賜, 少者賤者不敢辭. 賜果於君前, 其有核者懷其核.

096(2-4-16)
어른과 함께하는 성찬

○ 어른을 모시고 함께 식사를 할 때에는 비록 성찬이라도 사양하지 아니하며, 그를 배석하여 앉았을 때에도 사양하지 않는다.

○ 御同於長者, 雖貳不辭, 偶坐不辭.

【御】侍와 같음.
【貳】풍성한 상차림. 〈集註〉에 "貳, 謂重殽膳"이라 함.
【偶坐】配席(陪席)과 같음.
＊〈集註〉에 "配長者而坐, 侍食不辭饌"이라 함.

參考 및 관련 자료

1.《禮記》曲禮(上)
御同於長者, 雖貳不辭, 偶坐不辭. 羹之有菜者用梜, 其無菜者不用梜.

097(2-4-17)
질문할 때의 예절

○ 군자를 모시고 있을 때 그의 질문에 자신과 군자를 바라보지 아니
하고 대답하는 것은 예가 아니다.

○ 侍於君子, 不顧望而對, 非禮也.

【顧望】 ‘顧’는 자신을 돌아보는 것이며, ‘望’은 군자를 바라보는 것으로도
봄.
＊〈集註〉에 “饒氏曰: 「顧, 顧自己; 望, 望君子.」”라 함.

참고 및 관련 자료

1.《禮記》曲禮(下)
君使士射, 不能, 則辭以疾; 言曰: 某有負薪之憂. 侍於君子, 不顧望而對, 非
禮也.

098(2-4-18)
나이차이가 많은 어른을 모실 때

○〈소의少儀〉에 말하였다.

"어른이 자신보다 월등히 나이가 높은 연배라면 감히 그 나이를 여쭙지 못한다. 사사롭게 뵐 때는 남을 시켜서 말을 올리지 아니하며, 길에서 마주칠 때 그가 나를 보시면 가서 뵙되 가는 곳을 여쭙지 않는다.

모시고 앉았을 때는 어른이 시키지 않으면 금슬琴瑟을 만지지 아니하며, 땅을 긋지 아니하며, 손으로 얼굴을 만지지 아니하며, 부채질을 하지 아니한다.

누워 계실 때라면 앉아서 명령을 기다리고 모시고 활을 쏠 때에는 화살을 모아 잡으며, 모시고 투호投壺를 할 때는 화살을 모아 안는다. 활쏘기나 투호에서 어른을 이겼다면 술잔을 씻어 마시기를 청하여야 한다."

○〈少儀〉曰:「尊長於己踰等, 不敢問其年, 燕見不將命. 遇於道, 見則面, 不請所之. 侍坐, 弗使, 不執琴瑟, 不畫地, 手無容, 不翣也. 寢則坐而將命, 侍射則約矢, 侍投則擁矢, 勝則洗而以請.」

【少儀】《禮記》제17번째 편명. 細小한 威儀 등을 모아 기록한 것임. 혹 젊은 사람이 어른을 모시는 내용을 다룬 것이라 함.

【於己踰等】자신보다 나이가 아주 많음. '踰'는 '越'과 같음. 여기서는 할아버지나 아버지 연배 정도를 말함. 〈集註〉에 "踰等 祖與父之行"이라 함.

【燕見】평소 사사로운 일로 뵘.

【將命】남에게 심부름을 시킴. 〈集註〉에 "燕, 私來見, 不敢使擯者傳命, 非賓
  主之禮也"라 함.
【翣】부채. 扇과 같음.
【約矢】〈集註〉에 "射禮, 二人爲耦, 各四矢更迭, 取之卑幼, 則一時幷取之, 故曰
  約矢"라 함.
【擁矢】〈集註〉에 "投壺之禮, 賓主亦各四矢, 皆委於地, 一一取而投之, 卑幼,
  則悉抱之, 故曰擁矢"라 함.

1. 《禮記》少儀

尊長於已踰等, 不敢問其年. 燕見不將命. 遇於道, 見則面, 不請所之. 喪俟事
不植弔. 侍坐弗使, 不執琴瑟, 不畫地, 手無容, 不翣也. 寢則坐而將命. 侍射則
約矢, 侍投則擁矢. 勝則洗而以請, 客亦如之. 不角, 不擢馬.

099(2-4-19)
아버지 연배의 어른

○ 〈왕제王制〉에 말하였다.

"아버지 연배 되는 이는 뒤를 따르며 형의 연배는 안행雁行을 하며 친구 사이에는 서로 넘어서지 아니한다. 가벼운 짐은 혼자 맡아서 지고, 무거운 짐은 나누어 맡아 드린다. 반백頒白의 노인에게 물건을 들거나 끌고 가지 않도록 젊은이가 대신하며, 군자로서의 기로耆老는 걸어서 다니지 않도록 하고, 서인으로서의 기로는 맨 밥을 들도록 해서는 안 된다."

○ 〈王制〉曰:「父之齒隨行, 兄之齒雁行, 朋友不相踰, 輕任幷, 重任分, 頒白者不提挈, 君子耆老不徒行, 庶人耆老不徒食.」

【王制】《禮記》 제5번째 편목. 고대 선왕들의 문물제도, 예악전장에 관한 내용을 모은 것임. 鄭玄의 《禮記目錄》에 "名曰王制者, 以其記先王班爵·授祿·祭祀·養老之法度"라 함.

【齒】 나이, 연세, 年齒.

【隨行】 뒤를 따름.

【雁行】 '鴈行'으로도 표기하며, 기러기가 줄을 지어 가되 비스듬히 곁으로 하여 따르는 형태. 흔히 형제나 형뻘, 아우뻘 되는 이들이 걷는 형태를 말함.

【不相踰】 줄을 넘어서거나 앞질러 가지는 않음. 나란히 걷는 것을 뜻함.

【幷】 자신 혼자 이를 모아 짊어지거나 옮김. 分과 상대되는 의미. 〈集註〉에 "幷, 謂少者獨任之; 分, 謂少者分任之"라 함.

【頒白】 斑白·班白·半白과 같음. 머리가 희끗희끗한 상태의 노인. 〈集註〉에 "頒, 老人頭半白黑也"라 함. 50대 늙은이를 뜻함.

【耆老】60, 70대의 노인. "六十曰耆, 七十曰老"라 함.
【徒行】수레나 말을 타지 아니하고 맨 걸음으로 다님.
【徒食】고기 반찬이 없이 식사를 함.
＊〈集註〉에 "此章, 記古者敬長憂老之制"라 함.

참고 및 관련 자료

1.《禮記》王制

道路: 男子由右, 婦人由左, 車從中央. 父之齒隨行, 兄之齒雁行, 朋友不相踰.
輕任幷, 重任分, 斑白不提挈. 君子耆老不徒行, 庶人耆老不徒食. 大夫祭器不假.
祭器未成, 不造燕器.

〈育兒圖〉

100(2-4-20)
향인과 술을 마실 때

○《논어論語》에 실려 있다.

"향인鄕人과 술을 마실 때에는 지팡이를 짚은 노인이 먼저 나간 후에야
나가셨다."

○《論語》曰:「鄕人飮酒, 杖者出, 斯出矣.」

【鄕人飮酒】古代 마을에서 敬老의 의미로 행하던 鄕飮之禮(《儀禮》를 볼 것).
【杖者】지팡이를 짚은 사람. 老人을 가리킴.
＊〈集註〉에 "朱子曰:「杖者, 老人也. 六十杖於鄕, 未出, 不敢先; 旣出, 不敢後.」
○此章記孔子居鄕之事"라 함.

[참고 및 관련 자료]

1.《論語》鄕黨篇
鄕人飮酒, 杖者出, 斯出矣. 鄕人儺, 朝服而立於阼階.

右明長幼之序

이상은 장유지서_{長幼之序}를 밝힌 것이다.

＊〈集註〉에 "凡二十條禮文, 雖殊要皆不出乎'敬'之一字, 曰先生, 以敎稱之也;
曰君子, 以德稱之也; 曰尊, 父行也; 曰長, 兄長也. 皆以'長'爲主也"라 함.

5. 명붕우지교 明朋友之交

'붕우朋友' 사이는 교분으로 맺어진 것으로 이는 인간이 사회를 이루어 나가면서 기본적으로 믿음을 바탕으로 교류라는 행위를 거치지 않으면 이루어질 수 없는 것이다. 따라서 그 사이를 잇는 것은 '교交'라는 개념이다.

본 편은 이를 설명한 것으로 모두 11장으로 이루어져 있다.

〈三輪銅盤〉(春秋) 1957 江蘇 武進 출토

101(2-5-1)
이문회우

○ 증자曾子가 말하였다.

"군자는 문文으로써 벗을 모으고, 벗으로써 인仁을 보輔하느니라."

○ 曾子曰: 「君子以文會友, 以友輔仁.」

【曾子】曾參. 자는 子輿. 南武城 사람으로 孔子의 수제자이며 효성으로 이름
이 났었음. 아버지는 曾晳(曾點)이었으며 아들은 曾元이었음. 《孝經》을 정리한
것으로 알려짐.
【文】詩書禮樂을 가리킴.
【輔仁】서로 도와 仁으로 향함. 輔는 輔導共進의 뜻.
＊〈集註〉에 "朱子曰: 「講學以會友, 則道益明; 取善以輔仁, 則德日進.」"이라 함.

> 참고 및 관련 자료

1. 《論語》 顔淵篇
曾子曰: 「君子以文會友, 以友輔仁.」

102(2-5-2)
친구와 형제

○ "친구 사이에는 간절하게 살펴 고쳐주어야 하고, 형제 사이에는 즐거움으로 대하여야 하느니라."

○ 孔子曰:「朋友切切偲偲, 兄弟怡怡」

【偲偲】 서로 責善하는 모습, 혹은 '자세히 살펴 힘쓰다'의 뜻. 음은 '시.' 〈集註〉에 "詳勉也"라 함.
【怡怡】 서로 즐거워하는 모습. 음은 '이.' 〈集註〉에 "怡怡, 和悅也"라 함.

참고 및 관련 자료

1. 《論語》 子路篇
子路問曰:「何如斯可謂之士矣?」 子曰:「切切偲偲, 怡怡如也, 可謂士矣. 朋友切切偲偲, 兄弟怡怡」

103(2-5-3)
친구의 도리

○《맹자孟子》에 이렇게 말하였다.

"선善을 행하도록 책하는 것은 붕우로서의 도리이다."

○《孟子》曰:「責善, 朋友之道也.」

【責善】 선행을 하도록 책함.

＊〈集註〉에 "朱子曰:「朋友當相責以善也」"라 함.

【 참고 및 관련 자료 】

1.《孟子》離婁(下)

公都子曰:「匡章, 通國皆稱不孝焉. 夫子與之遊, 又從而禮貌之, 敢問何也?」

孟子曰:「世俗所謂不孝者五: 惰其四支, 不顧父母之養, 一不孝也; 博弈好飮酒, 不顧父母之養, 二不孝也; 好貨財, 私妻子, 不顧父母之養, 三不孝也; 從耳目之欲, 以爲父母戮, 四不孝也; 好勇鬪很, 以危父母, 五不孝也. 章子有一於是乎? 夫章子, 子父責善而不相遇也. 責善, 朋友之道也; 父子責善, 賊恩之大者. 夫章子, 豈不欲有夫妻子母之屬哉? 爲得罪於父, 不得近. 出妻屏子, 終身不養焉. 其設心以爲不若是, 是則罪之大者, 是則章子已矣.」

104(2-5-4)
벗에게 충고할 때의 한계

○ 자공子貢이 벗에 대하여 여쭙자, 공자가 말하였다.
"충심으로 일러주고 잘 인도해주되, 불가不可하면 그만두어 스스로 욕을 입는 일은 하지 말아야 하느니라."

○ 子貢問友, 孔子曰:「忠告而善道之, 不可則止, 毋自辱焉.」

【子貢】端木賜. 공자의 제자.
【友】交友. '친구를 사귐.'
【告】勸善을 뜻함. '곡'으로 읽음.
【毋】금지명령을 나타내는 부사. 《論語》 원문에는 '無'로 되어 있음.
＊〈集註〉에 "朱子曰:「友所以輔仁, 故盡其心以告之, 善其說以道之. 然以義合者也, 故不可則止. 若以數而見疏則自辱矣.」"라 함.

〈子貢〉

1. 《論語》 顔淵篇
子貢問友. 子曰:「忠告而善道之, 不可則止, 無自辱焉.」

105(2-5-5)
어진 이를 섬겨야

○ 공자가 이렇게 말하였다.

"이 나라에 거하면서 대부 중에 어진 이를 섬기고, 선비 중에 어진 이를
벗할지니라."

○ 孔子曰:「居是邦也, 事其大夫之賢者, 友其士之仁者」

【是邦】이 나라.
【事】동사로 '섬기다'의 뜻.
＊〈集註〉에 "朱子曰:「賢以事言, 仁以德言. 事大夫之賢者, 則有所嚴憚; 友士
　之仁者, 則有所切磋, 皆進德之助也.」"라 함.

［ 참고 및 관련 자료 ］

1.《論語》衛靈公篇
子貢問爲仁. 子曰:「工欲善其事, 必先利其器. 居是邦也, 事其大夫之賢者, 友其
士之仁者.」

106(2-5-6)
손익에 관계되는 세 가지 친구 유형

○ "이익이 되는 벗이 세 가지이며 손해가 되는 벗이 세 가지이다. 벗이
곧고, 벗이 성실하고, 벗이 들음이 많으면, 유익하다. 그러나 벗이 편벽便辟
되고, 벗이 남을 기쁘게 하기만 하고, 벗이 편녕便佞하면 이는 손해가 된다."

○「益者三友, 損者三友, 友直, 友諒, 友多聞, 益矣, 友便辟, 友善
柔, 友便佞, 損矣.」

【直】正直, 곧음.
【諒】誠信.《說文》에「諒, 信也」라 함.
【多聞】見聞이 넓음.
【便辟】치우쳐 괴벽스러움. 곧지 못함. 雙聲語. '辟'은 '벽'(僻)으로 읽음.〈集註〉
에 "便辟, 謂習於威儀而不直"이라 함.
【善柔】남의 기분을 맞추어 주는 데에 능함.〈集註〉에 "工於媚悅而不諒"
이라 함.
【便佞】말만 잘 꾸미며 실천이 없음.〈集註〉에 "習於口語而無聞"이라 함.
＊〈集註〉에 "朱子曰:「友直, 則聞其過; 友諒, 則進於誠; 友多聞, 則進於明.
便, 習熟也; 便辟, 謂習於威儀而不直; 善柔, 謂工於媚悅而不諒; 便佞, 謂習
於口語而無聞. 見之, 實三者, 損益正相反也.」"라 함.

1.《論語》季氏篇

孔子曰:「益者三友, 損者三友. 友直, 友諒, 友多聞, 益矣. 友便辟, 友善柔, 友便佞, 損矣.」

107(2-5-7)
친구를 사귈 때

○《맹자孟子》에 실려 있다.

"자신이 더 나이가 많음을 내세우지 말 것이며, 자신이 더 귀한 신분임을 내세우지 말 것이며 자신에게는 형제가 있음을 내세우지 말고 서로 사귀어야 한다. 벗이란 그 덕을 벗하는 것이지 자신의 신분이나 위치로써 내세워서는 안 된다."

○《孟子》曰:「不挾長, 不挾貴, 不挾兄弟而友, 友也者友其德也, 不可以有挾也.」

【挾】그것을 자신의 우월함으로 여김. 〈集註〉에 "朱子曰:「挾者, 兼有而恃之之稱.」"이라 함.
【德】상대의 덕을 기본으로 하여 친구를 사귀는 것임.
＊〈集註〉에 "陳氏曰:「有挾, 則取友之意不誠.」"이라 함.

참고 및 관련 자료

1.《孟子》萬章(下)

萬章問曰:「敢問友.」孟子曰:「不挾長, 不挾貴, 不挾兄弟而友. 友也者, 友其德也, 不可以有挾也. 孟獻子, 百乘之家也, 有友五人焉: 樂正裘·牧仲, 其三人, 則予忘之矣. 獻子之與此五人者友也, 無獻子之家者也. 此五人者, 亦有獻子之家, 則不與之友矣. 非惟百乘之家爲然也. 雖小國之君亦有之. 費惠公曰:『吾於子思,

則師之矣; 吾於顏般, 則友之矣; 王順·長息, 則事我者也.』非惟小國之君爲
然也, 雖大國之君亦有之. 晉平公之於亥唐也, 入云則入, 坐云則坐, 食云則食.
雖疏食菜羹, 未嘗不飽, 蓋不敢不飽也. 然終於此而已矣. 弗與共天位也, 弗與
治天職也, 弗與食天祿也, 士之尊賢者也, 非王公之尊賢也. 舜尙見帝, 帝館甥
于貳室, 亦饗舜, 迭爲賓主, 是天子而友匹夫也. 用下敬上, 謂之貴貴; 用上敬下,
謂之尊賢. 貴貴尊賢, 其義 一也.』

108(2-5-8)
상대에게 끝까지 요구하지 말 것

○ 〈곡례曲禮〉에 말하였다.

"군자는 남이 나에게 해 주는 즐거움을 끝까지 다하도록 하지 아니하며, 남이 나에게 베푸는 충심을 끝까지 다 바치도록 하지 아니함으로써 사귐을 온전히 한다."

○ 〈曲禮〉曰:「君子不盡人之歡, 不竭人之忠, 以全交也」

【曲禮】《禮記》의 첫 번째 篇名으로 禮에 관한 節目과 여러 가지 상황에서 지켜야 할 도리를 낱낱이 적은 것으로 上下로 나뉘어져 있음. 鄭玄의 《三禮目錄》에 "名曰曲禮者, 以其篇記五禮之事, 祭祀之說, 吉禮也; 喪荒去國之說, 凶禮也; 致貢朝會之說, 賓禮也; 兵車旌鴻之說, 軍禮也; 事長敬老執贄納女之說, 嘉禮也"라 하였고, 陸德明은 《經傳釋文》에서 "曲禮者, 是儀禮之舊名, 委曲說禮之事"라 함.
【盡人之歡】남이 나를 위해 즐거움을 주기를 끝까지 다함.
【全交】사귐에 끊어지거나 변질이 없도록 함.
＊〈集註〉에 "歡, 謂好於我; 忠, 謂盡心於我. 不過望於人, 則交道可全矣"라 함.

参고 및 관련 자료

1.《禮記》曲禮(上)
博聞强識而讓, 敦善行而不怠, 謂之君子. 君子不盡人之歡, 不竭人之忠, 以全交也.

109(2-5-9)
손님을 안으로 맞아들일 때

○ 무릇 손님을 안으로 맞아들일 때는 매번 문마다 손님에게 양보한다. 손님이 침문寢門에 이르면 주인이 객에게 들어가기를 청하고 자리를 마련한 후 나와서 손님을 맞는다. 손님이 굳이 사양하면 주인은 손님에게 읍을 하고 들어간다. 주인은 문으로 들어가면서 오른쪽을 이용하고 손님은 문을 들어설 때 왼쪽으로 간다. 주인은 동쪽 계단으로 가고, 손님은 서쪽 계단으로 간다. 손님은 주인보다 신분이 낮으면 주인이 오르는 동쪽 계단으로 가되, 주인이 굳이 사양하면 그런 연후에 객은 다시 서쪽 계단으로 간다.

주인과 손님이 서로 먼저 오르기를 사양하다가 주인이 먼저 오르면 객이 그 뒤를 따르되 두 발을 모았다가 한 계단씩 걸음을 연속하여 오른다. 동쪽 계단으로 올라갈 때는 오른발을 먼저 내밀고, 서쪽 계단으로 올라갈 때는 왼쪽 발을 먼저 내민다.

○ 凡與客入者, 每門讓於客. 客至寢門, 主人請入, 爲席, 然後出迎客. 客固辭, 主人肅客而入. 主人入門而右, 客入門而左. 主人就東階; 客就西階. 客若降等, 則就主人之階, 主人固辭, 然後客復就西階.

主人與客讓登, 主人先登, 客從之. 拾級聚足, 連步以上. 上於東階, 則先右足; 上於西階, 則先左足.

【每門】大門과 寢門 따위. 고대 宮室과 祖澤은 天子는 九門, 제후는 五門, 卿大夫는 三門, 士는 二門으로 문마다 통과할 때면 손님에게 먼저 들어가기를 권하였음. 〈集註〉에 "每門通大門·寢門, 言讓於客, 欲客先入也"라 함.

【肅客】'肅'은 '揖'과 같음. 〈集註〉에 "肅, 謂揖也"라 함.

【拾級聚足】'拾'은 '보(抔)'의 오기. 계단 등급별로 걸음에 발을 모았다가 하나씩 올라감을 말함. 〈集註〉에 "拾, 當作抔. 級, 謂階之等. 聚足, 後足合前足也"라 함.

1. 《禮記》 曲禮(上)

凡與客入者, 每門讓於客. 客至於寢門, 則主人請入爲席, 然後出迎客. 客固辭, 主人肅客而入. 主人入門而右, 客入門而左. 主人就東階, 客就西階, 客若降等, 則就主人之階. 主人固辭, 然後客復就西階. 主人與客讓登, 主人先登, 客從之, 拾級聚足, 連步以上. 上於東階則先右足, 上於西階則先左足.

110(2-5-10)
대부와 사의 만남

○ 대부大夫와 사士의 서로 만남에 비록 귀천으로 보면 상대가 되지 않지만 주인으로서 손님을 존경한다면 주인이 먼저 절하고, 객으로서 주인을 존경한다면 객이 먼저 주인에게 절해야 한다.

○ 大夫士相見, 雖貴賤不敵, 主人敬客, 則先拜客, 客敬主人, 則先拜主人.

【相見】 친구의 신분으로 서로 만남을 말함.
【不敵】 敵은 '대등하다'의 뜻. 따라서 大夫와 士는 '신분상으로 대등하지는 않다'의 뜻.
【敬客】 손님과 주인의 관계로 서로 만날 때 주인은 손님을 공경하며 손님은 주인을 공경하여야 함을 말함.
＊〈集註〉에 "朋友之交, 先施之而已"라 함.

참고 및 관련 자료

1. 《禮記》 曲禮(下)
大夫士見於國君, 君若勞之, 則還辟, 再拜稽首. 君若迎拜, 則還辟, 不敢答拜. 大夫士相見, 雖貴賤不敵, 主人敬客, 則先拜客; 客敬主人, 則先拜主人. 凡非弔喪, 非見國君, 無不答拜者. 大夫見於國君, 國君拜其辱. 士見於大夫, 大夫拜其辱. 同國始相見, 主人拜其辱. 君於士, 不答拜也; 非其臣, 則答拜之. 大夫於其臣, 雖賤, 必答拜之. 男女相答拜也.

111(2-5-11)
주인이 먼저 묻지 않으면

○ 주인이 먼저 묻지 않으면 손님의 신분으로 먼저 말을 꺼내서는 안 된다.

○ 主人不問, 客不先擧.

【擧】 거론함. 말을 꺼냄.

＊〈集註〉에 "客自外至, 主人當先致問, 客不當先擧言也"라 함.

참고 및 관련 자료

1.《禮記》曲禮(上)

奉席如橋衡. 請席何鄕, 請袵何趾. 席: 南鄕北鄕, 以西方爲上; 東鄕西鄕, 以南方爲上. 若非飮食之客, 則布席, 席間函丈. 主人跪正席, 客跪撫席而辭. 客徹重席, 主人固辭. 客踐席, 乃坐. 主人不問, 客不先擧.

右明朋友之交

이상은 붕우지교朋友之交의 내용을 밝힌 것이다.

6. 통론通論

'통론通論'은 오륜五倫을 통틀어 마무리로써 설명한 것이다.
오륜은 맹자가 처음 거론한 이래 인간에게 가장 중요한 덕목으로
널리 선양되어 왔다.

모두 9장으로 이루어져 있다.

〈鴞尊〉(商) 1976 河南 安陽 婦好墓 출토

112(2-6-1)
안에서 성취한 행동

공자가 말하였다.

"군자가 어버이를 섬김에 효孝로써 하니 그 때문에 충忠을 가히 임금에게 옮겨 모실 수 있고, 형을 모심에는 제弟로써 하니 그 때문에 순順을 가히 어른에게 옮겨 모실 수 있으며, 집안에 거居하여는 이理로써 하니 그 때문에 치治를 가히 관직에 옮겨 처리할 수 있는 것이다. 이 까닭으로 행동은 안에서 성취시켜 이름을 후세에 세우는 것이다."

孔子曰:「君子之事親孝, 故忠可移於君, 事兄弟, 故順可移於長, 居家理, 故治可移於官, 是故行成於內, 而名立於後世矣.」

【弟】'悌'와 같음.
【廣揚名】자신의 이름을 날려 부모를 현달시킬 일을 넓힘.《孝經》의 편명이기도 함.
【行成於內】집안에서 孝悌의 덕행을 완전하게 수행해 냄.
 ＊〈集註〉에 "孝弟, 則家齊; 忠順, 則國治"라 함.

참고 및 관련 자료

1.《孝經》廣揚名章
子曰:「君子之事親孝, 故忠可移於君; 事兄悌, 故順可移於長; 居家理, 故治可移於官. 是以行成於內, 而名立於後世矣.」

113(2-6-2)
간쟁할 수 있는 이유

○ 천자로서 간쟁하는 신하가 일곱만 있어도 비록 천자가 무도하다 해도 그 천하를 잃지 않으며, 제후로서 간쟁하는 신하가 다섯만 있어도 비록 그 제후가 무도하다 해도 그 나라를 잃지 않으며, 대부로서 간쟁하는 신하가 셋만 있다 해도 그 대부가 비록 무도하다 해도 그 집을 잃지 않으며, 선비로서 간쟁하는 친구만 있다면 그 자신이 아름다운 명예를 잃지 않으며, 아버지로서 간쟁하는 아들이 있으면 그 자신이 불의에 빠지지 않는다. 그러므로 옳지 못한 일을 당했다면 아들로서 아버지에게 간쟁하지 않을 수 없으며, 신하로서 임금에게 간쟁하지 않을 수 없는 것이다.

○ 天子有爭臣七人, 雖無道, 不失其天下; 諸侯有爭臣五人, 雖無道, 不失其國; 大夫有爭臣三人, 雖無道, 不失其家; 士有爭友, 則身不離於令名, 父有爭子, 則身不陷於不義. 故當不義, 則子不可以弗爭於父, 臣不可以弗爭於君.

【國】 제후가 다스리는 나라.
【家】 경대부의 식읍.
【令名】 아름다운 명예. '令'은 '아름답다'의 뜻.
＊〈集註〉에 "范氏曰:「子不爭, 則陷父於不義; 臣不爭, 則陷君於無道.」" 라 함.

1.《孝經》諫諍章

曾子曰:「若夫慈愛·恭敬·安親·揚名, 則聞命矣. 敢問子從父之令, 可謂孝乎?」
子曰:「是何言與! 是何言與? 昔者, 天子有爭臣七人, 雖無道, 不失其天下; 諸侯
有爭臣五人, 雖無道, 不失其國; 大夫有爭臣三人, 雖無道, 不失其家; 士有爭友,
則身不離於令名; 父有爭子, 則身不陷於不義. 故當不義, 則子不可以不爭於父,
臣不可以不爭於君. 故當不義則爭之, 從父之令, 又焉得爲孝乎?」

114(2-6-3)
간언과 얼굴 표정

○《예기禮記》에 말하였다.

"어버이를 섬길 때는 은은하게 미간微諫을 하되 얼굴을 붉히게 되어서는
안 된다. 좌우에서 모시고 봉양할 때는 방법에 제한은 없으나 복종하고
부지런히 하여 목숨을 바칠 생각을 하다, 상사喪事에는 3년의 치상致喪을
정성껏 한다.

임금을 섬길 때는 얼굴을 붉히면서 미간을 해서는 안 된다. 좌우에서
모시면서 달리 받드는 데에 달리 방법은 없으며, 복종과 근면으로 죽을
때까지 하며 죽은 뒤에는 3년의 방상方喪을 한다.

스승을 섬김에는 얼굴을 붉히는 것도 미간도 해서는 안 된다. 좌우에서
모심에 다른 방법은 없으나 복종과 근면으로 죽을 때까지 한다. 죽은 뒤
에는 3년의 심상心喪을 지킨다."

○《禮記》曰:「事親, 有隱而無犯, 左右就養無方, 服勤至死, 致喪
三年.

事君, 有犯而無隱, 左右就養有方, 服勤至死, 方喪三年.

事師, 無犯無隱, 左右就養無方, 服勤至死, 心喪三年.」

【禮記】 三禮(禮記·儀禮·周禮) 중에 체계를 갖추지 아니하고 學術, 禮俗 등을
잡다하게 모은 것으로 공자 제자들이 輯錄한 것으로 보고 있음. 漢代에
이르러 《大戴禮記》(戴德)와 《小戴禮記》(戴聖)가 있었으며 대대가 古禮 204편

을 85편으로 줄이고, 다시 소대가 49편으로 줄여 지금의 《예기》가 이루어진 것으로 보고 있음. 그러나 이설이 많아 정확한 編定 과정은 자세히 알 수 없음.

【隱·犯】 '隱'은 은밀하게 간언하는 것, 微諫과 같음. '犯'은 얼굴을 붉히면서라도 간언을 하는 것. 〈集註〉에 "隱, 微諫也; 犯, 犯顔以諫也"라 함.

【左右】 곁에서 모심을 뜻함.

【無方】 '方'은 '常'과 같음. 일정한 법칙이나 방법.

【致喪】 3년상을 극진히 함.

【方喪】 '方'은 比方과 같음. 부모의 상에 견주어 治喪함. 〈集註〉에 "方喪, 比方於親喪也"라 함.

【心喪】 마음속으로 부모상과 같이 3년을 추모함. 〈集註〉에 "心喪者, 身無衰麻之服, 而心有哀戚之情也"라 함.

＊〈集註〉에 "親者, 仁之所在, 有過而犯, 則傷恩, 故有隱而無犯; 君者, 義之所在, 有過而隱, 則近於容悅, 故有犯而無隱. 劉氏曰:「師者, 道之所在, 諫必不見拒, 不必犯也. 過則當疑問, 不必隱也.」"라 함.

참고 및 관련 자료

1. 《禮記》 檀弓(上)

事親有隱而無犯, 左右就養無方, 服勤至死, 致喪三年. 事君有犯而無隱, 左右就養有方, 服勤至死, 方喪三年. 事師無犯無隱, 左右就養無方, 服勤至死, 心喪三年.

115(2-6-4)
세 가지 은덕

○ 난공자欒共子가 말하였다.

"사람은 세 가지에 의해 태어난 것이니 이들을 한결같이 모셔야 한다. 아버지는 나를 낳으셨고, 선생님은 나를 가르쳐주셨으며, 임금은 나를 먹여 주셨다. 아버지가 아니면 내가 태어날 수 없었고, 임금이 먹여주지 않았다면 나는 자라지 못하였을 것이며, 스승이 가르쳐주지 않았다면 내가 아는 것이 없었을 것이다. 내가 살아 있다는 것에 이 세 가지 은덕이 모두 같다. 그 때문에 하나같이 모시는 것이다. 오직 그들에게 일이 있으면 죽음으로써 은혜를 갚을 것이다. 삶을 내려주셨으니 죽음으로써 갚는 것이요, 남이 내려주심에 대하여 힘으로 갚는 것은 사람의 도리이다."

○ 欒共子曰:「民生於三, 事之如一: 父生之, 師敎之, 君食之. 非父不生, 非食不長, 非敎不知, 生之族也, 故一事之, 唯其所在, 則致死焉, 報生以死, 報賜以力, 人之道也.」

【欒共子】춘추시대 晉나라 대부. 共叔成. 晉 哀侯의 대부. 당초 共叔成의 아버지 欒賓은 武共의 조부 桓叔이 曲沃伯이 될 때 도와준 공이 있었음. 이름은 欒成. 시호는 共子. 진나라 昭侯가 숙부 桓叔을 曲沃에 伯으로 봉하였는데 곡옥이 점차 강대해져 소후가 죽음을 당함. 소후의 손자 哀侯가 환숙의 손자 武侯에게 역시 죽음을 당하였고 무후가 애후의 대부 난공자를 회유하자 난공자가 이에 반대하고 격투를 벌이다가 죽음을 당함.
【族】'類'와 같음.

【唯其所在】 그 은혜의 유형에 따라 그것이 있는 곳에 그것으로 보답함을 말함.

【報賜以力】 남이 하사한 것에 대하여는 힘으로써 그만큼을 보답함.

＊〈集註〉에 “眞氏曰:「報生以死, 謂君父師也. 報賜以力, 謂他人之有賜於我者, 則以力報之也.」”라 함.

1.《國語》晉語(1)

武公伐翼, 殺哀侯, 止欒共子曰:「苟無死, 吾以子見天子, 令子爲上卿, 制晉國之政.」辭曰:「成聞之:『民生於三, 事之如一.』父生之, 師敎之; 君食之. 非父不生, 非食不長, 非敎不知生之族也, 故壹事之. 唯其所在, 則致死焉. 報生以死, 報賜以力, 人之道也. 臣敢以私利廢人之道, 君何以訓矣? 且君知成之從也, 未知其待於曲沃也. 從君而貳, 君焉用之?」遂鬪而死.

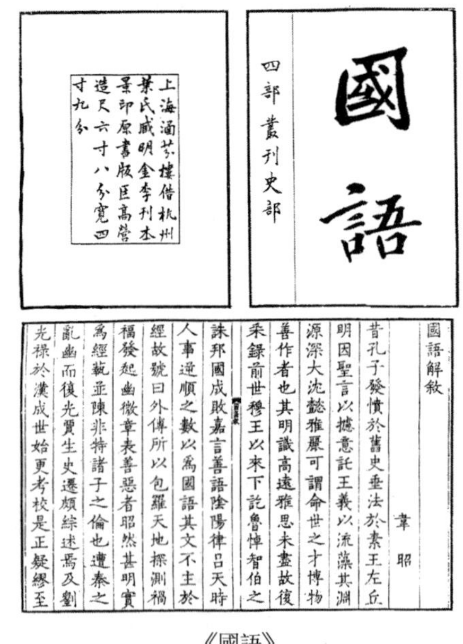

《國語》

116(2-6-5)
예의 선물

○ 안자晏子가 말하였다.

"임금이 명령하면 신하는 충성을 다하고 아버지는 자애스럽고 아들은 효성스러워야 한다. 형제간에 우애가 있고 부부간에 화목하며 고부姑婦간에 인자함과 순종함이 있어야 하는 것이 예禮이다. 임금이 명할 때 위반하지 아니하고 신하는 충성을 다하되 두 마음을 갖지 아니하며, 아버지는 자애롭지만 엄격히 가르쳐 주고 자식은 효성스러우면서도 간언을 할 줄 알아야 하고, 형은 사랑을 베풀면서 아껴줌이 있고 아우는 공경을 다하면서 순종할 줄 알고, 지아비는 화목하되 의롭고 아내는 부드러우면서도 올바르며, 시어미는 자애로우면서 사리를 따르고 며느리는 말을 잘 들을 줄 알면서 곱게 행동해야 한다. 이것이 예의 선물善物이다."

晏子(晏嬰) 淸 顧沅《古聖賢像傳》

○ 晏子曰:「君令臣共, 父慈子孝, 兄愛弟敬, 夫和妻柔, 姑慈婦聽, 禮也. 君令而不違, 臣其而不二, 父慈而敎, 子孝而箴, 兄愛而友, 弟敬而順, 夫和而義, 妻柔而正, 姑慈而從, 婦聽而婉, 禮之善物也」

【臣共】'共'은 恭과 같음. 그러나《晏子春秋》에는 '臣忠'으로 되어 있음.
【不二】흔히 '不貳'로도 표기하며 두 마음을 가짐.
【箴】諫과 같은 뜻으로 보았음. 〈集註〉에 "箴, 諫也"라 함.
【善物】훌륭한 일.《晏子春秋》에는 "禮之質也"라 하였음.
  *〈集註〉에 "此十者, 於禮爲至善矣"라 함.

1.《晏子春秋》外篇 重而異者

景公與晏子立于曲潢之上, 望見齊國, 問晏子曰:「後世孰將踐有齊國者乎?」
晏子對曰:「非賤臣之所敢議也」公曰:「胡必然也? 得者無失, 則虞夏常存矣」
晏子對曰:「臣聞見足以知之者, 智也; 先言而後當者, 惠也. 夫智與惠, 君子之事,
臣奚足以知之乎? 雖然, 臣請陳其爲政: 君彊臣弱, 政之本也; 君唱臣和, 教之
隆也; 刑罰在君, 民之紀也. 今夫田無宇, 二世有功于國, 而利取分寡, 公室兼之,
國權專之, 君臣易施, 而無衰乎! 嬰聞之: 臣富主亡. 由是觀之, 其無宇之後爲幾,
齊國, 田氏之國也. 嬰老, 不能待公之事, 公若卽世, 政不在公室」公曰:「然則
奈何?」晏子對曰:「維禮可以已之. 其在禮也, 家施不及國, 民不懈, 貨不移,
工賈不變, 士不濫, 官不謟, 大夫不收公利」公曰:「善! 今知禮之可以爲國也」
對曰:「禮之可以爲國也久矣, 與天地並立. 君令臣忠, 父慈子孝, 兄愛弟敬, 夫和
妻柔, 姑慈婦聽, 禮之經也. 君令而不違, 臣忠而不二, 父慈而敎, 子孝而箴, 兄愛
而友, 弟敬而順, 夫和而義, 妻柔而貞, 姑慈而從, 婦聽而婉, 禮之質也」公曰:
「善哉! 寡人迺今知禮之尙也」晏子曰:「夫禮, 先王之所以臨天下也, 以爲其民,
是故尙之」

2.《左傳》昭公 12年

齊侯與晏子坐于路寢. 公歎曰:「美哉室! 其誰有此乎?」晏子曰:「敢問, 何謂也?」
公曰:「吾以爲在德」對曰:「如君之言, 其陳氏乎! 陳氏雖無大德, 而有施於民.
豆·區·釜·鐘之數, 其取之公也薄, 其施之民也厚. 公厚斂焉, 陳氏厚施焉, 民歸
之矣. 詩曰:'雖無德與女, 式歌且舞.' 陳公之施, 民歌舞之矣. 後世若少惰, 陳氏
而不亡, 則國其國也已」公曰:「善哉! 是可若何?」對曰:「唯禮可以已之. 在禮,
家施不及國, 民不遷, 農不移, 工賈不變, 士不濫, 官不滔, 大夫不收公利」公曰:
「善哉! 我不能矣. 吾今而後知禮之可以爲國也」對曰:「禮之可以爲國也久矣,
與天地並. 君令·臣共, 父慈·子孝, 兄愛·弟敬, 夫和·妻柔, 姑慈·婦德, 禮也.

君令而不違, 臣共而不貳; 父慈而教, 子孝而箴; 兄愛而友, 弟敬而順; 夫和而義,
妻柔而正; 姑慈而從, 婦聽而婉, 禮之善物也.」公曰:「善哉, 寡人今而後聞此
禮之上也!」對曰:「先王所禀於天地以爲其民也, 是以先王上之.」

3.《左傳》隱公 3년

且夫賤妨貴, 少陵長, 遠間親, 新間舊, 小加大, 淫破義, 所謂六逆也; 君義, 臣行,
父慈, 子孝, 兄愛, 弟敬, 所謂六順也. 去順效逆, 所以速禍也. 君人者, 將禍是
務去, 而速之, 無乃不可乎?

4.《韓非子》外儲說右上

景公與晏子遊於少海, 登柏寢之臺而還望其國, 曰:「美哉! 泱泱乎, 堂堂乎!
後世將孰有此?」晏子對曰:「其田成氏乎!」景公曰:「寡人有此國也, 而曰田成
氏有之, 何也?」晏子對曰:「夫田成氏甚得齊民. 其於民也, 上之請爵祿行諸大臣,
下之私大斗斛區釜以出貸, 小斗斛區釜以收之. 殺一牛, 取一豆肉, 餘以食士. 終歲,
布帛取二制焉, 餘以衣士. 故市木之價, 不加貴於山; 澤之魚鹽龜鼈蠃蚌, 不加
貴於海. 君重斂, 而田成氏厚施. 齊嘗大飢, 道旁餓死者不可勝數也, 父子相牽
而趨田成氏者. 不聞不生. 故周秦之民相與歌之曰:『謳乎, 其已乎! 苞乎, 其往
歸田成子乎!』《詩》曰:『雖無德與女, 式歌且舞.』今田成氏之德而民之歌舞,
民德歸之矣. 故曰:『其田成氏乎!』」公泫然出涕曰:「不亦悲乎! 寡人有國而田
成氏有之. 今爲之奈何?」晏子對曰:「君何患焉? 若君欲奪之, 則近賢而遠不肖,
治其煩亂, 緩其刑罰, 振貧窮而恤孤寡, 行恩惠而給不足, 民將歸君, 則雖有十
田成氏, 其如君何?」

5.《家範》(1) 治家篇 司馬光

齊晏嬰曰:「君令臣共, 父慈子孝, 兄愛弟敬, 夫和妻柔, 姑慈婦聽, 禮也. 君令
而不違, 臣其而不貳, 父慈而教, 子孝而箴, 兄愛而友, 弟敬而順, 夫和而義, 妻柔
而正, 姑慈而從, 婦聽而婉, 禮之善物也」夫治家莫如禮, 男女之別, 禮之大節也.
故治家者, 必以爲先禮: 男女不雜坐, 不同椸枷, 不同巾櫛, 不親授受, 嫂叔不
通問, 諸母不漱裳, 外言不入於梱, 内言不出於梱. 女子許嫁, 纓非有大故, 不入
其門, 姑姊妹女子, 子已嫁而反兄弟, 弗與同席而坐, 弗與同器而食. 男女非有
行妹, 不相知名, 非受幣不交不親. 故日月以告君, 齋戒以告鬼神, 爲酒食以召
鄉黨僚友, 以厚其別也.

6.《家範》(10) 舅甥篇 司馬光

晏子稱:「姑慈而從, 婦聽而婉, 禮之善物也.」

117(2-6-6)
때를 놓치지 말라

○ 증자曾子가 말하였다.

"부형을 즐겁게 해 드리지 못하면서 감히 밖으로 사람을 사귀려 들지 말라. 가까운 자와 친함을 이루지 못하면서 감히 먼 곳 사람을 친하려 들지 말라. 작은 것을 잘 살피지 못하면서 감히 큰 것을 말하지 말라. 그러므로 사람이 나서 일생을 살면서 백 살을 사는 동안 병든 날이 있고, 늙거나 어려서 제대로 하지 못하는 때가 있다. 그러므로 군자는 다시 할 수 없는 것이 있음을 생각하여 우선 먼저 베푸는 것이다. 부형이 이미 죽고 없다면 비록 효도를 하고자 하나 누구를 위해 효도를 한단 말인가? 나이가 이미 기애耆艾에 이르렀다면 비록 제悌를 하고자 하나 누구를 두고 제悌를 한단 말인가? 그러므로 '효도란 때를 놓치면 할 대상이 없어지고, 제란 때에 맞추지 못하면 하고자 해도 할 수가 없다'는 말은 바로 이를 두고 한 말이리라!"

○ 曾子曰:「親戚不說, 不敢外交; 近者不親, 不敢求遠; 小者不審, 不敢言大. 故人之生也, 百歲之中, 有疾病焉, 有老幼焉. 故君子思其不可復者, 而先施焉. 親戚旣沒, 雖欲孝, 誰爲孝? 年旣耆艾, 雖欲悌, 誰爲悌? 故『孝有不及, 悌有不時』, 其此之謂歟!」

【曾子】曾參. 자는 子輿. 南武城 사람으로 孔子의 수제자이며 효성으로 이름이 났었음. 아버지는 曾晳(曾點)이었으며 아들은 曾元이었음.《孝經》을 정리한 것으로 알려짐.

【親戚】〈集註〉에 "親戚, 謂父兄"이라 함.

【老幼】늙으면 힘이 없어 실행하지 못하고 어릴 때에는 몰라서 실행하지 못함. 즉 시간이나 기회가 수명만큼 긴 것이 아님을 말한 것임.

【孝】부모에 대한 효도를 말함.

【悌】형에 대한 우애를 말함. 형은 자신보다 나이가 많으므로 먼저 세상을 떠날 수 있어 형에 대한 사랑도 항상 영원히 할 수 있는 것이 아님을 뜻함.

【耆艾】60세와 50세. 〈集註〉에 "六十曰耆, 耆之言久也; 五十曰艾, 艾之言老也. 其間有疾病老幼之變, 不能常也. 故君子思其養之, 不可復追而及時先行之. 若親沒則養不逮, 己老則兄不存, 欲行孝弟不可得已"라 함.

＊〈集註〉에 "曾子曰:「木欲靜而風不止, 子欲養而親不逮.」此孝之有不及之意也. 李勣曰:「姊年老, 勣亦老, 雖欲數爲姊煮粥得乎?」此悌有不時之意也"라 함.

참고 및 관련 자료

1. 《大戴禮記》曾子疾病

親戚不悅, 不敢外交. 近者不親, 不敢求遠. 小者不審, 不敢言大, 故人之生也, 百歲之中, 有疾病焉, 有老幼焉, 故君子思其不可復者而先施焉. 親戚旣歿, 雖欲孝, 誰爲孝? 老年耆艾, 雖欲弟, 誰爲弟? 故孝有不及, 弟有不時, 其此之謂與!

118(2-6-7)
효도는 처자로 인해 시든다

○관직에 있는 자는 벼슬하는 자로서 이루었다 하는 데에서 게을러지고, 병은 조금 낫는 데에서 더 깊어진다. 재앙은 게으름에서 생겨나고, 효성은 아내와 자식으로 인해 시들어간다. 이 네 가지는 끝을 신중히 하기를 시작할 때처럼 해야 하는 것이다. 《시詩》에는 "처음에는 잘하려 하지 않음이 없었으나 그 끝까지도 잘 마무리하는 자는 드물도다"라 하였다.

○官怠於宦成, 病加於小愈, 禍生於懈惰, 孝衰於妻子. 察此四者, 愼終如始. 《詩》曰:『靡不有初, 鮮克有終.』

【官·宦】 관직과 관리. 그러나 이 두 글자를 서로 바꾸어 쓴 판본이나 기록도 많음. 이 구절은 "관리로서 무엇인가 이루었다", 혹은 "관리로서 이미 기득권을 잡았으니 크게 힘쓰지 아니하고 누려도 된다"라는 뜻임.
【詩】《詩經》大雅 蕩의 구절.
【靡不】 '~하지 않음이 없음'을 뜻하는 이중부정으로 강한 긍정을 나타냄. '靡'는 '無'와 같음. 雙聲互訓.
【鮮克】 '鮮'은 '드물다'의 뜻. '克'은 '해내다, 이겨내다, 완수하다'의 뜻.
＊〈集註〉에 "有始無終, 人之常情, 能察能愼, 斯免矣"라 함.

1.《說苑》敬愼篇
曾子有疾, 曾元抱首, 曾華抱足, 曾子曰:「吾無顔氏之才, 何以告汝? 雖無能,君子務益. 夫華多實少者, 天也; 言多行少者, 人也. 夫飛鳥以山爲卑, 而層巢其巔; 魚鼈以淵爲淺, 而穿穴其中; 然所以得者, 餌也. 君子苟能無以利害身, 則辱安從至乎? 官怠於宦成, 病加於少愈, 禍生於懈惰, 孝衰於妻子; 察此四者, 愼終如始. 詩曰: 『靡不有初, 鮮克有終.』」

2. 《韓詩外傳》(8)

官怠於有成, 病加於小愈, 禍生於懈惰, 孝衰於妻子, 察此四者, 愼終如始. 易曰: 『小狐汔濟, 濡其尾.』詩曰: 『靡不有初, 鮮克有終.』

3. 《文子》符言篇

宦敗於官茂, 孝衰於妻子, 患生於憂解, 病甚於且瘉. 故愼終如始, 則無敗事.

4. 《鄧析子》轉辭篇

患生於官成, 病始於少瘳, 禍生於懈慢, 孝衰於妻子. 察此四者, 愼終如始也. 富必給貧, 壯必給老 快情恣欲, 必多侈侮. 故曰: 尊貴無以高人, 聰明無以籠人, 資給無以先人, 剛勇無以勝人. 能履行此, 可以爲天下君.

5. 《管子》樞言篇

生其事親也, 妻子具則孝衰矣; 其事君也, 有好業, 家室富足, 則行衰矣; 爵祿滿則忠衰矣.

6. 《明心寶鑑》省心篇(11-217)

《說苑》云:「官怠於宦成, 病加於小愈. 禍生於懈惰, 孝衰於妻子. 察此四者, 愼終如始.」

119(2-6-8)
상서롭지 못한 세 가지

○《순자荀子》에 말하였다.

"사람에게 상서롭지 못함이 세 가지 있으니 어린 나이에 어른 섬기기를 긍정하지 않는 것, 천한 신분이면서 귀한 자 섬기기를 긍정하지 않는 것, 불초不肖하면서 어진 이 섬기기를 긍정하지 않는 것이다. 이것이 사람에게 있어서 상서롭지 못한 세 가지이다."

荀子(荀況, 孫卿)

○《荀子》曰:「人有三不祥: 幼而不肖事長, 賤而不肖事貴, 不肖而不肖事賢, 是人之三不祥也.」

【不祥】 상서롭지 못한 것.
【不肖】 똑똑하지 못함. '不肖其父'의 줄인 말. 아버지만 못한 자식.
＊〈集註〉에 "三者, 皆凶德, 唯一於是, 災及其身矣"라 함.

참고 및 관련 자료

1.《荀子》非相篇
人有三不祥: 幼而不肖事長, 賤而不肖事貴, 不肖而不肖事賢, 是人之三不祥也.

人有三必窮：爲上則不能愛下，爲下則好非其上，是人之一必窮也；鄉則不若，偝則謾之，是人之二必窮也；知行淺薄，曲直有以相縣矣，然而仁人不能推，知士不能明，是人之三必窮也．人有此三數行者，以爲上則必危，爲下則必滅．《詩》曰：『雨雪瀌瀌，宴然聿消，莫肯下隧，式居屢驕．』此之謂也．

120(2-6-9)
쓸데없는 변론

○ 쓸데없는 변론이나 급하지 아니한 살핌은 버려두고 거들떠보지도 말라. 그러나 만약 무릇 군신지의君臣之義, 부자지친父子之親, 부부지별夫婦之別 같은 것이라면 날마다 절차切磋하여 방치할 수 없는 것이다.

○ 無用之辯, 不急之察, 棄而不治. 若夫君臣之義, 父子之親, 夫婦之別, 則日切磋而不舍也.

【切磋】 切磋琢磨의 줄인 말. 열심히 갈고 닦아 실천함.
【不舍】 舍는 捨와 같음. 버림, 방치함.
＊〈集註〉에 "無用之言而辯之, 不急之務而察之, 非有無益, 反害於心, 故當棄而不理. 若夫三綱之道, 乃人倫之大者, 則當朝夕講習如切如磋, 已精而益求其精, 不可舍也"라 함.

참고 및 관련 자료

1.《荀子》天論篇
傳曰:「萬物之怪, 書不說.」無用之辯, 不急之察, 棄而不治. 若夫君臣之義, 父子之親, 夫婦之別, 則日切瑳而不舍也.

2.《明心寶鑑》正己篇(5-65)
荀子曰:「無用之辯, 不急之察, 棄而勿治. 若夫君臣之義, 父子之親, 夫婦之別, 則日切磋而不舍也.」

右通論

이상은 오륜五倫을 통틀어 논한 것이다.

* 〈集註〉에 "通論五倫"이라 함.

〈靑瓷四繫螭耳天雞尊〉(隋) 1956 湖北 武漢 隋墓 출토

第三 경신敬身

〈경신敬身〉은 내편의 세 번째 편으로 자신의 몸을 어떻게 경건히 가질 것인가의 문제를 다루고 있다.

다시 그 아래 세부 편명으로 (1)명심술지요(明心術之要: 심술의 요체를 밝힘) (2)명위의지칙(明威儀之則: 위의의 법칙을 밝힘) (3)명의복지제(明衣服之制: 의복의 제도를 밝힘) (4)명음식지절(明飮食之節: 음식의 절조를 밝힘) 등 네 가지를 설정하여 이를 구체적으로 설명히고 있나.

심술(12장)·위의(21장)·의복(7장)·음식(6장) 등 모두 46장으로 이루어져 있다.

* 〈集註〉에 "敬身者, 敬以持身也. 許文正公曰:「敬身之目, 其別有四: 心術·威儀·衣服·飮食」 心術, 正乎內; 威儀, 正乎外, 則敬身大體得矣. 其衣服·飮食, 所以奉身也. 苟不制之以義·節之以禮, 將見其所以養人者, 反害於人也. 分而言之: 心術·威儀, 脩德之事也; 衣服·飮食, 克己之事也. 統而言之: 皆敬身之要也. 蓋惟敬身, 故於父子·君臣·夫婦·長幼·朋友之間, 無施而不可. 此古人脩身必本於敬矣. 凡四十六章"이라 함.

◎ 敬身 小序

공자가 말하였다.

"군자는 경건히 여기지 않을 것이 없으나 그 중에 자신의 몸을 경건히 함이 가장 큰 것이다. 몸이란 어버이의 가지이니 감히 경건히 하지 않을 수 있겠는가? 능히 자신의 몸을 경건히 하지 않는다면 이는 그 어버이를 상하게 하는 것이며, 어버이를 상하게 하는 것은 그 근본을 상하게 하는 것이다. 그 근본을 상하게 하면 그 줄기는 저절로 사라지게 되는 것이다."

성인聖人의 모범을 우러르며, 현인賢人의 모범을 경모景慕하여 이편을 찬술하니 몽매한 선비를 훈계하기 위함이다.

孔子曰:「君子無不敬也, 敬身爲大. 身也者, 親之枝也, 敢不敬與? 不能敬其身, 是傷其親, 傷其親, 是傷其本. 傷其本, 枝從而亡.」

仰聖模, 景賢範, 述此篇, 以訓蒙士.

【與】 '歟'와 같음. 감탄, 혹은 의문을 나타내는 종결사.
【模】 模式, 冒犯.
【蒙士】 蒙昧한 선비.
＊〈集註〉에 "聖賢之言, 爲天下後世法, 故曰模範"이라 함.

1. 이는 제3편 〈敬身篇〉의 小序에 해당하는 부분임.

2. 《禮記》哀公問

公曰:「寡人願有言. 冕而親迎, 不已重乎?」孔子愀然作色而對曰:「合二姓之好, 以繼先聖之後, 以爲天地宗廟社稷之主, 君何謂已重乎?」公曰:「寡人固! 不固, 焉得聞此言也. 寡人欲問, 不得其辭, 請少進!」孔子曰:「天地不合, 萬物不生. 大昏, 萬世之嗣也, 君何謂已重焉!」孔子遂言曰:「內以治宗廟之禮, 足以配天地之神明; 出以治直言之禮, 足以立上下之敬. 物恥, 足以振之; 國恥, 足以興之. 爲政先禮, 禮, 其政之本與?」孔子遂言曰:「昔三代明王之政, 必敬其妻子也, 有道. 妻也者, 親之主也, 敢不敬與? 子也者, 親之後也, 敢不敬與? 君子無不敬也, 敬身爲大. 身也者, 親之枝也, 敢不敬與? 不能敬其身, 是傷其親; 傷其親, 是傷其本; 傷其本, 枝從而亡. 三者, 百姓之象也. 身以及身, 子以及子, 妃以及妃, 君行此二者, 則愾乎天下矣, 大王之道也. 如此, 國家順矣.」

3. 《孔子家語》大婚解

公曰:「寡人願有言也, 然冕而親迎, 不已重乎?」孔子愀然作色而對曰:「合二姓之好, 以繼先聖之後, 以爲天下宗廟社稷之主, 君何謂已重焉?」公曰:「寡人實固, 不固, 安得聞此言乎? 寡人欲問, 不能爲辭, 請少進」孔子曰:「天地不合, 萬物不生. 大婚, 萬世之嗣也, 君何謂已重焉?」孔子遂言曰:「內以治宗廟之禮, 足以配天地之神; 出以治直言之禮, 以立上下之敬; 物恥則足以振之, 國恥足以興之. 故爲政先乎禮, 禮其政之本與?」孔子遂言曰:「昔三代明王, 必敬妻子也, 蓋有道焉. 妻也者, 親之主也; 子也者, 親之後也, 敢不敬與? 是故君子無不敬. 敬也者, 敬身爲大. 身也者, 親之支也, 敢不敬與? 不敬其身, 是傷其親. 傷其親, 是傷本也. 傷其本, 則支從之而亡. 三者, 百姓之象也. 身以及身, 子以及子, 妃以及妃. 君以修此三者, 則大化愾乎天下矣. 昔太王之道也, 如此, 國家順矣.」

4. 《明心寶鑑》遵禮篇(16-9)

程子曰:「無不敬.」

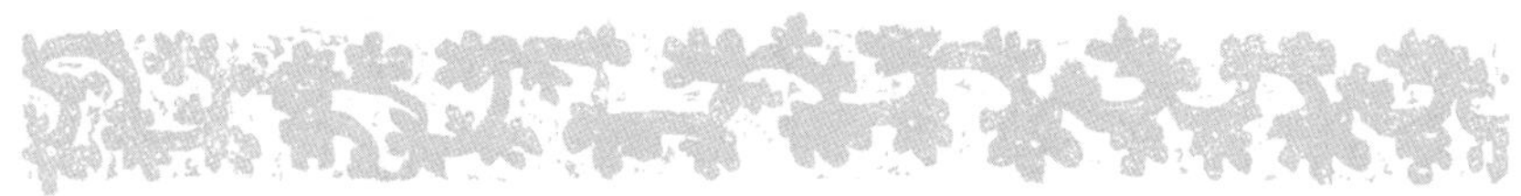

1. 명심술지요 明心術之要

'심술心術'이란 마음 씀씀이라는 뜻이다. 본편은 그 심술의 요체를 밝힌 것이다.

모두 12장이다.

〈吳王夫差鑒〉(全) 春秋, 河南 輝縣 출토

121(3-1-1)
단서에 있는 경계

《단서丹書》에 말하였다.

"경건함이 태만함보다 더하면 길吉하게 되고, 태만함이 경건함을 넘어서게 되면 멸망한다. 정의가 욕심을 앞지르면 모든 일이 잘 풀리지만 욕심이 의로움을 앞서게 되면 흉하게 된다."

《丹書》曰:「敬勝怠者吉, 怠勝敬者滅; 義勝欲者從, 欲勝義有凶.」

【丹書】책 이름. 사상보(師尙父, 呂尙, 姜太公)가 周 武王에게 고한 내용이었다 함.
【從】순리에 맞게 일이 잘 풀림. 고대 '橫'은 부정적인 의미로 보고 '從'은 긍정적인 의미로 여겼음.
【吉滅, 從凶】각기 두 글자씩 韻尾를 맞추고 있음.
＊〈集註〉에 "眞氏曰:「敬則萬善俱立, 怠則萬善俱廢; 義則理爲之主, 欲則物爲之主. 吉凶存亡之所由分也.」라 함.

〈姜太公像〉

1. 《大戴禮記》武王踐阼篇

武王踐阼三日, 召士大夫而問焉, 曰:「惡有藏之約, 行之行, 萬世可以爲子孫常者乎?」諸大夫對曰:「未得聞也.」然後召師尚父而問焉, 曰:「昔黃帝顓頊之道存乎? 意亦忽不可得見與?」師尚父曰:「在《丹書》, 王欲聞之, 則齊矣!」王齊三日, 端冕, 師尚父(亦端冕)奉書而入, 負屏而立, 王下堂, 南面而立, 師尚父曰:「先王之道不北面!」王行(西)折而(南)東面(而立), 師尚父西面道書之言曰:「敬勝怠者吉, 怠勝敬者滅, 義勝欲者從, 欲勝義者凶, 凡事, 不強則枉, 弗敬則不正, 枉者滅廢, 敬者萬世. 藏之約, 行之行, 可以爲子孫常者, 此言之謂也! 且臣聞之, 以仁得之, 以仁守之, 其量百世. 以不仁得之, 以仁守之, 其量十世. 以不仁得之, 以不仁守之, 必及其世.」

三才圖會　人物四卷　十三

太公姓姜氏名子牙取呂尚釣於磻溪之渭水西伯出獵占之曰所獲非龍非熊非虎非羆霸王之輔遇於渭陽曰吾太公望子久矣故號太公望載歸立爲師作六韜兵法立九府圜法封於齊

太公 姜子牙(呂尚)《三才圖會》

122(3-1-2)
공경히 해야 할 것들

○〈곡례曲禮〉에 말하였다.

"공경하지 않아도 되는 것이란 없으니 얼굴은 단엄하여 마치 생각하는 듯이 가질 것이며, 말은 안정되게 가지면 백성은 편안히 하는 것이로다! 오만한 마음을 자라나게 하지 말 것이며 욕심은 풀어놓아서는 안 된다. 뜻은 가득 채우려 들지 말 것이며, 즐거움은 끝까지 하려들지 말라. 어진 이는 편히 대하되 공경하여야 하고, 두려워하되 사랑해야 한다. 사랑하되 그 악함을 알아차려야 하고, 미워하되 그 선함을 알아내어야 한다. 쌓되 능히 흩어줄 줄도 알아야 하며, 편안하고자 하는 것을 편안히 해 주되 능히 옮길 줄도 알아야 한다. 재물에 임해서는 구차하게 얻지 말 것이며, 어려움에 당해서는 구차하게 면하려 들지도 말라. 싸움에서는 이기려 들지 말고, 나눌 때에는 많이 가지려 하지 말라. 의심나는 일이 있어도 자신의 의견만으로 바로잡으려 하지 말며, 자신의 정직함을 지키되 이를 고집해서도 안 된다."

○〈曲禮〉曰:「毋不敬, 儼若思, 安定辭, 安民哉! 敖不可長, 欲不可從, 志不可滿, 樂不可極. 賢者狎而敬之, 畏而愛之, 愛而知其惡, 憎而知其善. 積而能散, 安安而能遷. 臨財毋苟得, 臨難毋苟免. 狠毋求勝, 分毋求多, 疑事毋質, 直而勿有.」

【曲禮】《禮記》의 첫 번째 篇名으로 禮에 관한 節目과 여러 가지 상황에서 지켜야 할 도리를 낱낱이 적은 것으로 上下로 나뉘어져 있음. 鄭玄의 《三禮目錄》에 "名曰曲禮者, 以其篇記五禮之事, 祭祀之說, 吉禮也; 喪荒去國之說, 凶禮也; 致貢朝會之說, 賓禮也; 兵車旌鴻之說, 軍禮也; 事長敬老執贄納女之說, 嘉禮也"라 하였고, 陸德明은 《經傳釋文》에서 "曲禮者, 是儀禮之舊名, 委曲說禮之事"라 함.

【毋不敬】그 마음을 바르게 갖는 것. 〈集註〉에 "毋不敬, 正其心也"라 함.

【儼若思】그 태도나 용모를 바르게 갖는 것. 〈集註〉에 "儼若思, 正其貌也"라 함.

【安定辭】말을 바르게 하는 것. 〈集註〉에 "安定辭, 正其言也"라 함.

【安民哉】자신을 바르게 하여 외물이 바르게 되도록 함. 〈集註〉에 "安民哉, 正己而物正也"라 함.

【從】縱과 같음. 풀어놓아 放縱하도록 힘. 이하 네 구절에 대하여 〈集註〉에 "馬氏曰:「敖不可長, 必消而絶之; 欲不可縱, 必克而止之; 志不可滿, 必損而抑之; 樂不可極, 必約而歸於禮.」"라 함.

【安安而陵遷】〈集註〉에 "朱子曰:「此言賢者於其所狎, 陵敬之. 於其所畏, 陵愛之; 於其所愛, 陵知其惡; 於其所憎, 陵知其善. 雖積財而陵散施, 雖安安而能遷義, 可以爲法. 與上下文, 禁戒之辭不同.」"이라 함.

【疑事毋質】'質'은 '成'과 같음. 〈集註〉에 "質, 成也. 事有疑, 則闕之. 不可以己意斷也"라 함.

＊〈集註〉에 "朱子曰:「兩句連說爲是. '疑事毋質', 卽少儀所謂'毋身質言語'也. '直以勿有', 謂陳我所見聽彼決擇, 不可據而有之專務强辯, 不然則是以'身質言語'也.」"라 함.

참고 및 관련 자료

1. 《禮記》曲禮(上)

曲禮曰: 毋不敬, 儼若思, 安定辭. 安民哉! 敖不可長, 欲不可從, 志不可滿, 樂不可極. 賢者狎而敬之, 畏而愛之. 愛而知其惡, 憎而知其善. 積而能散, 安安而能遷. 臨財毋苟得, 臨難毋苟免. 很毋求勝, 分毋求多. 疑事毋質, 直而勿有. 若夫, 坐如尸, 立如齊. 禮從宜, 使從俗.

123(3-1-3)
예가 아니면 보지 말며

○ 공자가 이렇게 말하였다.

"예가 아니면 보지 말며, 예가 아니면 듣지 말며, 예가 아니면 말하지 말며, 예가 아니면 움직이지 말라."

○ 孔子曰: 「非禮勿視, 非禮勿聽, 非禮勿言, 非禮勿動」

【非禮】禮가 아닌 것들. 禮敎, 禮儀, 禮義 등에 어긋난 것들.
【勿】금지명령을 뜻하는 부사.
＊〈集註〉에 "此答顔淵問仁也. 朱子曰:「非禮者, 己之私也, 勿者, 禁止之辭.」友曰:「但有些箇不循道理處, 便是非禮也.」"라 함.

⬚ 참고 및 관련 자료

1. 《論語》顔淵篇
顔淵問仁. 子曰:「克己復禮爲仁. 一日克己復禮, 天下歸仁焉. 爲仁由己, 而由人乎哉?」顔淵曰:「請問其目.」子曰:「非禮勿視, 非禮勿聽, 非禮勿言, 非禮勿動.」顔淵曰:「回雖不敏, 請事斯語矣.」

124(3-1-4)
문 밖에 나서서

○ "문 밖을 나서서 남을 대할 때는 마치 큰손님을 대하듯이 하며, 백성을 부릴 때는 마치 큰 제사를 이어 받들듯이 하라. 자신이 하고자 하지 않는 바를 남에게 베풀지 말 것이니라."

○「出門如見大賓, 使民如承大祭, 己所不欲, 勿施於人」

【大賓】公侯의 賓客. 外交에 있어서의 賓客.
【大祭】郊祭나 禘祭 등의 큰 祭祀.
＊〈集註〉에 "此答仲弓問仁也. '出門如賓', '使民如祭', 敬以持己也, '己所不欲, 勿施於人', 恕以及物也"라 함.

> 참고 및 관련 자료

1.《論語》顔淵篇
仲弓問仁. 子曰:「出門如見大賓, 使民如承大祭. 己所不欲, 勿施於人. 在邦無怨, 在家無怨.」仲弓曰:「雍雖不敏, 請事斯語矣.」
2.《論語》衛靈公篇
子貢問曰:「有一言而可以終身行之者乎?」子曰:「其『恕』乎! 己所不欲, 勿施於人.」
3.《左傳》僖公 33年
臼季曰:「臣聞之: 出門如賓, 承事如祭, 仁之則也.」

4.《管子》小問篇

「非其所欲, 勿施於人, 仁也.」

「非其所欲, 勿施於人, 仁也.」

125(3-1-5)
이적의 땅에서도 버릴 수 없는 것

○ "거처에 공손히 하며, 일을 집행함에 경건히 하고, 남에게 충성되게 해야 하느니라. 이러한 것은 비록 이적夷狄 땅에 갈지라도 버릴 수 없는 것이니라."

○「居處恭, 執事敬, 與人忠, 雖之夷狄, 不可棄也.」

【執事】 일을 맡아 처리함.
【夷狄】 오랑캐 땅. 여기서는 文明이 未開한 지역을 뜻함.
＊〈集註〉에 "此答樊遲問仁也. 朱子曰:「恭主客敬, 主事恭見乎外, 敬主乎中, 雖之夷狄, 不可棄, 勉其固守而勿失也.」蔡氏曰:「諸子問仁而所答各異者, 因其 所稟之資而發也.」"라 함.

> 참고 및 관련 자료

1. 《論語》 子路篇
樊遲問仁. 子曰:「居處恭, 執事敬, 與人忠. 雖之夷狄, 不可棄也.」

126(3-1-6)
만맥과 주리

○ "말에는 충성과 신의로, 행동에는 독실함과 공경함이 있으면 비록 만맥蠻貊의 나라에 갈지라도 행하여질 수 있거니와, 말에 충성과 신의가 없고 행동에 독실함과 공경함이 없다면 비록 주리州里에 있다 하여도 행하여질 수 있겠느냐?"

○「言忠信, 行篤敬, 雖蠻貊之邦, 行矣. 言不忠信, 行不篤敬, 雖州里, 行乎哉?」

【蠻貊】蠻은 남쪽의 異民族, 貊은 동북쪽 異民族, 여기서는 未文明 지역을 임의로 내세운 것.
【州里】蠻貊에 대비되는 개념으로 사람이 모여 살아 文明, 文化를 이룬 지역. 州는 큰 도시이며, 里 역시 큰 마을을 뜻함. 2천5백 집을 州라 하며, 25 집을 里라 함.

> 참고 및 관련 자료

1.《論語》衛靈公篇
子張問行. 子曰:「言忠信, 行篤敬, 雖蠻貊之邦, 行矣. 言不忠信, 行不篤敬, 雖州里, 行乎哉? 立, 則見其參於前也, 在輿, 則見其倚於衡也, 夫然後行.」子張書諸紳.
2.《明心寶鑑》正己篇(5-47)
《性理書》云:「修身之要, 言忠信, 行篤敬, 懲忿窒慾, 遷善改過.」

127(3-1-7)
군자의 구사

○ "군자에게는 염두에 두어야 할 아홉 가지 생각이 있다. 볼 때는 밝음을 염두에 둘 것, 들을 때는 총명함을 염두에 둘 것, 얼굴 표정에는 따뜻함을 염두에 둘 것, 모습에는 공손함을 염두에 둘 것, 말에는 충성됨을 염두에 둘 것, 일 처리에는 공경함을 염두에 둘 것, 의문이 나는 일에는 묻기를 염두에 둘 것, 분한 일에는 어려움을 염두에 둘 것, 얻는 것이 있을 때는 의義를 염두에 둘 것 등이다."

○ 「君子有九思: 視思明, 聽思聰, 色思溫, 貌思恭, 言思忠, 事思敬, 疑思問, 忿思難, 見得思義.」

【思】염두에 두고 기준을 세워 주의해야 할 관점.
【忿思難】분함을 표출하였다가 나중에 난관에 부딪칠 일을 염두에 두어야 함.
＊〈集註〉에 "朱子曰: 「視無所蔽, 則明無不見; 聽無所壅, 則聰無不聞. 色, 見於面者; 貌, 擧一身之而言; 思問, 則疑不蓄; 思難, 則忿必懲; 思義, 則得不苟.」"라 함.

참고 및 관련 자료

1.《論語》季氏篇
孔子曰:「君子有九思: 視思明, 聽思聰, 色思溫, 貌思恭, 言思忠, 事思敬, 疑思問, 忿思難, 見得思義.」

128(3-1-8)
귀히 여길 바 세 가지

○ 증자曾子가 말하였다.

"군자가 도에 있어서 귀히 여기는 바가 세 가지가 있으니, 자신의 용모를 예에 맞도록 하여 포만暴慢을 멀리 하며, 안색을 바르게 하여 믿음에 가까이 하고, 말을 바르게 하여 비루함과 어긋남을 멀리 해야 합니다."

○ 曾子曰:「君子所貴乎道者三: 動容貌, 斯遠暴慢矣; 正顏色, 斯近信矣; 出辭氣, 斯遠鄙倍矣.」

【曾子】曾參. 자는 子輿. 南武城 사람으로 孔子의 수제자이며 효성으로 이름이 났었음. 아버지는 曾晳(曾點)이었으며 아들은 曾元이었음. 《孝經》을 정리한 것으로 알려짐.
【暴慢】포악하고 거만한 행동.
【辭氣】말을 할 때의 기운과 분위기.
【鄙倍】비루함을 뜻하는 雙聲連綿語.
＊〈集註〉에 "是皆修身之要, 爲政之本. 學者所當操存省察, 而不可有造次顚沛之違者也"라 함.

[참고 및 관련 자료]

1.《論語》泰伯篇
曾子有疾, 孟敬子問之. 曾子言曰:「鳥之將死, 其鳴也哀; 人之將死, 其言也善.

君子所貴乎道者三：動容貌，斯遠暴慢矣；正顏色，斯近信矣；出辭氣，斯遠鄙倍矣．籩豆之事，則有司存.」

129(3-1-9)
선행

○〈곡례曲禮〉에 말하였다.

"예는 절도를 넘어서지 말아야 하며, 남을 침범하거나 모욕을 주어서도
안 되며, 친압하는 것을 좋아해서도 안 된다. 자신을 수양하여 말한 것을
실천하는 것을 일러 선행善行이라 한다."

○〈曲禮〉曰:「禮不踰節, 不侵侮, 不好狎. 脩身踐言, 謂之善行.」

【曲禮】《禮記》의 첫 번째 篇名으로 禮에 관한 節目과 여러 가지 상황에서
지켜야 할 도리를 낱낱이 적은 것으로 上下로 나뉘어져 있음. 鄭玄의《三禮
目錄》에 "名曰曲禮者, 以其篇記五禮之事, 祭祀之說, 吉禮也; 喪荒去國之說,
凶禮也; 致貢朝會之說, 賓禮也; 兵車旌鴻之說, 軍禮也; 事長敬老執贄納女
之說, 嘉禮也"라 하였고, 陸德明은《經傳釋文》에서 "曲禮者, 是儀禮之舊名,
委曲說禮之事"라 함.
【節】일정한 규범이나 한계. 절도, 절차, 한도. 상하의 등급.
【好狎】자신에게 친압해 오는 자를 좋아함. 그러나 좋아함과 친압함으로도
볼 수 있음. 狎은 지나치게 흉허물없이 예를 차리지 아니하고 대하는 것을
말함. 褻狎과 같음.
【踐言】자신이 말한 것을 실천함.
＊〈集註〉에 "脩治其身, 踐行其言. 二者, 行之善者也. 然禮之實, 亦不外是也"
라 함.

1.《禮記》曲禮(上)

禮, 不妄說人, 不辭費. 禮, 不踰節, 不侵侮, 不好狎. 修身踐言, 謂之善行. 行修言道, 禮之質也.

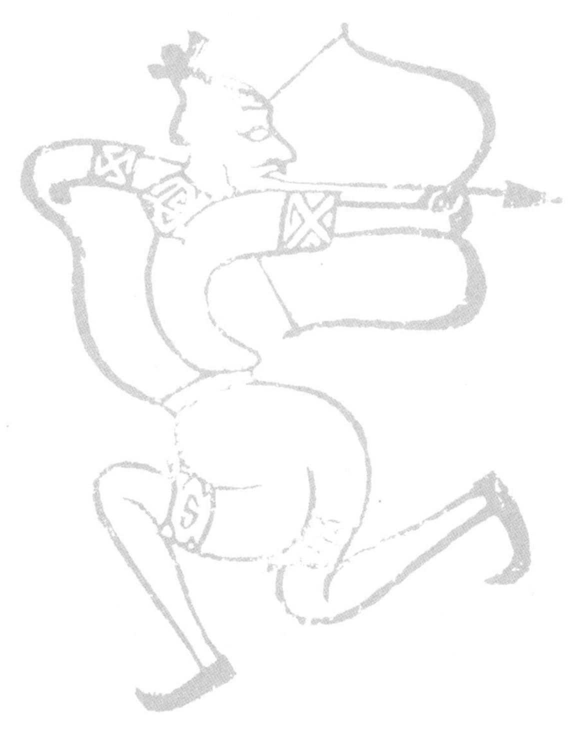

130(3-1-10)
백체로 하여금 정당함을 따르도록

○ 〈악기樂記〉에 말하였다.

"군자는 간악한 소리와 음란한 색깔은 귀나 눈에 담아두지 않으며, 음란한 음악이나 사특한 예禮는 심술心術에 접근시키지 않으며, 나태하고 오만하며 사악하고 편벽된 기氣는 몸에 지닐 수 없도록 한다. 그리하여 이목구비耳目口鼻와 심지心知, 백체百體로 하여금 모두가 정당한 것을 말미암아 순종하여 그 정의로운 것을 실행하도록 한다."

○ 〈樂記〉曰:「君子姦聲亂色, 不留聰明, 淫樂慝禮, 不接心術, 惰慢邪辟之氣, 不設於身體, 使耳目鼻口, 心知百體, 皆由順正, 以行其義.」

【樂記】《禮記》의 19번째 편명. 음악에 관한 내용을 실은 것임. 鄭玄의 《三禮目錄》에 "名曰樂記者, 以其記樂之義"라 함.

【聰明】원래는 귀로 듣고 잘 알아차리는 똑똑함을 '聰'이라 하고, 눈으로 보아 민첩하게 깨닫는 것을 '明'이라 하였으나, 이를 묶어 사리에 밝고 영민(靈敏)함을 뜻하는 말로 쓰임. 《尚書》堯典에 「昔在帝堯, 聰明文思, 光宅天下」라 하였고, 孔穎達의 疏에 「言聰明者, 據人近驗, 則聽遠爲聰, 見微爲明. ……以耳目之聞見, 喩聖人之智慧, 兼知天下之事」라 함.

【慝】邪慝함.

【心術】마음가짐. 마음을 사용함.

【心知】마음속으로 알고 있는 것을 신체에 지시하여 시킴.

【邪辟】邪僻과 같음. 邪曲되고 偏僻됨.

【百體】몸의 온갖 부분. 五臟六腑와 사지 등.

【皆由順正】모두 이로 말미암아 바른 것에 순종하도록 함.

＊〈集註〉에 "如是, 則外而耳目口鼻百體, 內而心知, 皆由順正, 以行其義, 自養
之功畢矣"라 함.

참고 및 관련 자료

1.《禮記》樂記

凡姦聲感人, 而逆氣應之, 逆氣成象, 而淫樂興焉. 正聲感人, 而順氣應之, 順氣
成象, 而和樂興焉. 倡和有應, 回邪曲直, 各歸其分; 而萬物之理, 各以其類相
動也. 是故, 君子反情以和其志, 比類以成其行. 姦聲亂色, 不留聰明; 淫樂慝禮,
不接心術. 惰慢邪辟之氣不說於身體, 使耳目鼻口心知百體, 皆由順正以行其義.

2.《史記》樂志

凡姦聲感人而逆氣應之, 逆氣成象而淫樂興焉. 正聲感人而順氣應之, 順氣成
象而和樂興焉. 倡和有應, 回邪曲直各歸其分, 而萬物之理以類相動也. 是故君子
反情以和其志, 比類以成其行. 姦聲亂色不留聰明, 淫樂廢禮不接於心術, 惰慢
邪辟之氣不設於身體, 使耳目鼻口心知百體皆由順正, 以行其義. 然后發以聲音,
文以琴瑟, 動以干戚, 飾以羽旄, 從以簫管, 奮至德之光, 動四氣之和, 以著萬物
之理. 是故淸明象天, 廣大象地, 終始象四時, 周旋象風雨; 五色成文而不亂,
八風從律而不姦, 百度得數而有常; 小大相成, 終始相生, 倡和淸濁, 代相爲經.
故樂行而倫淸, 耳目聰明, 血氣和平, 移風易俗, 天下皆寧. 故曰「樂者樂也」. 君子
樂得其道, 小人樂得其欲. 以道制欲, 則樂而不亂; 以欲忘道, 則惑而不樂. 是故
君子反情以和其志, 廣樂以成其敎, 樂行而民鄉方, 可以觀德矣.

3.《說苑》脩文篇

樂者, 聖人之所樂也, 而可以善民心, 其感人深, 其移風易俗, 故先王著其敎焉.
夫民有血氣心知之性, 而無哀樂喜怒之常, 應感起物而動, 然後心術形焉. 是故
感激憔悴之音作, 而民思憂; 嘽奔慢易繁文簡節之音作, 而民康樂; 粗厲猛奮
廣賁之音作, 而民剛毅; 廉直勁正莊誠之音作, 而民肅敬; 寬裕肉好順成和動之
音作, 而民慈愛. 流僻邪散狄成滌濫之音作, 而民淫亂. 是故先王本之情性, 稽之
度數, 制之禮儀; 含生氣之和, 道五常之行, 使陽而不散, 陰而不密, 剛氣不怒,

柔氣不懾；四暢交於中, 而發作於外, 皆安其位, 不相奪也. 然後立之學等, 廣其
節奏, 省其文彩；以繩德厚, 律小大之稱, 比終始之序, 以象事行, 使親疎貴賤,
長幼男女之理, 皆形見於樂, 故曰樂觀其深矣. 土弊則草木不長, 水煩則魚鼈不大,
氣衰則生物不遂, 世亂則禮慝而樂淫；是故其聲哀而不莊, 樂而不安, 慢易以
犯節, 流湎以忘本, 廣則容姦, 狹則思慾；感滌蕩之氣而滅平和之德, 是以君子
賤之也. 凡姦聲感人而逆氣應之, 逆氣成象而淫樂興和平焉；正聲感人而順氣
應之, 順氣成象而和樂興焉. 唱和有應, 回邪曲直, 各歸其分, 而萬物之理, 以類
相動也. 是故君子反情以和其志, 比類以成其行, 姦聲亂色, 不留聰明, 淫樂慝禮,
不接心術, 惰慢邪辟之氣, 不設於身體；使耳目鼻口心智百體, 皆由順正以行
其義, 然後發以聲音, 文以琴瑟, 動以干戚, 飾以羽旄, 從以簫管；奮至德之光,
動四氣之和, 以著萬物之理. 是故淸明象天, 廣大象地, 終始象四時, 周旋象風雨；
五色成文而不亂, 八風從律而不姦, 百度得數而有常. 小大相成, 終始相生, 唱和
淸濁, 代相爲經, 故樂行而倫淸, 耳目聰明, 血氣和平, 移風易俗, 天下皆寧, 故曰
樂者, 樂也. 君子樂得其道, 小人樂得其欲, 以道制欲, 則樂而不亂；以欲忘道,
則惑而不樂, 是故君子反情以和其意, 廣樂以成其敎, 故樂行而民向方, 可以觀
德矣. 德者, 性之端也, 樂者, 德之華也, 金石絲竹, 樂之器也. 詩, 言其志, 歌,
詠其聲, 舞, 動其容, 三者本於心, 然後樂氣從之；是故情深而文明, 氣盛而化神,
和順積中而榮華發外, 惟樂不可以爲僞. 樂者, 心之動也, 聲者, 樂之象也, 文采
節奏, 聲之飾也. 君子之動本, 樂其象, 後治其飾, 是故先鼓以警戒, 三步以見方,
再始以著往, 復亂以飭歸；奮疾而不拔, 極幽而不隱, 獨樂其志, 不厭其道, 備擧
其道, 不私其欲. 是故情見而義立, 樂終而德尊, 君子以好善, 小人以聽過, 故曰:
『生民之道, 樂爲大焉.』

4.《荀子》樂論篇

夫樂者, 樂也, 人情之所必不免也, 故人不能無樂. 樂, 則必發於聲音, 形於動靜,
而人之道, 聲音·動靜·性術之變, 盡是矣. 故人不能不樂, 樂則不能無形, 形而
不爲道, 則不能無亂. 先王惡其亂也, 故制雅·頌之聲以道之, 使其聲足以樂而
不流, 使其文足以辨而不諰, 使其曲直繁省廉肉節奏足以感動人之善心, 使夫
邪汚之氣無由得接焉, 是先王立樂之方也, 而墨子非之, 奈何？故樂在宗廟之中,
君臣上下同聽之, 則莫不和敬；閨門之內, 父子兄弟同聽之, 則莫不和親；鄉里
族長之中, 長少同聽之, 則莫不和順. 故樂者, 審一以定和者也, 比物以飾節者也,
合奏以成文者也, 足以率一道, 足以治萬變, 是先王立樂之術也. 而墨子非之,
奈何？故聽其雅頌之聲, 而志意得廣焉；執其干戚, 習其俯仰屈伸, 而容貌得

莊焉；行其綴兆，要其節奏，而行列得正焉，進退得齊焉. 故樂者，出所以征誅也，
入所以揖讓也，征誅揖讓，其義一也. 出所以征誅，則莫不聽從；入所以揖讓，
則莫不從服. 故樂者，天下之大齊也，中和之紀也，人情之所必不免也，是先王
立惡之術也. 而墨子非之，奈何？且樂者，先王之所以飾喜也，軍旅鈇鉞者，先王
之所以飾怒也. 先王喜怒，皆得其齊焉. 是故，喜而天下和之，怒而暴亂畏之.
先王之道，禮樂正其盛者也. 而墨子非之. 故曰：墨子之於道也，猶瞽之於白黑也，
猶聾之於清濁也，猶欲之楚而北求之也.

夫聲樂之入人也深，其化人也速，故先王謹爲之文. 樂中平則民和而不流，樂肅
莊則民齊而不亂. 民和齊則兵勁城固，敵國不敢嬰也. 如是，則百姓莫不安其處，
樂其鄉，以至足其上矣. 然後名聲於是白，光輝於是大，四海之民莫不願得以
爲師，是王者之始也. 樂姚冶以險，則民流僈鄙賤矣，流僈則亂，鄙賤則爭，亂爭
則兵弱城犯，敵國危之. 如是，則百姓不安其處，不樂其鄉，不足其上矣. 故禮
樂廢而邪音起者，危削侮辱之本也. 故先工貴禮樂而賤邪者. 其在序官也，曰：
『修憲命，審誅賞，禁淫聲，以時順脩，使夷俗邪音不敢亂雅，太師之事也.』墨子
曰：『樂者，聖王之所非也，而儒者爲之，過也.』君子以爲不然. 樂者，聖人之所
樂也，而可以善民心. 其感人深，其移風易俗，故先王導之以禮樂，而民和睦.
夫民有好惡之情而無喜怒之應，則亂. 先王惡其亂也，故脩其行，正其樂，而天下
順焉. 故齊衰之服，哭泣之聲，使人之心悲；帶甲嬰軸，歌於行伍，使人之心傷；
姚冶之容，鄭衛之音，使人之心淫；紳端章甫，舞韶歌武，使人之心莊. 故君子
耳不聽淫聲，目不視女色，口不出惡言，此三者，君子愼之. 凡奸聲感人而逆氣
應之，逆氣成象而亂生焉；正聲感人而順氣應之，順氣成象而治生焉. 唱和有應，
善惡相象，故君子愼其所去就也. 君子以鐘鼓道志，以琴瑟樂心，動以干戚，飾
以羽旄，從以磬管，故其清明象天，其廣大象地，其俯仰周旋有似於四時. 故樂
行而志清，禮脩而行成；耳目聰明，血氣和平；移風易俗，天下皆寧，莫善相樂.
故曰：樂者，樂也. 君子樂得其道，小人樂得其欲. 以道制欲，則樂而不亂，以欲
忘道，則惑而不樂. 故樂者，所以道樂也；金石絲竹，所以道德也. 樂行而民鄉
方矣. 故樂者，治人之盛者也，而墨子非之. 且樂也者，和之不可變也；禮也者，
理之不可易者也. 樂合同，禮別異，禮樂之統，管乎人心矣. 窮本極變，樂之情也，
著誠去僞，禮之經也，墨子非之，几遇刑也. 明王已沒，莫之正也，愚者學之，
危其身也. 君子明樂，乃其德也. 亂世惡善，不此聽也. 於乎哀哉! 不得成也! 弟子
勉學，無所營也. 聲樂之象：鼓大麗，鐘統實，磬廉制，竽笙肅和，筦籥發猛，塤箎
翁博，瑟易良，琴婦好，歌清盡，舞意天道兼. 鼓，其樂之君邪？故，鼓似天，

鐘似地, 磬如水, 竽笙筦籥似星辰日月, 鞉柷拊鞷椌楬似萬物. 曷以知舞之意?
曰: 目不自見, 耳不自聞也. 然而治俯仰詘信進退遲速, 莫不廉制, 盡筋骨之力,
以要鐘鼓俯會之節, 而靡有悖逆者, 衆積意言犀言犀乎? 吾觀於鄉而知王道之
易易也. 主人親速賓及介, 而衆賓皆從之, 至於門外, 主人拜賓及介, 而衆賓皆入,
貴賤之義別矣. 三揖至於階, 三讓以賓升, 拜至, 獻酬, 辭讓之節繁, 及介省矣.
至於衆賓升受, 坐祭, 立飲, 不酳乍, 而降隆殺之義辨矣. 工入, 升歌, 三終, 主人
獻之; 笙入, 三終, 主人獻之; 間歌, 三終, 合樂, 三終, 工告樂備, 遂出. 二人
揚觶, 乃立司正, 焉知其能和樂而不流也. 賓酬主人, 主人酬介, 介酬衆賓, 少長
以齒, 終於沃洗者, 焉知其能弟長而無遺也. 降, 說屨升坐, 脩爵無數. 飲酒之節,
朝不廢朝, 莫不廢夕. 賓出, 主人拜送, 節文遂終, 焉知其能安燕而不亂也. 貴賤明,
隆殺辨, 和樂而不流, 弟長而無遺, 安燕而不亂. 此五行者, 是足以正身安國矣.
彼國安而天下安, 故曰: 吾觀於鄉而知王道之易易也. 亂世之征: 其服組, 其容婦,
其俗淫, 其志利, 其行雜, 其聲樂險, 其文章匿而采, 其養生無度, 其送死瘠墨,
賤禮義而貴勇力, 貧則爲盜, 富則爲賊. 治世反是也.

5.《呂氏春秋》制樂篇

欲觀至樂, 必於至治. 其治厚者其樂治厚, 其治薄者其樂治薄, 亂世則慢以樂矣.
今室閉戶牖, 動天地, 一室也.

131(3-1-11)
호학

○ 공자가 말하였다.

"군자란, 먹는데 있어서 배부름을 구하지 아니하며, 거처에 있어서 편안함을 추구하지 아니하며, 일에는 민첩하게 하고, 그 말에는 삼감이 있으며, 도 있는 이에게 다가가서 질정을 하여야 한다. 이렇게 하면 가히 배움을 좋아하는 사람이라고 말할 수 있느니라."

○ 孔子曰:「君子食無求飽, 居無求安, 敏於事而愼於言, 就有道而正焉, 可謂好學也已.」

【君子】《論語》에서의 君子는, 때에 따라 有位之人과 有德之人의 뜻을 구분하고 있으나 뚜렷한 분별은 어려우며 넓게 보아 儒家에서 이상적으로 내세운 인격 완성자.
【正】動詞로 쓰였으며, '匡正·修正·端正'의 뜻.
＊〈集註〉에 "朱子曰:「不求安飽者, 志有在而不可及也. 敏於事者, 勉其所不足; 愼於言者, 不敢盡其所有餘也. 然猶不敢自是而必就有道之人, 以正其是非, 則可謂好學也矣.」"라 함.

참고 및 관련 자료

1. 《論語》 學而篇
子曰:「君子食無求飽, 居無求安, 敏於事而愼於言, 就有道而正焉, 可謂好學也已.」

132(3-1-12)
백성의 세 가지 등급

○ 관경중管敬仲이 말하였다.

"위엄을 두려워하기를 마치 병을 두려워하듯이 하는 자는 백성 중에 상등이다. 품은 탐욕을 따르기를 마치 물 흐르듯 하는 자는 백성 중에 하급이다. 탐욕을 보고 위엄을 생각하는 자는 백성 중에 중급이다."

○ 管敬仲曰:「畏威如疾, 民之上也; 從懷如流, 民之下也; 見懷思威, 民之中也.」

【管敬仲】管仲. 管夷吾. 춘추시대 齊桓公을 도와 첫 霸者로 만든 제나라 재상. 管鮑之交의 고사를 낳은 인물. 刑名(法治)으로 나라를 다스리고자 하였음.
【威】여기서는 구체적으로 刑名을 뜻함. 法治에서 법의 무서움을 알아야 한다는 뜻임. 〈集註〉에 "威, 刑名也"라 함.
【懷】탐욕을 품음. 사사로운 자신의 이익을 생각하여 이를 챙기고자 함. 〈集註〉에 "懷, 貪欲也"라 함.
＊〈集註〉에 "畏威如疾, 懷刑之君子也; 從懷如流, 懷惠之小人也. 見懷思威, 畏則君子; 不畏則小人矣"라 함.

1.《國語》晉語(4)
昔管敬仲有言, 小妾聞之曰:「畏威如疾, 民之上也. 從懷如流, 民之下也. 見懷思威, 民之中也. 畏威如疾, 乃能威民. 威在民上, 弗畏有刑. 從懷如流, 去威遠矣, 故謂之下. 其在辟也, 吾從中也. 〈鄭詩〉之言, 吾其從之.」此大夫管仲之所以紀綱齊國, 裨輔先君而成霸者也.

管仲(夷吾)

右明心術之要

이상은 심술心術의 요체를 밝힌 것이다.

2. 명위의지칙明威儀之則

‘위의威儀’란 위엄과 의표를 뜻한다. 본편은 그 위의의 법칙을 밝힌 것이다.

모두 21장이다.

〈詛盟場面〉 銅貯貝器(서한) 1956 雲南 晉寧縣 滇王墓 출토

133(3-2-1)
예와 의

〈관의冠義〉에 말하였다.

"무릇 사람이 사람일 수 있는 것은 예禮와 의義가 있기 때문이다. 예의의 시작은 자신의 용모와 몸을 바르게 하며, 안색을 가지런히 하고 말을 순하게 함에서 비롯된다.

용모와 태도가 바르고, 안색이 가지런하고, 말씨가 순한 이후라야 예의가 갖추어지는 것이다.

임금과 신하 사이를 바르게 하고, 부자 사이에 친함을 갖추며, 어른과 아이 사이에 화목함을 만들어야 한다.

임금과 신하가 바르게 되고 부자 사이에 친함이 있으며 어른과 아이 사이에 화목함이 있은 이후에야 예의가 서게 되는 것이다."

〈冠義〉曰:「凡人之所以爲人者, 禮義也, 禮義之始, 在於正容體·齊顏色·順辭令. 容體正, 顏色齊, 辭令順, 而後禮義備; 以正君臣·親父子·和長幼. 君臣正, 父子親, 長幼和, 而後禮義立」

【冠義】《禮記》 제43번째 편명. 관례의 성인식에 관한 기록을 모은 것. 鄭玄의 《三禮目錄》에 "名曰冠義者, 以其記冠禮成人之義"라 하였으며, 〈昏義〉·〈鄕飮酒義〉·〈射義〉·〈燕義〉·〈聘義〉 등 6편은 모두가 《儀禮》의 〈士冠禮〉·〈士昏禮〉·〈鄕飮酒禮〉·〈鄕士禮〉·〈燕禮〉·〈聘禮〉 등 6편과 짝을 이루고 있으며 그 본의를 설명한 것임.

【所以爲人】〈集註〉에 "人之所以異於禽獸者, 以其有禮義也"라 함.
【容體】용모와 몸가짐의 태도.

참고 및 관련 자료

1.《禮記》冠義

凡人之所以爲人者, 禮義也. 禮義之始, 在於正容體·齊顔色·順辭令. 容體正,
顔色齊, 辭令順, 而后禮義備. 以正君臣·親父子·和長幼. 君臣正, 父子親,
長幼和, 而后禮義立. 故冠而后服備, 服備而后容體正·顔色齊·辭令順. 故曰: 冠者,
禮之始也. 是故古者聖王重冠.

134(3-2-2)
금해야 할 행동들

○〈곡례曲禮〉에 말하였다.

"귀를 대고 곁에서 남의 말을 들으려 하지 말 것이며, 급한 목소리로 대답하지 말 것이며, 음란한 것을 보지 말 것이며, 태만하고 황폐하지 말 것이며, 밖으로 나설 때에 거만한 태도를 보이지 말 것이며, 설 때에는 한쪽 다리로 삐딱하게 서지 말 것이며, 앉을 때에는 키箕의 모습을 하지 말 것이며, 잠잘 때에는 엎어져 자지 말 것이며, 머리카락을 묶을 때는 가발을 덧댄 듯이 하지 말 것이며, 관은 벗지 말 것이며, 힘들다고 어깨를 드러내지 말 것이며, 덥다고 치마를 걷어올리지 말 것이니라."

○〈曲禮〉曰:「毋側聽, 毋噭應, 毋淫視, 毋怠荒, 遊毋倨, 立毋跛, 坐毋箕, 寢毋伏, 斂髮毋髢, 冠毋免, 勞毋袒, 暑毋褰裳.」

【曲禮】《禮記》의 첫 번째 篇名으로 禮에 관한 節目과 여러 가지 상황에서 지켜야 할 도리를 낱낱이 적은 것으로 上下로 나뉘어져 있음. 鄭玄의 《三禮目錄》에 "名曰曲禮者, 以其篇記五禮之事, 祭祀之說, 吉禮也; 喪荒去國之說, 凶禮也; 致貢朝會之說, 賓禮也; 兵車旌鴻之說, 軍禮也; 事長敬老執贄納女之說, 嘉禮也"라 하였고, 陸德明은 《經傳釋文》에서 "曲禮者, 是儀禮之舊名, 委曲說禮之事"라 함.
【側聽】 남의 사사로운 대화를 귀를 기울여 엿들음.
【噭應】 높고 급한 소리로 남의 말에 대꾸하거나 부름에 대답함.
【怠荒】 태만하고 황폐한 생활 태도.

【遊】 밖으로 나섬. 걸어다님.

【跛】 한쪽 발로 삐딱하게 섬.

【箕】 箕踞. 키처럼 거만하게 앉는 자세.

【髢】 '체'로 읽음. '髢'와 같음. 숱이 적은 머리카락에 덧대는 가발. 여기서는
가발을 한 듯이 늘어뜨림을 뜻함. 〈集註〉에 "髢, 髮也, 言垂如髮也"라 함.

【袒·褰】 〈集註〉에 "袒衣, 所以息倦; 褰裳, 所以取凉"이라 함.

＊〈集註〉에 "凡此數者, 皆不敬也. 敬身之要, 禁止乎此而已矣"라 함.

참고 및 관련 자료

1. 《禮記》 曲禮(上)
毋側聽, 毋噭應, 毋淫視, 毋怠荒. 遊毋倨, 立毋跛, 坐毋箕, 寢毋伏. 斂髮毋髢,
冠毋免, 勞毋袒, 暑毋褰裳

〈婦女管兒圖〉

135(3-2-3)
남의 집에 들어설 때

○성 위에 올라가 손가락으로 가리키지 말 것이며, 성 위에서 큰 소리로 부르지 말라. 숙사에 갈 때에는 무엇을 고집스럽게 요구하지 말 것이며 마루에 올라갈 때에는 반드시 인기척을 높여야 한다. 봉당에 신발 두 켤레가 있을 때 말소리가 들리면 들어가고 말소리가 들리지 않으면 들어가서는 안 된다. 그 방안으로 들어가서는 시선은 반드시 아래로 두고 문의 빗장을 손으로 받치듯 잡고 시선은 위로 두고 이리저리 훑어보아서는 안 된다. 문이 열려 있으면 그대로 열어두고, 문이 닫혀 있으면 다시 닫아야 한다. 뒤따라 들어오는 자가 있으면 닫기는 하되 모두 다 닫지는 않는다. 남의 신발을 밟지 말 것이며, 남의 자리도 밟아서는 안 된다. 바지 옷을 걷어들고 빠른 걸음으로 구석으로 가며, 대화가 시작되면 반드시 대답을 신중하게 해야 한다.

○登城不指, 城上不呼; 將適舍, 求毋固; 將上堂, 聲必揚. 戶外有二屨, 言聞則入, 言不聞則不入. 將入戶視必下, 入戶奉扃, 視瞻毋回. 戶開亦開, 戶闔亦闔, 有後入者, 闔而勿遂. 毋踐屨, 毋踏席. 摳依趨隅, 必愼唯諾.

【指·呼】〈集註〉에 "指, 則惑人之見; 呼, 則惑人之聞"이라 함.
【適舍】주인의 집 숙소를 갈 때를 말함. 〈集註〉에 "適舍, 就主人之館也. 有所求而堅欲得之, 非爲客之道矣"라 함.

【闔】‘閉’와 같음. 문을 닫음.
【唯諾】〈集註〉에 “唯諾, 皆應辭. 旣坐定, 又謹於應對也”라 함.

1. 《禮記》曲禮(上)

從長者而上丘陵, 則必鄕長者所視. 登城不指, 城上不呼. 將適舍, 求毋固. 將上堂,
聲必揚. 戶外有二屨, 言聞則入, 言不聞則不入. 將入戶, 視必下. 入戶奉扃, 視瞻
毋回; 戶開亦開, 戶闔亦闔; 有後入者, 闔而勿遂. 毋踐屨, 毋踏席, 摳衣趨隅.
必愼唯諾.

136(3-2-4)
군자의 용모

○《예기禮記》에 실려 있다.

"군자의 용모는 서지舒遲하나 존경하는 이를 보면 더욱 삼가고 조심하여, 발의 용태는 무겁게 갖고, 손의 용태는 공경스럽게 가지며, 눈의 모습은 단정히 가지며, 입의 용태는 그칠 줄 알며, 소리는 조용히 하며 머리는 곧게 하고, 기운은 엄숙히 하며, 설 때에는 덕이 있게 하며 얼굴빛은 장엄하게 한다."

○《禮記》曰:「君子之容舒遲, 見所尊者齊遬, 足容重, 手容恭, 目容端, 口容止, 聲容靜, 頭容直, 氣容肅, 立容德, 色容莊」

【禮記】三禮(禮記·儀禮·周禮) 중에 체계를 갖추지 아니하고 學術, 禮俗 등을 잡다하게 모은 것으로 공자 제자들이 輯錄한 것으로 보고 있음. 漢代에 이르러 《大戴禮記》(戴德)와 《小戴禮記》(戴聖)가 있었으며 대대가 古禮 204편을 85편으로 줄이고, 다시 소대가 49편으로 줄여 지금의 《예기》가 이루어진 것으로 보고 있음. 그러나 이설이 많아 정확한 編定 과정은 자세히 알 수 없음.
【容】容態. 容貌. 겉으로 드러내는 모습.
【舒遲】편안하며 느리고 여유가 있으며 침착함. 閒雅함을 뜻하는 連綿語.
【齊遬】'재속'으로 읽으며 삼가고 조심함. 즉 謹飭함을 뜻하는 連綿語.
＊〈集註〉에 "朱子曰:「九者, 皆敬之目, 即此, 是涵養本原也」"라 함.

1.《禮記》玉藻

凡行容惕惕, 廟中齊齊, 朝庭濟濟翔翔. 君子之容舒遲, 見所尊者齊遬. 足容重,
手容恭, 目容端, 口容止, 聲容靜, 頭容直, 氣容肅, 立容德, 色容莊, 坐如尸, 燕居
告溫溫.

137(3-2-5)
앉을 때의 자세

○〈곡례曲禮〉에 말하였다.

"앉을 때는 시동처럼 바른 자세를 취하고 설 때는 재계할 때처럼 하여야
한다."

○〈曲禮〉曰:「坐如尸, 立如齊.」

【曲禮】《禮記》의 첫 번째 篇名으로 禮에 관한 節目과 여러 가지 상황에서
지켜야 할 도리를 낱낱이 적은 것으로 上下로 나뉘어져 있음. 鄭玄의《三禮
目錄》에 "名曰曲禮者, 以其篇記五禮之事, 祭祀之說, 吉禮也; 喪荒去國之說,
凶禮也; 致貢朝會之說, 賓禮也; 兵車旌鴻之說, 軍禮也; 事長敬老執贄納女
之說, 嘉禮也"라 하였고, 陸德明은《經傳釋文》에서 "曲禮者, 是儀禮之舊名,
委曲說禮之事"라 함.
【尸】尸童. 제사 때에 어린아이를 神象으로 정해 神位에 앉히는 것. 그 때
꼿꼿이 앉아야 하는 아이의 자세.〈集註〉에 "尸以象神"이라 함.《孟子》
告子(上)에 "曰:「弟爲尸, 則誰敬?」彼將曰:「敬弟.」"라 함.
【齊】'재'로 읽음. 反切로 莊皆切. 齋와 같음. '齋戒 때 바르게 서는 행동'을
뜻함.〈集註〉에 "齊以交神"이라 함.《論語》學而篇 제1장 謝良佐 주에 "坐
如尸, 坐時習也; 立如齊, 立時習也"라 함.
＊〈集註〉에 "朱子曰:「皆敬之目也.」"라 함.

1.《禮記》曲禮(上)

若夫, 坐如尸, 立如齊. 禮從宜, 使從俗.

138(3-2-6)
남의 은밀함을 엿보지 말라

○〈소의少儀〉에 말하였다.

"남의 은밀한 것을 엿보지 말 것이며, 가까운 사람이라고 해서 마구 친압하게 굴지 말 것이며, 옛 벗이나 친구의 허물을 말하지 말 것이며, 희롱하는 낯빛을 하지 말 것이며, 사람을 갑자기 친하려 들지 말 것이며, 친구를 급히 보내려 하지 말 것이며, 신을 모독하지 말 것이며, 잘못된 것을 따르지 말 것이며, 아직 이르지 않은 일을 미리 예측하지 말 것이며, 의복이나 이미 만들어진 기구를 나무라지 말 것이며 주고받는 말에서는 자신의 뜻으로 판단하지 말 것이니라."

○〈少儀〉曰:「不窺密, 不旁狎, 不道舊故, 不戲色, 毌拔來, 毌報往, 毌瀆神, 毌循枉, 毌測未至, 毌訾衣服成器, 毌身質言語.」

【少儀】《禮記》 제17번째 편명. 細小한 威儀 등을 모아 기록한 것임. 혹 젊은 사람이 어른을 모시는 내용을 다룬 것이라 함.
【不道】道는 '말하다'의 뜻. '옛 친구의 허물을 말하지 말라'의 뜻.
【戲色】희롱하거나 모욕하고 농담으로 하는 얼굴빛을 띰.
【拔來】拔은 '급히'의 뜻. 오는 자를 급히 오도록 함. 친구를 너무 급히 쉽게 사귐을 말함.
【報往】헤어지기를 원하는 친구를 급히 떠나보내어 절교함. 〈集註〉에 "朱子曰: 來往, 只是向背之意. 言人見有箇好事火急歡喜去, 做這樣人不耐久. 少間心懶意闌, 則速去之矣. 所謂進銳者, 其退速也."라 함.

【神】 귀신의 일. 〈集註〉에 "毋瀆神, 敬鬼神而遠之也"라 함.

【訾】 '자'로 읽으며 헐뜯음. 이미 만들어진 의복이나 기구 등이 마음에 들지 않는다고 불평으로 하거나 잘못 만들었다고 비방함.

【質】 〈集註〉에 "質, 成也"라 함. 자신의 판단으로 모르는 것을 판단하여 성취 시킴. 〈集註〉에 "言語之際, 疑則闕之, 不可以己意斷也"라 함.

1. 《禮記》少儀

不窺密, 不旁狎, 不道舊故, 不戲色. 爲人臣下者, 有諫而無訕, 有亡而無疾; 頌而無讇, 諫而無驕; 怠則張而相之, 廢則埽而更之; 謂之社稷之役. 毋拔來, 毋報往, 毋瀆神, 毋循枉, 毋測未至. 士依於德, 游於藝; 工依於法, 游於說. 毋訾衣服成器, 毋身質言語. 言語之美, 穆穆皇皇; 朝廷之美, 濟濟翔翔; 祭祀之美, 齊齊皇皇; 車馬之美, 匪匪翼翼; 鸞和之美, 肅肅雍雍.

139(3-2-7)
수레 안에서

○《논어論語》에 말하였다.

수레 안에서는 머리를 돌려 훑어보지 않았으며 말을 빠르게 하지도
않았고, 손가락으로 친히 가리키는 일도 없었다.

○《論語》曰:「車中, 不內顧, 不疾言, 不親指.」

先師孔子行教像

【內顧】 안을 이리저리 훑어봄. 수레 안에서는 단정
하게 긴장을 하고 있어야 함을 말함.
【疾言】 高聲. 혹은 빠르게 말하는 것.
＊〈集註〉에 "此章記孔子乘車之容. 朱子曰:「內顧,
回視也. 三者, 皆失容且惑人.」"이라 함.

참고 및 관련 자료

1.《論語》鄕黨篇
升車, 必正立, 執綏. 車中, 不內顧, 不疾言, 不親指.

140(3-2-8)
시선을 바르게

○ 〈곡례曲禮〉에 말하였다.

"무릇 시선을 올려 남의 얼굴보다 위에 두는 것은 오만한 것이요, 허리띠보다 아래로 두는 것은 근심이 있는 것이며, 몸을 기울여 보는 것은 간사한 것이 된다."

○ 〈曲禮〉曰: 「凡視上於面則敖, 下於帶則憂, 傾則姦.」

【曲禮】《禮記》의 첫 번째 篇名으로 禮에 관한 節目과 여러 가지 상황에서 지켜야 할 도리를 낱낱이 적은 것으로 上下로 나뉘어져 있음. 鄭玄의 《三禮目錄》에 "名曰曲禮者, 以其篇記五禮之事, 祭祀之說, 吉禮也; 喪荒去國之說, 凶禮也; 致貢朝會之說, 賓禮也; 兵車旌鴻之說, 軍禮也; 事長敬老執贄納女之說, 嘉禮也"라 하였고, 陸德明은 《經傳釋文》에서 "曲禮者, 是儀禮之舊名, 委曲說禮之事"라 함.
【視】시선의 방향이나 초점.
【敖】'傲'와 같음. 오만함.
【憂】자신감이 없이 근심에 찬 경우를 말함.
【傾】몸을 기울여 곁눈질하듯 훔쳐봄.
＊〈集註〉에 "呂氏曰:「上於面者, 其氣驕, 知其不能下人矣. 下於帶者, 其神奪, 知其憂在乎心矣. 視流則容側, 必有不正之心存乎胸中矣. 此君子之所愼也.」"라 함.

1.《禮記》曲禮(下)

天子, 視不上於袷, 不下於帶; 國君, 綏視; 大夫, 衡視; 士, 視五步. 凡視: 上於面則敖, 下於帶則憂, 傾則姦.

141(3-2-9)
공자의 훌륭한 태도

○《논어論語》에 말하였다.

공자는 향당鄕黨에 임해서는 순순恂恂하여 마치 말을 하지 못하는 듯이 하였다. 그러나 종묘나 조정에서는 그 말이 유창하였으나 오직 삼갈 따름이었다. 조정에서 하대부下大夫들과 말을 할 때에는 간간侃侃히 하였고, 상대부上大夫의 말을 나눌 때는 은은誾誾히 하셨다.

○《論語》曰:「孔子於鄕黨, 恂恂如也, 似不能者, 其在宗廟朝廷. 便便言, 唯謹爾. 朝與下大夫言, 侃侃如也, 與上大夫言, 誾誾如也.」

【鄕黨】鄕里와 같음. 孔子는 陬邑의 昌平鄕에서 태어났고, 뒤에 曲阜의 闕里로 옮겨 살았음.
【恂恂】信實한 모습. 如는 然과 같음. 恂은 음이 '순.'
【便便】말을 조근조근 조리 있게 잘함. 便은 '변'으로 읽음.
【侃侃】즐겁고 편안한 모습. 侃은 음이 '간.'
【誾誾】中心을 잡고 말하는 모습. 誾은 음이 '은.'
＊〈集註〉에 "此章記孔子在鄕黨·宗廟·朝廷, 言貌之不同"이라 함.

⬤ 참고 및 관련 자료

1.《論語》鄕黨篇

孔子於鄕黨, 恂恂如也, 似不能言者. 其在宗廟朝廷, 便便言, 唯謹爾.

朝, 與下大夫言, 侃侃如也; 與上大夫言, 誾誾如也. 君在, 踧踖如也, 與與如也.

2.《論語》先進篇

閔子侍側, 誾誾如也; 子路, 行行如也; 冉有·子貢, 侃侃如也. 子樂.「若由也, 不得其死然.」

142(3-2-10)
식사와 잠자리

○ 공자께서는 식사 중에는 말을 하지 않았고, 잠자리에 들어서는 말을
걸지 않았다.

○ 孔子, 食不語, 寢不言.

【食不語】 밥을 먹을 때 남에게 쓸데없이 말을 하지 않음.
【寢不言】 잠자리에 들어서는 남에게 말을 걸지 않음.
＊〈集註〉에 “朱子曰:「答述曰語, 自言曰言.」”이라 하였고, 이어서 “范氏曰:
「成人存心, 不他. 當食而食, 當寢而寢, 言語非其時也.」”라 함.

참고 및 관련 자료

1.《論語》鄕黨篇
食不厭精, 膾不厭細. 食饐而餲, 魚餒而肉敗, 不食. 色惡, 不食. 臭惡, 不食. 失飪,
不食. 不時, 不食. 割不正, 不食. 不得其醬, 不食. 肉雖多, 不使勝食氣. 唯酒無量,
不及亂. 沽酒市脯不食. 不撤薑食, 不多食. 祭於公, 不宿肉. 祭肉不出三日. 出
三日, 不食之矣. 食不語, 寢不言. 雖疏食菜羹, 瓜祭, 必齊如也.

143(3-2-11)
올바른 화제

○ 〈사상견례士相見禮〉에 말하였다.

"임금과 말을 나눌 때는 신하 부리는 일을 화제로 삼고, 대인과 말을 나눌 때는 임금 모시는 일을 화제로 삼으며, 늙은이와 말을 나눌 때는 제자 부리는 일을 거론하며, 어린아이와 말을 나눌 때는 부형父兄에게 효제孝弟하는 문제를 거론하여, 대중들과 말을 나눌 때는 충신자상忠信慈祥을 거론하고, 관직에 있는 자와 말을 나눌 때는 충신忠信에 대한 주제를 거론한다."

○ 〈士相見禮〉曰:「與君言, 言使臣; 與大人言, 言事君; 與老者言, 言使弟子; 與幼者言, 言孝弟于父兄; 與衆言, 言忠信慈祥; 與居官者言, 言忠信」

〈長春百子圖〉

【士相見禮】三禮 중의《儀禮》의 편명.《儀禮》는 冠婚喪祭와 射鄕朝聘 등의 예를 주로 다룬 것으로 17편이 전함. 주공이 지었다는 설과 공자에 의해 이루어졌다는 두 가지 설이 있음. 13經의 하나이며〈士相見禮〉는 선비 신분으로 서로 만날 때 예를 기록하고 있음.

【大人】大夫를 가리킴.

【孝弟】孝悌와 같음.

＊〈集註〉에 "在官者, 言使臣, 則以禮; 言事君, 則以忠; 言使弟子, 則以慈. 愛祥, 猶善也"라 함.

참고 및 관련 자료

1.《儀禮》士相見禮

凡言非對也, 妥而後傳言. 與君言, 言使臣, 與大人言, 言事君, 與老者言, 言使弟子, 與幼者言, 言孝弟於父兄, 與衆言, 言忠信慈祥, 與居官者言, 言忠信. 凡與大人言, 始視面, 中視抱, 卒視面. 毋改, 衆皆若是. 若父則遊目, 毋上於面, 毋下於帶. 若不言, 立則視足, 坐則視膝.

송대 四大書院의 하나인 江西 廬山 五老峰 아래의〈白鹿洞書院〉

144(3-2-12)
자리가 바르지 않으면

○《논어論語》에 말하였다.
"자리가 바르지 않으면 앉지 않으셨다."

○《論語》曰:「席不正, 不坐.」

【席不正】《論語集註》에 "謝氏曰:「聖人心安於正, 故於位之不正者, 雖小不處.」"라 함.

참고 및 관련 자료

1.《論語》鄕黨篇
席不正, 不坐.

145(3-2-13)
만나는 사람마다

○ 공자께서는 자최齊衰를 입은 자를 보게 되면 비록 절친한 사이일지라도 반드시 얼굴색을 고치며, 면류관을 쓴 사람이나 장님을 만나면 비록 늘 보는 사람일지라도 반드시 예모로 대하였다. 상복을 입은 자를 만나면 식式; 軾을 하였으며, 부판자負版者에게도 식을 하여 예를 표하였다.

○ 子見齊衰者, 雖狎, 必變. 見冕者與瞽者, 雖褻, 必以貌. 凶服者式之. 式負版者.

【齊衰】 喪服. '자최'로 읽음. 그러나 〈四書諺解〉에는 '재최(지최)'로 읽었음.
【褻】 자주 봄(數相見). 평소 늘 보는 사이.
【式】 軾과 같음. 수레 앞의 橫木을 잡은 채 禮를 표하는 것.
【負版者】 나라의 서류를 짊어지고 가는 사람. 版은 나라의 圖籍을 뜻함. 여기
  서는 公務를 수행중인 사람. 〈集註〉에 "式此二者, 哀有喪, 重民數也"라 함.
* 〈集註〉에 "范氏曰:「聖人之心, 哀有喪, 尊有爵, 矜不成人.」"이라 함.

참고 및 관련 자료

1. 《論語》 鄕黨篇
寢不尸, 居不容. 見齊衰者, 雖狎, 必變. 見冕者與瞽者, 雖褻, 必以貌. 凶服者
式之. 式負版者. 有盛饌, 必變色而作. 迅雷風烈必變.

146(3-2-14)
비바람과 우레

○《예기禮記》에 말하였다.
"만약 급한 바람과 빠른 우레, 심한 비가 있으면 반드시 얼굴빛을 바꾸고, 비록 밤중일지라도 일어나서 옷을 입고 관을 쓰고 앉는다."

○《禮記》曰:「若有疾風迅雷甚雨, 則必變, 雖夜必興, 衣服冠而坐.」

【禮記】 三禮(禮記·儀禮·周禮) 중에 체계를 갖추지 아니하고 學術, 禮俗 등을 잡다하게 모은 것으로 공자 제자들이 輯錄한 것으로 보고 있음. 漢代에 이르러 《大戴禮記》(戴德)와 《小戴禮記》(戴聖)가 있었으며 대대가 古禮 204편을 85편으로 줄이고, 다시 소대가 49편으로 줄여 지금의 《예기》가 이루어진 것으로 보고 있음. 그러나 이설이 많아 정확한 編定 과정은 자세히 알 수 없음.
【變】 얼굴빛을 바꿈.
【衣服冠】 옷을 입고 관을 씀. 의관을 정제함.
＊〈集註〉에 "皆所以敬天之怒"라 함.

1. 《禮記》 玉藻
君子之居恒當戶, 寢恒東首, 若有疾風迅雷甚雨, 則必變, 雖夜必興, 衣服冠而坐.

2. 《論語》鄉黨篇

有盛饌, 必變色而作. 迅雷風烈必變.

147(3-2-15)
시신처럼 눕지 않았다

○《논어論語》에 말하였다.

"공자께서는 잠잘 때는 시신처럼 눕지 아니하며, 평소 거처 때에는 용모를 꾸미지 않았다."

○《論語》曰:「寢不尸, 居不容.」

【尸】위로 보고 누워 마치 시신처럼 눕는 형태. 〈集註〉에 "朱子曰:「尸謂偃臥, 似死人也.」"라 함.

【居不容】陸德明의 《經典釋文》과 《唐石經》에는 '容'이 '客'으로 되어 있음. 이에 대해 段玉裁는 「論語『寢不尸, 居不客』, 謂生不可似死; 主不可似客也. 今本誤作『不容』」이라 하였음. 이 경우 '손님처럼 앉지 않는다'로 풀이됨.

＊〈集註〉에 "此章, 記孔子之事"라 함.

참고 및 관련 자료

1.《論語》鄕黨篇

寢不尸, 居不容. 見齊衰者, 雖狎, 必變. 見冕者與瞽者, 雖褻, 必以貌. 凶服者式之. 式負版者. 有盛饌, 必變色而作. 迅雷風烈必變.

공자의 평소 모습

○ 공자의 평소 삶은 모습이 신신申申하시며 얼굴빛이 요요夭夭하셨다.

○ 子之燕居, 申申如也, 夭夭如也.

【燕居】 일 없고 한가한 때의 평소 모습을 뜻함.

【申申如】 편안한 모습. 如는 副詞語를 만드는 助詞. 然과 같음.

【夭夭如】 夭夭는 즐거워하는 모습. 그러나 朱駿聲의 《說文通訓定聲》에는 「申者, 腰之直; 夭者, 頭之曲. 論語申申如也·夭夭如也, 雖重言形況, 實本字本義」라 하였음.

＊〈集註〉에 "程子曰:「今人燕居之時, 不怠惰放肆, 必太嚴厲, 唯聖人便自有中和之氣.」"라 함.

참고 및 관련 자료

1.《論語》述而篇

子之燕居, 申申如也, 夭夭如也.

149(3-2-17)
남과 나란히 앉을 때

○〈곡례曲禮〉에 말하였다.

"남과 나란히 앉을 때는 팔을 옆으로 마구 뻗지 않으며, 서 있는 자에게 물건을 줄 때는 꿇어앉지 않으며 앉은 이에게 줄 때는 서서 주지 않는다."

○〈曲禮〉曰:「竝坐不橫肱, 授立不跪, 授坐不立.」

【曲禮】《禮記》의 첫 번째 篇名으로 禮에 관한 節目과 여러 가지 상황에서 지켜야 할 도리를 낱낱이 적은 것으로 上下로 나뉘어져 있음. 鄭玄의 《三禮目錄》에 "名曰曲禮者, 以其篇記五禮之事, 祭祀之說, 吉禮也; 喪荒去國之說, 凶禮也; 致貢朝會之說, 賓禮也; 兵車旌鴻之說, 軍禮也; 事長敬老執贄納女之說, 嘉禮也"라 하였고, 陸德明은 《經傳釋文》에서 "曲禮者, 是儀禮之舊名, 委曲說禮之事"라 함.

【橫肱】팔을 옆으로 뻗어 불안해 보이거나 방해가 되는 자세.

【不跪】무릎을 꿇은 채 물건을 주면 받는 사람이 불편을 느낌.

＊〈集註〉에 "不跪·不立, 爲不便於受者"라 함.

1. 《禮記》 曲禮(上)

帷薄之外不趨, 堂上不趨, 執玉不趨. 堂上接武, 堂下布武. 室中不翔, 竝坐不橫肱. 授立不跪, 授坐不立.

150(3-2-18)
나라의 도성으로 들어서서

○ 나라의 도성으로 들어설 때는 말을 달리지 아니하며 마을에 들어갈 때는 반드시 식을 한다.

○ 入國不馳, 入里必式.

【國】 사신이 되어 다른 제후국의 도성으로 들어갈 때를 말함. 〈集註〉에 "國, 國都. 不馳者, 恐傷人也"라 함.
【里】 25 집을 里라 하며 당시의 행정단위. 里에는 里門이 있으며 이 때 그곳 父老나 賢人에게 경의를 표하는 예를 갖춤. 〈集註〉에 "必式者, 恐里中有賢人也"라 함.
【式】 '軾'과 같음. 수레를 탄 채 橫木을 잡고 허리를 굽혀 표하는 예절.

참고 및 관련 자료

1. 《禮記》 曲禮(上)

凡僕人之禮, 必授人綏. 若僕者降等, 則受; 不然, 則否. 若僕者降等, 則撫僕之手, 不然, 則自下拘之. 客車不入大門. 婦人不立乘. 犬馬不上於堂. 故君子式黃髮, 下卿位, 入國不馳, 入里必式. 君命召, 雖賤人, 大夫士必自御之.

151(3-2-19)
빈 방에 들어설 때

○ 〈소의少儀〉에 말하였다.

"비어 있는 것을 잡을 때에도 마치 가득 찬 것을 잡듯 하고, 빈 방에 들어갈 때에도 마치 사람이 있는 곳에 들어가듯 하라."

○ 〈少儀〉曰:「執虛如執盈, 入虛如有人.」

【少儀】《禮記》 제17번째 편명. 細小한 威儀 등을 모아 기록한 것임. 혹 젊은 사람이 어른을 모시는 내용을 다룬 것이라 함.
【執虛】 비어 있는 그릇이나 기구를 잡을 때를 말함.
＊〈集註〉에 "執虛器如執盈滿之器, 入虛室如入有人之室, 敬心常存也"라 함.

> 참고 및 관련 자료

1. 《禮記》 少儀
執虛如執盈, 入虛如有人. 凡祭於室中堂上無跣, 燕則有之. 未嘗不食新.

152(3-2-20)
군자가 옥을 차는 이유

○《예기禮記》에 실려 있다.

"옛날 군자는 반드시 옥을 몸에 차고 다녔다. 그리하여 오른쪽에서는 치음徵音과 각음角音이 울리고, 왼쪽에서는 궁음宮音과 우음羽音이 울려 빠른 걸음으로 갈 때는 〈채자采薺〉의 노래에 맞추고, 걸어갈 때에는 〈사하肆夏〉의 음에 맞추있나. 한 바퀴 돌 때는 규規에 맞았고 꺾어서 돌 때에는 구矩에 맞았으며 앞으로 나아갈 때는 이 소리에 맞추어 허리를 굽혀 읍揖을 하고, 뒤로 물러설 때에는 몸이 젖혀져 패옥이 드러나 보이게 된다. 그렇게 한 뒤라야 옥이 댕그랑 하고 소리를 울리는 것이다. 그 때문에 군자의 수레에서는 난화鸞和의 소리가 들리고, 걸을 때라면 패옥이 울리는 소리를 내는 것이니 이로써 비벽非辟의 마음이 그에게 파고들 수 없는 것이다."

〈玉龍〉(商) 1976 河南 安陽 婦好墓 출토

○《禮記》曰:「古之君子, 必佩玉, 右徵角, 左宮羽, 趨以〈采薺〉, 行以〈肆夏〉, 周還中規, 折還中矩, 進則揖之, 退則揚之, 然後玉鏘鳴也. 故君子在車, 則聞鸞和之聲, 行則鳴佩玉. 是以非辟之心, 無自入也.」

【禮記】三禮(禮記·儀禮·周禮) 중에 체계를 갖추지 아니하고 學術, 禮俗 등을 잡다하게 모은 것으로 공자 제자들이 輯錄한 것으로 보고 있음. 漢代에 이르러 《大戴禮記》(戴德)와 《小戴禮記》(戴聖)가 있었으며 대대가 古禮 204편을 85편으로 줄이고, 다시 소대가 49편으로 줄여 지금의 《예기》가 이루어진 것으로 보고 있음. 그러나 이설이 많아 정확한 編定 과정은 자세히 알 수 없음.

【佩玉】옥을 허리띠에 차서 그 소리가 울리도록 함. 이는 덕에 비유한 것이며 사대부 이상의 신분일 때만 차고 다녔음.

【徵羽】뒤의 宮羽와 함께 五音을 말함. 즉 고대 宮商角徵羽의 오음계. 옥의 소리가 그에 맞아야 함.

【采薺】'채자'로 읽으며 급히 나가면서 냉이(薺)를 캘 때 박자를 맞춤.《詩經》小雅 楚茨篇을 가리키는 것으로 봄.

【肆夏】樂曲의 편명. 구체적으로 어떤 곡인지는 알 수 없음. 이상 두 시에 맞추어 뛰고 걷고 하는 것에 대하여 〈集註〉에 "陳氏曰:「路寢門外至應門曰趨, 趨則歌采薺之詩以爲節; 路寢門內至堂曰行, 行則歌肆夏之詩以爲節.」"이라 함.

【周還】'還'은 '선'으로 읽으며 '旋'과 같음. 한 바퀴 도는 것. 뒤의 '折還' 역시 '절선'으로 읽으며 반 바퀴 돌고 꺾는 것.

【規·矩】법도, 규칙. 원래 '規'는 원으로 그리는 자이며, '矩'는 모남을 그리는 자.

【揖·揚】〈集註〉에 "進而前, 則其身略俯, 故曰揖; 退而後, 則其身微仰, 故曰揚. 進退俯仰, 皆得其節, 故佩玉之聲, 鏘然而鳴焉"이라 함.

【鏘】갱장(鏗鏘)의 줄인 말. 옥이 울리는 소리를 표현한 것.

【鸞和】수레의 橫木과 멍에에 다는 방울로 鸞玉과 和玉. 두 방울이 서로 간격을 두고 말의 걸음 순서대로 울려 조화를 이루도록 하였음.

【非辟】'非'는 '非違', '辟'은 '僻'과 같음. 非違邪僻의 뜻. 그릇되고 편벽됨. 패옥과 방울 소리로 인해 군자의 마음에 그릇됨이나 편벽된 생각이 들어가지 못하도록 해줌.

＊〈集註〉에 "通上文而言, 禮樂養其心, 故非違邪僻之心, 無由而入也"라 함.

1. 《禮記》玉藻

古之君子必佩玉, 右徵角, 左宮羽. 趨以采齊, 行以肆夏, 周還中規, 折還中矩,
進則揖之, 退則揚之, 然後玉鏘鳴也. 故君子在車, 則聞鸞和之聲, 行則鳴佩玉,
是以非辟之心, 無自入也.

153(3-2-21)
활쏘기의 의미

○ 〈사의射義〉에 말하였다.

"사射란 진퇴주선進退周還이 반드시 예에 맞아, 안으로는 뜻이 정확하며, 밖으로는 몸자세가 곧아야 한다. 그런 연후에 활과 화살이 심고審固하게 할 수 있다. 활과 화살이 심고해진 연후에야 적중시키는 일을 거론할 수 있다. 이로써 그 사람의 덕행을 볼 수 있는 것이다."

○ 〈射義〉曰:「射者, 進退周還必中禮. 內志正, 外體直, 然後持弓矢審固; 持弓矢審固, 然後可以言中. 此可以觀德行矣.」

【射義】《禮記》 제46번째 편명. 燕射와 大射, 鄕射, 賓射 등에 관한 예를 모은 것. 鄭玄의 《三禮目錄》에 "名曰射義者, 以其記燕射·大射之禮, 觀德行取於 士之義"라 함.

【射】 활쏘기. 고대의 활쏘기는 그 예절이 더 중요하였으며 그로써 士를 선발 하는 기준을 삼고 나아가 사람의 덕행을 변별하는 척도로 삼기도 하였음.

【進退周還】 '還'은 '선'으로 읽으며 '旋'과 같음. 오르고 내려서고 돌면서 揖을 하고 예를 갖추는 일체의 행동과 절차. 〈集註〉에 "方氏曰:「進退者, 升降之節; 周還者, 揖讓之容.」"이라 함.

【審固】 '審'은 마음에 안정을 얻는 것. '內志正'의 결과임. '固'는 자세를 안정 되게 하는 것. '外體直'의 결과임. 〈集註〉에 "內志正, 然後持弓矢審; 外體直, 然後持弓矢固"라 함.

【言中】 그러한 과정과 절차를 거친 뒤에야 적중 여부에 대한 논의를 할 수

있음을 말함. 따라서 적중 여부는 크게 중요하지 않다는 의미를 내포하고
있음.

【德行】 과정과 절차를 보고 그 덕행을 변별함.

＊〈集註〉에 "動必合禮而志正體直, 有德行者也. 故曰可以觀德行也"라 함.

1. 《禮記》射義

故射者, 進退周還必中禮, 內志正, 外體直, 然後持弓矢審固, 持弓矢審固, 然後
可以言中, 此可以觀德行矣.

右明威儀之則

이상은 위의威儀의 법칙을 설명한 것이다.

임동석(茁浦 林東錫)

慶北 榮州 上茁에서 출생. 忠北 丹陽 德尙골에서 성장. 丹陽初中 졸업. 京東高 서울 敎大 國際大 建國大 대학원 졸업. 雨田 辛鎬烈 선생에게 漢學 배움. 臺灣 國立臺灣師範大學 國文硏究所(大學院) 博士班 졸업. 中華民國 國家文學博士(1983). 建國大學校 敎授. 文科大學長 역임. 成均館大 延世大 高麗大 外國語大 서울대 등 大學院 강의. 韓國中國言語學會 中國語文學硏究會 韓國中語中文學會 會長 역임. 저서에《朝鮮譯學考》(中文)《中國學術槪論》《中韓對比語文論》. 편역서에《수레를 밀기 위해 내린 사람들》《栗谷先生詩文選》. 역서에《漢語音韻學講義》《廣開土王碑硏究》《東北民族源流》《龍鳳文化源流》《論語心得》〈漢語雙聲疊韻硏究〉 등 학술 논문 50여 편.

임동석중국사상100

소학 小學

朱熹 撰 / 林東錫 譯註
1판 1쇄 발행/2009년 12월 12일
2쇄 발행/2013년 9월 1일
발행인 고정일
발행처 동서문화사
창업 1956. 12. 12. 등록 16-3799
서울강남구신사동563-10 ☎546-0331~6 (FAX)545-0331
www.dongsuhbook.com
잘못 만들어진 책은 바꾸어 드립니다.

*

*

사업자등록번호 211-87-75330
ISBN 978-89-497-0614-6 04080
ISBN 978-89-497-0542-2 (세트)